CSRC



2010

# 中国证券监督管理委员会年报

China Securities Regulatory Commission Annual Report (2010)

中国证券监督管理委员会 编

中国财政经济出版社

**图书在版编目（CIP）数据**

中国证券监督管理委员会年报．2010：汉英对照/中国证券监督管理委员会编．—北京：中国财政经济出版社，2011.7

ISBN 978－7－5095－2866－2

Ⅰ.①中…　Ⅱ.①中…　Ⅲ.①证券交易－金融监管－中国－2010－年报－汉、英②证券交易－金融监管－法规－中国－汉、英　Ⅳ.①F832.51②D922.287

中国版本图书馆 CIP 数据核字（2011）第 075229 号

责任编辑：胡　懿　　　　责任校对：黄亚青

封面设计：邹海东　　　　版式设计：孙俪铭

中国财政经济出版社出版

**URL**：http：//www.cfeph.cn

E－mail：cfeph@cfeph.cn



社址：北京市海淀区阜成路甲 28 号　邮政编码：100142

发行处电话：88190406　财经书店电话：64033436

北京外文印刷厂印刷　各地新华书店经销

787×1092 毫米　16 开　16.5 印张　355 000 字

2011 年 7 月第 1 版　2011 年 7 月北京第 1 次印刷

定价：50.00 元

ISBN 978－7－5095－2866－2/F·2429

（图书出现印装问题，本社负责调换）

本社质量投诉电话：010－88190744

# 目录
# CONTENTS

# 主席致辞

尚福林　中国证监会主席

2010年是我国“十一五规划”的收官之年，是中国资本市场成立二十周年，也是我国进入二十一世纪以来经济形势最复杂的一年。在过去的一年里，中国证监会继续不断完善中国资本市场基础建设，维护市场秩序和投资者特别是广大中小投资者的合法权益，进一步推动多层次资本市场体系的建设，增强市场活力，加强和改进证券期货市场的监管，不断提升中国资本市场服务国民经济的水平与能力。主要采取了如下监管政策和措施：

第一，发挥资本市场的功能，促进经济发展方式转变。市场融资效率大幅提升，全年531家公司在A股市场融资10,275亿元，其中首发347家融资4,883亿元。积极推进并购重组，全年实施重大资产重组47项，交易金额1,338亿元。积极推进场外市场和债券市场建设，交易所债券市场交易规模和债券存量显著增长，全年成交7.6万亿元，同比增长88.6%。

第二，科学研判形势，抓住时机推进市场改革创新。3月31日，融资融券业务试点稳妥启动，证券市场信用交易制度初步建立。4月16日，首只沪深300股指期货品种在中国金融期货交易所上市，市场总体运行平稳。进一步深化发行体制改革，完善询价过程中报价和配售约束机制，增强定价信息透明度，完善回拨和中止发行机制，市场约束明显增强，改革的市场化方向得到了广泛认同。

第三，抓监管突出问题，深入开展防范和打击内幕交易活动。按照“齐抓共管，打防结合、综合防治”的工作思路，强化制度和工作机制建设。全年启动非正式调查87起，立案调查52起，审结17起，向公安机关移送15起，防范和打击内幕交易工作取得明显成效。

第四，强化合规监管，推动市场主体规范发展，开展“解决同业竞争、减少关联交易”专项活动。加强上市公司监管，规范上市公司财务信息披露。推动证券公司规范经营，强化合规管理和分类监管，全面完成证券公司风险处置收尾工作。促进基金业创新发展，推动基金公司、证券公司的香港子公司境外募集资金投资境内证券的试点工作。规范证券服务机构执业，推进电子化信息披露技术应用。

第五，坚持依法治市，加强法制和透明度建设。落实依法行政要求，大力推进资本市场立法工作，实现资本市场诚信数据库与人民银行征信系统联网。加大违法违规案件打击力度，首次使用刑法“利用未公开信息交易罪”的规定，将涉嫌“老鼠仓”的基金经理移送公安机关。强化复议诉讼，加强政务公开和舆论宣传，深入推进信息公开，不断提高市场透明度。

第六，强化期货监管，促进期货市场功能发挥。按照“夯实基础、培育机制、加强监管、防范风险、服务实体经济发展”的要求，完善中国期货市场制度体系，稳妥推进业务创新，增强期货行业服务国民经济发展的能力，促进期货市场从规模扩张向质的提升转变。出台10个加强交易所自律管理的工作指引，对品种上市、监察、规则修改等环节进行全面规范。

第七，坚持互利共赢，有序推进资本市场对外开放。积极参与国际经济金融治理改革，认真做好国际金融危机应对，拓宽资本市场对外开放领域，深化国际合作，不断提升我国资本市场国际影响力。一是精心组织，密切配合世界银行和国际货币基金组织的金融部门评估规划项目（FSAP）及其现场评估，深入评估中国资本市场实施《国际证监会组织证券监管目标与原则》的情况。二是稳步推动境外融资和国际板筹备，全年境外筹资额超过353.8亿美元。三是加强对外交流合作，积极参加中美、中英等双边对话，深化国际证监会组织框架下的多边合作，与经合组织开展公司治理方面的合作，与美国、法国、德国等就双边监管合作、跨境执法协助等事宜深入磋商，继续加强与港澳台资本市场的合作。

2011年是“十二五规划”的开局之年，做好今年的工作，对于“十二五”期间全面提升资本市场服务经济社会发展的能力具有重要意义。中国证监会将继续深化中国资本市场的改革与创新，进一步加强国际监管合作与交流，迎接未来更多的挑战，为中国资本市场成为中外投资者公认的稳定健康发展的投资目的地而不断努力！

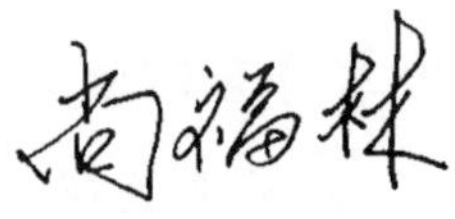

中国证券监督管理委员会主席

2011年6月

# 1. 中国证监会介绍

中国证券监督管理委员会（以下简称中国证监会）成立于1992年10月，是国务院直属正部级事业单位，依照《中华人民共和国证券法》（以下简称《证券法》）、《中华人民共和国证券投资基金法》（以下简称《证券投资基金法》）、《证券公司监督管理条例》、《期货交易管理条例》等法律法规和国务院授权，统一监督管理全国证券期货市场，维护证券期货市场秩序，保障其合法运行。

中国证监会总部设在北京，现设主席1名，副主席4名，纪委书记1名，主席助理3名；会机关下设21个职能部门[①]、4个直属事业单位及4个专门委员会。中国证监会在省、自治区、直辖市和计划单列市设立36个证券监管局，以及上海、深圳证券监管专员办事处（图1－1为中国证监会组织架构图）。

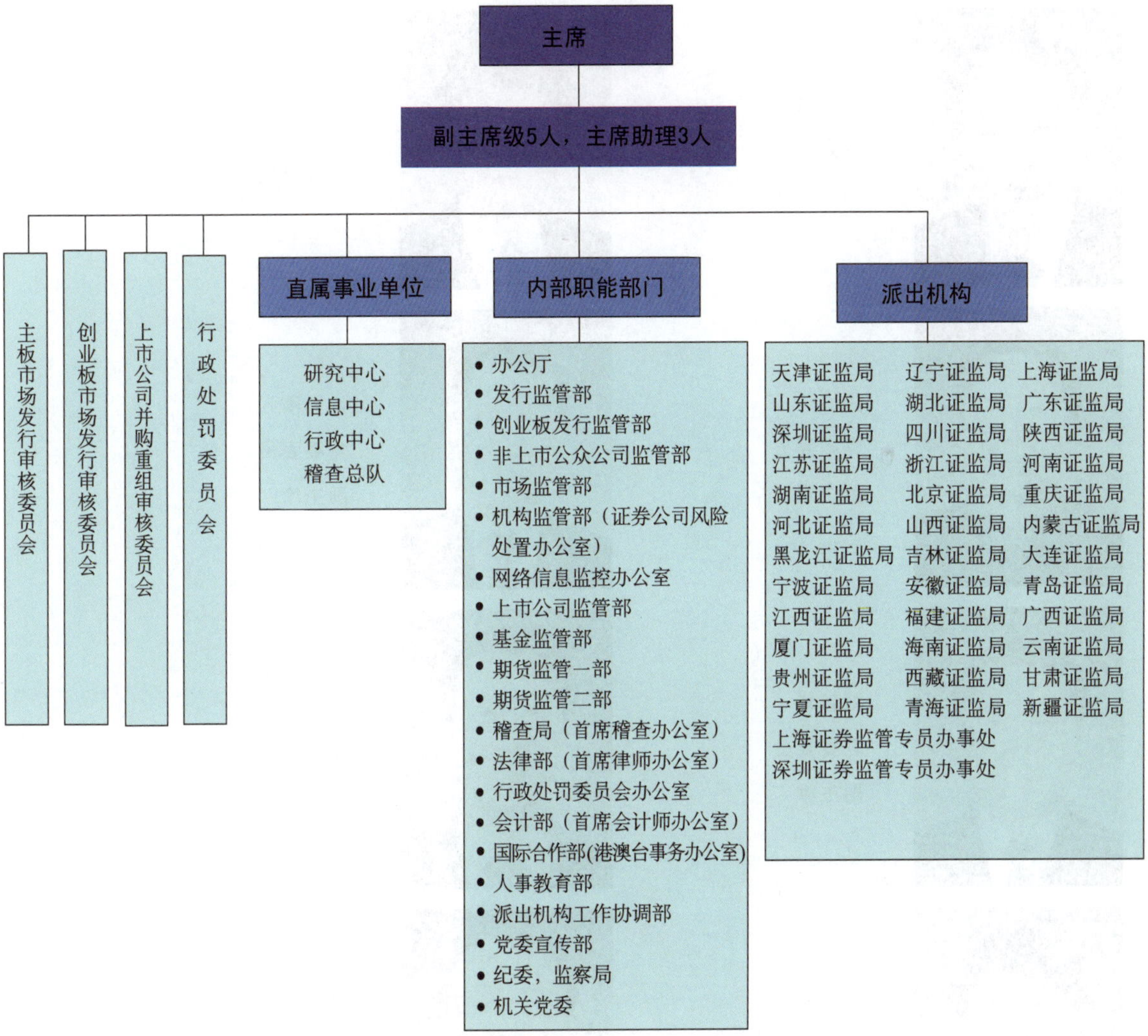


**图1－1　中国证监会组织架构图**

① 中国证监会内设机构的工作职责请参见中国证监会网站（www.csrc.gov.cn）。

## 1.1 管理层

尚福林
党委书记
主　席

桂敏杰
党委副书记
副主席

李小雪
纪委书记

庄心一
党委委员
副主席

姚　刚
党委委员
副主席

刘新华
党委委员
副主席

姜　洋
党委委员
主席助理

朱从玖
党委委员
主席助理

吴利军
党委委员
主席助理

## 1.2 国际顾问委员会

2004年6月，经国务院批准，中国证监会国际顾问委员会正式成立。国际顾问委员会根据中国经济、社会发展的现状，结合中国证券市场发展的实际，向中国证监会介绍国际证券市场的发展现状、趋势等有关信息和经验，提供咨询意见和建议，以促进中国证券市场的对外开放和推动中国证券市场的健康发展。该委员会属非常设专家咨询机构，中国证监会主席担任委员会主席，另设副主席1人。境外委员由国际主要市场的前监管人员、国际金融机构的知名人士及学术界专家教授等担任。截至2010年底，国际顾问委员会委员共13人，其中境外委员12人。根据国际顾问委员会《工作指引》，境外委员任期2年，可连任。

**主席**

尚福林（SHANG Fulin）
中国证监会主席

**副主席**

史美伦（Mrs. Laura M. CHA SBS，JP）
中国证监会前副主席、香港证监会前副主席

**委员（按英文姓氏首字母排列）**

白泰德（Mr. Thaddeus T. BECZAK）
乐通投资集团主席
香港证监会前咨询委员会委员

艾伦·卡梅伦（Mr. Alan CAMERON）
澳大利亚证监会前主席
国际证监会组织执行委员会前主席

戴立宁（Mr. Linin DAY）
中国台北证券管理委员会（现中国台北金融监督管理委员会）前主任委员

戴彼得（Mr. Peter J. DEY）
加拿大安大略省证监会前主席
摩根士丹利加拿大公司前主席

威廉·唐纳德森（Mr. William DONALDSON）
美国证监会前主席
纽约证券交易所前董事长兼CEO

张夏成（Mr. Hasung JANG）
韩国高丽大学商学院院长、金融学教授
韩国金融监督委员会顾问

梁定邦（Mr. Anthony F. NEOH）
中国证监会前首席顾问
香港证监会前主席

米歇尔·普拉达（Mr. Michel PRADA）
法国金融监管局前主席
国际证监会组织执行委员会和技术委员会前主席

约翰·桑顿（Mr. John L. THORNTON）
清华大学教授、汇丰控股有限公司董事
高盛集团前总裁兼联合首席运营官

约翰·威德斯沃思（Mr. John S. WADSWORTH, Jr.）
摩根士丹利亚洲公司荣誉主席

张为国（Mr. Weiguo ZHANG）
国际会计准则委员会专职委员
中国证监会前首席会计师、会计部主任、
国际合作部主任

## 1.3 经费来源

目前，中国证监会经费收支全部纳入国家财政预算内管理，即证券、期货市场监管费不属于中国证监会的收入，而是直接上缴国库；中国证监会的经费支出则完全由预算内拨款。

## 1.4 人力资源

截至2010年底，中国证监会共有工作人员2 589人，其中会机关699人，派出机构1 890人，占比分别为26.9%和73.1%。会机关和派出机构人员的平均年龄34.6岁。在学历结构方面，中国证监会系统大学本科学历以上人员占全体人员的95.2%，其中会机关硕士以上干部占74.4%，博士占18.9%。

## 1.5 法定监管职责

**1.5.1 《证券法》第179条**。该条款规定，中国证监会在对证券市场实施监督管理时依法履行下列职责：

- 依法制定有关证券市场监督管理的规章、规则，并依法行使审批或者核准权。
- 依法对证券的发行、上市、交易、登记、存管、结算，进行监督管理。
- 依法对证券发行人、上市公司、证券公司、证券投资基金管理公司、证券服务机构、证券交易所、证券登记结算机构的证券业务活动进行监督管理。
- 依法制定从事证券业务人员的资格标准和行为准则，并监督实施。
- 依法监督检查证券发行、上市和交易的信息公开情况。
- 依法对证券业协会的活动进行指导和监督。

- 依法对违反证券市场监督管理法律、行政法规的行为进行查处。
- 法律、行政法规规定的其他职责。

中国证监会可以和其他国家或者地区的证券监督管理机构建立监督管理合作机制，实施跨境监督管理。

**1.5.2 《证券投资基金法》第76条**。该条款规定，中国证监会在对证券投资基金市场实施监督管理时依法履行下列职责：

- 依法制定有关证券投资基金活动监督管理的规章、规则，并依法行使审批或者核准权。
- 办理基金备案。
- 对基金管理人、基金托管人及其他机构从事证券投资基金活动进行监督管理，对违法行为进行查处，并予以公告。
- 制定基金从业人员的资格标准和行为准则，并监督实施。
- 监督检查基金信息的披露情况。
- 指导和监督基金同业协会的活动。
- 法律、行政法规规定的其他职责。

**1.5.3 《期货交易管理条例》第50条**。该条款规定，中国证监会在对期货市场实施监督管理时依法履行下列职责：

- 制定有关期货市场监督管理的规章、规则，并依法行使审批权。
- 对品种的上市、交易、结算、交割等期货交易及其相关活动进行监督管理。
- 对期货交易所、期货公司及其他期货经营机构、非期货公司结算会员、期货保证金安全存管监控机构、期货保证金存管银行、交割仓库等市场相关参与者的期货业务活动进行监督管理。
- 制定期货从业人员的资格标准和管理办法并监督实施。
- 监督检查期货交易的信息公开情况。
- 对期货业协会的活动进行指导和监督。
- 对违反期货市场监督管理法律、行政法规的行为进行查处。
- 开展与期货市场监督管理有关的国际交流、合作活动。
- 法律、行政法规规定的其他职责。

## 1.6 法定监管措施

**1.6.1 《证券法》第180条**。该条款规定，中国证监会在对证券市场实施监督管理、履行法定职责时，有权采取以下措施：

◆ 对证券发行人、上市公司、证券公司、证券投资基金管理公司、证券服务机构、证券交易所、证券登记结算机构进行现场检查。

◆ 进入涉嫌违法行为发生场所调查取证。

◆ 询问当事人和与被调查事件有关的单位和个人，要求其对与被调查事件有关的事项作出说明。

◆ 查阅、复制与被调查事件有关的财产权登记、通讯记录等资料。

◆ 查阅、复制当事人和与被调查事件有关的单位和个人的证券交易记录、登记过户记录、财务会计资料及其他相关文件和资料；对可能被转移、隐匿或者毁损的文件和资料，可以予以封存。

◆ 查询当事人和与被调查事件有关的单位和个人的资金账户、证券账户和银行账户；对有证据证明已经或者可能转移或者隐匿违法资金、证券等涉案财产或者隐匿、伪造、毁损重要证据的，经中国证监会主要负责人批准，可以冻结或者查封。

◆ 在调查操纵证券市场、内幕交易等重大证券违法行为时，经中国证监会主要负责人批准，可以限制被调查事件当事人的证券买卖，但限制的期限不得超过十五个交易日；案情复杂的，可以延长十五个交易日。

**1.6.2 《证券投资基金法》第 77 条**。该条款规定，中国证监会在对证券投资基金市场实施监督管理履行法定职责时，有权采取以下措施：

◆ 进入违法行为发生场所调查取证。

◆ 询问当事人和与被调查事件有关的单位和个人，要求其对与被调查事件有关的事项作出说明。

◆ 查阅、复制当事人和与被调查事件有关的单位和个人的证券交易记录、登记过户记录、财务会计资料及其他相关文件和资料，对可能被转移或者隐匿的文件和资料予以封存。

◆ 查询当事人和与被调查事件有关的单位和个人的资金账户、证券账户或者基金账户，对有证据证明有转移或者隐匿违法资金、证券迹象的，可以申请司法机关予以冻结。

◆ 法律、行政法规规定的其他措施。

**1.6.3 《期货交易管理条例》第 51 条**。该条款规定，中国证监会在对期货市场实施监督管理履行法定职责时，有权采取以下措施：

◆ 对期货交易所、期货公司及其他期货经营机构、非期货公司结算会员、期货保证金安全存管监控机构和交割仓库进行现场检查。

◆ 进入涉嫌违法行为发生场所调查取证。

◆ 询问当事人和与被调查事件有关的单位和个人，要求其对与被调查事件有关的事项做出说明。

◆ 查阅、复制与被调查事件有关的财产权登记等资料。

◆ 查阅、复制当事人和与被调查事件有关的单位和个人的期货交易记录、财务会计资料以及其他相关文件和资料；对可能被转移、隐匿或者毁损的文件和资料，可以予以封存。

◆ 查询与被调查事件有关的单位的保证金账户和银行账户。

◆ 在调查操纵期货交易价格、内幕交易等重大期货违法行为时，经中国证监会主要负责人批准，可以限制被调查事件当事人的期货交易，但限制的时间不得超过15个交易日；案情复杂的，可以延长至30个交易日。

- 法律、行政法规规定的其他措施。

## 1.7 证券监管架构

中国对金融业实行分业监管的模式，分别设立了中国证监会、中国银行业监督管理委员会和中国保险监督管理委员会，依法对证券业、银行及信托业、保险业进行监督管理。

经国务院授权，中国证监会依法对全国证券期货市场进行集中统一的监管。在该体制下，中国证监会会机关负责制定、修改和完善证券期货市场规章规则、拟定市场发展规划、办理重大审核事项，指导协调风险处置，组织查处证券期货市场重大违法违规案件，指导、检查、督促和协调系统监管工作；派出机构则负责做好辖区内的一线监管工作，主要从以下3个方面着手：（1）深入了解辖区市场情况，主动揭示风险，采取有力措施处置风险。（2）坚持现场检查和非现场检查相结合，作好持续监管，致力于推动市场主体规范运作的基础性建设。（3）根据会机关的统一布置，依法履行稽查任务，打击证券期货市场违法违规行为，保护投资者合法权益。

各证券、期货交易所，中国证券业协会，中国期货业协会，中国证券登记结算公司，中国证券投资者保护基金公司和中国期货保证金监控中心等自律机构对其会员（或上市公司）及证券交易活动进行一线监管和自律监管，这些一线监管和自律监管构成证券监管活动的有效补充。

# 2. 2010 年中国资本市场[1]概览



① 本年报不含中国香港、澳门和台湾地区的证券市场情况。

20 世纪 70 年代末期以来的中国改革开放推动了中国资本市场的萌生和发展。1990 年上海、深圳证券交易所的相继成立，标志着全国性资本市场的形成。在此后的二十年间，随着市场经济体制的逐步建立，中国资本市场得到了迅速的发展，市场规模不断扩大，制度不断完善，证券中介机构和投资者不断成熟，逐步成长为一个在法律制度、交易规则、监管体系等各方面与国际普遍公认原则基本相符的资本市场。

目前，中国有 2 家证券交易所，即上海证券交易所（上交所）和深圳证券交易所（深交所）；3 家商品期货交易所，即大连商品交易所（大商所）、上海期货交易所（上期所）和郑州商品交易所（郑商所）；还有 1 家金融期货交易所，即中国金融期货交易所（中金所）。中国致力于建立包括主板（含中小企业板）、创业板和证券公司代办股份转让系统在内的多层次证券市场交易体系。目前，主板市场，创业板市场和代办股份转让系统运行良好。

中国证券市场的有价证券品种包括股票、债券、证券投资基金、权证和期货等。其中，股票又分为人民币普通股（A 股）、境内上市外资股（B 股）和境外上市外资股（H 股）；债券又分为国债、金融债、公司债、企业债、可转换债券、资产支持证券等，债券交易方式包括现券交易和回购交易；期货又分为商品期货与金融期货。

**术语解释 1**

**A 股**：又称人民币普通股票，由中国境内公司发行，供境内机构、组织或个人（不含台、港、澳投资者）以人民币认购和交易的普通股股票。

**B 股**：又称境内上市外资股，是指在中国境内注册的股份有限公司向境内外投资者发行、募集外币资金并在中国境内证券交易所上市交易的股票。

**H 股**：又称境外上市外资股，是指在中国境内注册的公司在境外发行上市的股票。

## 2.1 股票发行

### 2.1.1 A 股

2010 年，中国境内市场共有 531 家公司发行 A 股股票、债券或权证，合计筹资 10 275.21 亿元（见图 2－1）。其中，347 家公司首次公开发行（IPO）A 股，融资额为 4 882.58 亿元，首发融资规模居世界首位。116 家上市公司通过定向增发股票筹资 2 172.68 亿元，另有 10 家和 18 家上市公司分别进行了公开增发和配股，筹资额分别为 377.15 亿元和 1 438.22 亿元，7 家上市公司通过权证行权筹资 84.28 亿元。此外，还有 8 家上市公司通过发行可转换公司债券筹集资金 717.30 亿元，25 家上市公司通过发行公司债券筹集资金 603 亿元。2010 年 IPO 筹资情况见图 2－2。

2010 年，117 家公司首次公开发行并在创业板市场上市，共筹集资金 963.41 亿元。

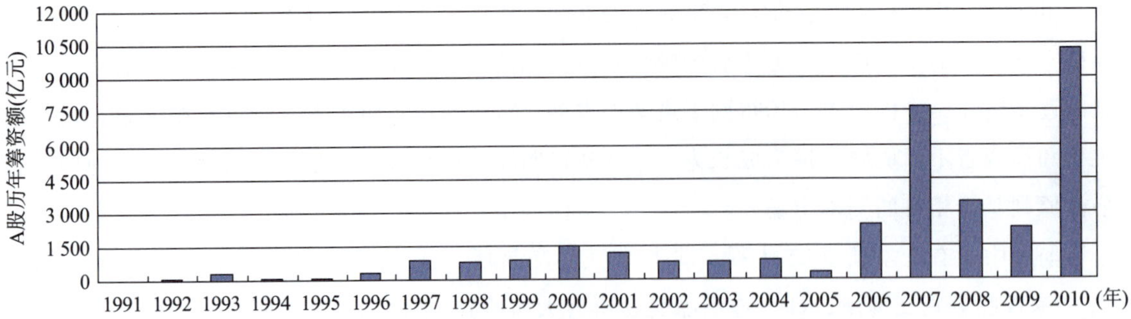


**图 2-1　A 股市场历年筹资情况（1991～2010 年）**

注：1. 此处 A 股筹资额指通过 IPO、增发、配股等方式发行 A 股筹集的资金额。

2. 数据来源：中国证监会。

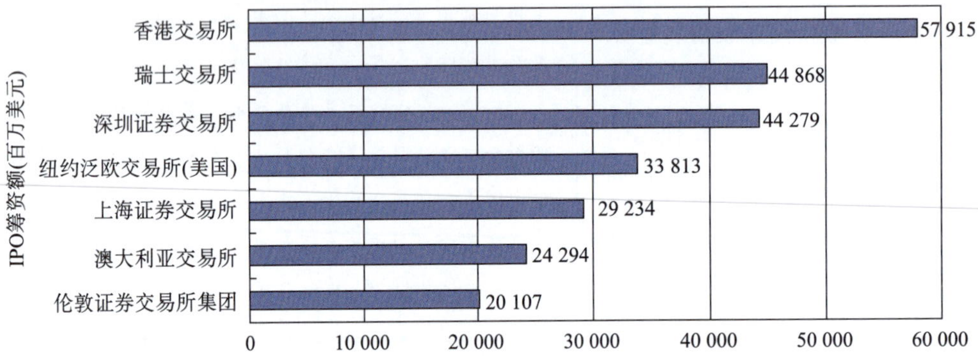


**图 2-2　交易所比较：2010 年 IPO 筹资额**

注：1. 此处 IPO 筹资额按上市日口径计算。

2. 数据来源：世界交易所联合会（WFE）。

## 2.1.2　境外上市外资股

2010 年，中国境内公司发行境外上市外资股（H 股）累计筹资 353.8 亿美元，较 2009 年度（157.14 亿美元）增加了 125%。其中首发和再融资筹资额分别为 177.5 亿美元和 176.3 亿美元。

截至 2010 年底，共有 166 家境内注册的股份有限公司发行了境外上市外资股并到境外上市，筹资总额为 1 631.6 亿美元。其中，在香港主板上市的 128 家（其中中国香港/纽约同时上市 10 家，中国香港/伦敦同时上市 4 家，中国香港/纽约/伦敦同时上市 1 家），在香港创业板上市的 35 家，在新加坡单独上市的 3 家。截至 2010 年底，已有 67 家发行境外上市外资股的公司在境内公开发行了 A 股。

## 2.2 股票市场交易

2010 年以来，沪、深股市先抑后扬，交易规模较 2009 年小幅增长。2010 年，沪深 300 指数开盘 3 592.47 点，收盘 3 128.26 点（见图 2－3），较 2009 年底收盘下跌 12.51%；上证综合指数开盘 3 289.75 点，收盘 2 808.08 点，较 2009 年底收盘下跌 14.31%；深证综合指数开盘 1 207.33点，收盘 1 290.87 点，较 2009 年底收盘上涨 7.45%。2010 年境内股票总成交额和日均成交额分别为 54.56 万亿元和 2 254.68 亿元，分别比 2009 年增长 1.80% 和 2.64%。2010 年 1～12 月股票交易印花税总额 545.64 亿元，较 2009 年增加了 1.80%。2010 年股票交易额情况见图 2－4。

**图 2－3　2010 年沪深 300 指数走势图**

数据来源：Wind 资讯。

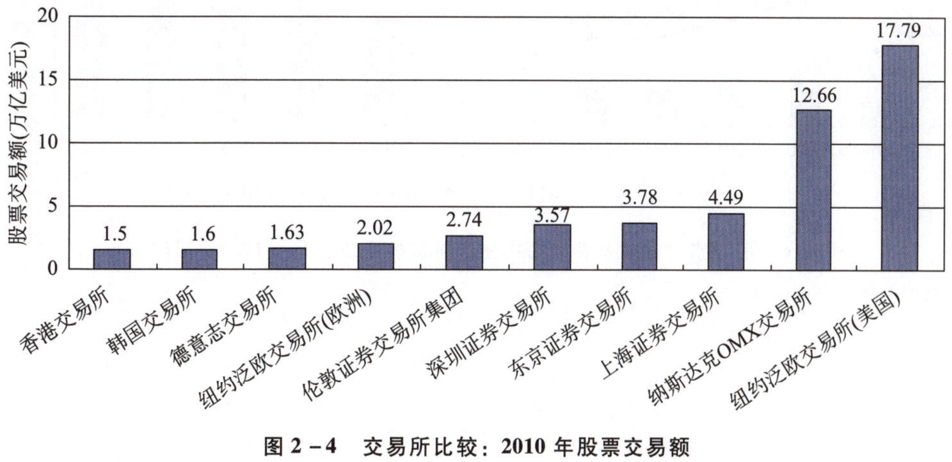


**图 2－4　交易所比较：2010 年股票交易额**

数据来源：世界交易所联合会（WFE）。

2010 年股票市场规模稳步增长。随着中央政府应对国际金融危机一揽子计划的坚决落实，中国股票市场牢牢把握住发展大局，市场总体平稳健康运行，市场规模不断扩大，市场功能得到较好发挥，为促进国民经济平稳较快发展作出了应有贡献。截至 2010 年底，中国共有境内上市公司 2 063 家（见图 2－5），沪深两市总市值为 26.54 万亿元，为当年国内生产总值的 66.7%，其中流通市值 19.31 万亿元（见图 2－6 和图 2－7）。沪深两市总市值和流通市值分别比 2009 年底增加 8.81% 和 27.67%。值得一提的是，中小企业板总市值 35 364.61 亿元，创业板总市值 7 103.96亿元。

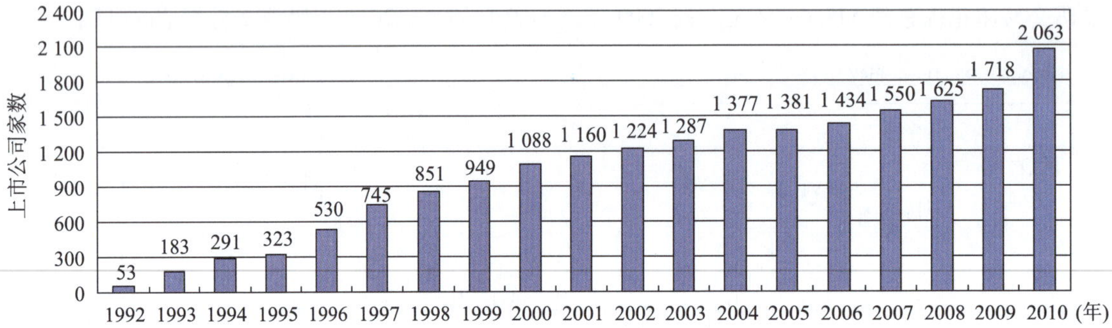


**图 2－5　中国境内上市公司家数年度变化（1992～2010 年）**

数据来源：中国证监会。

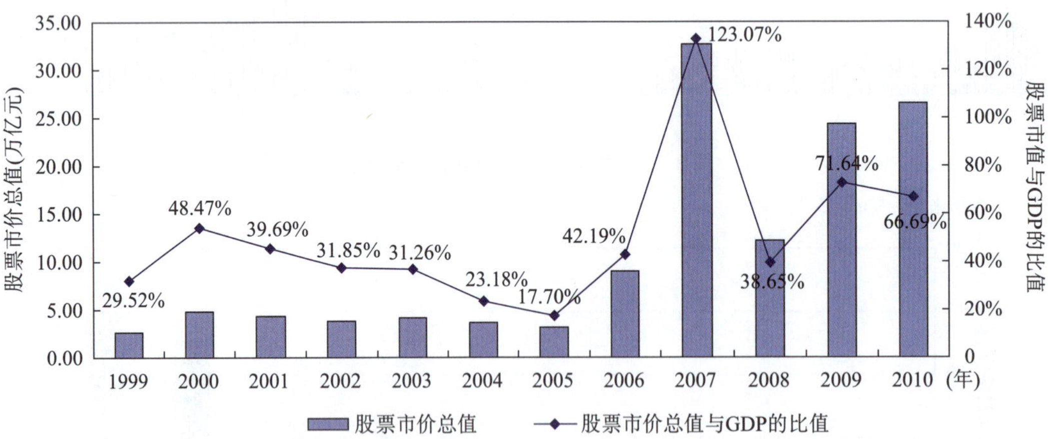


**图 2－6　股票市价总值及其与国内生产总值的比值变化（1999～2010 年）**

数据来源：Wind 资讯。

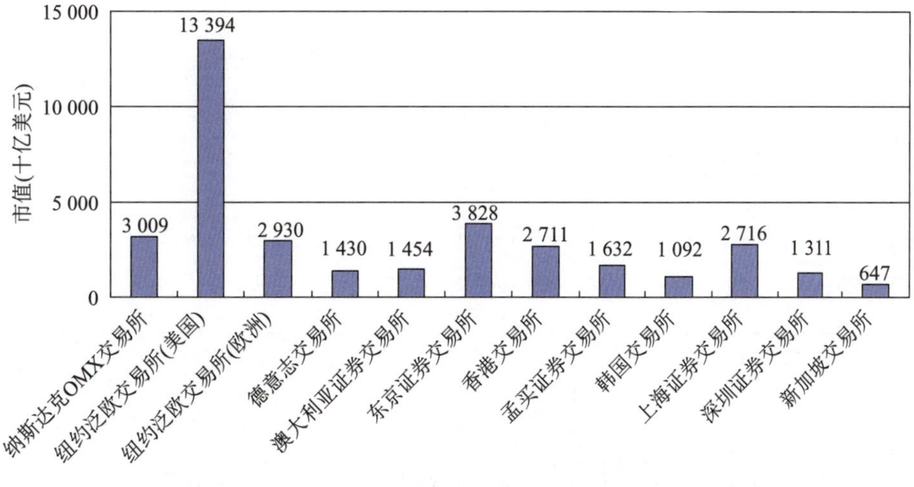


**图 2-7　交易所比较：股票市价总值（2010 年底）**

数据来源：世界交易所联合会（WFE）。

## 2.3　交易所债券市场交易①

中国债券交易市场由银行间债券交易市场、证券交易所债券市场和商业银行柜台市场组成。截至2010年底，中国债券市场存量达19.72万亿元，较2009年底增长了10.93%，其中，银行间市场、交易所市场和银行柜台市场的债券托管量分别为18.88万亿元、0.67万亿元和0.17万亿元，占债券存量的比重分别为95.72%、3.41%和0.87%。

2010年，中国债券市场总交易额达169.66万亿元，同比增长41.49%。其中，银行间市场、交易所市场和柜台市场的交易额分别占比95.52%（162.05万亿元）、4.4775%（7.60万亿元）和0.0025%（41.71亿元）。在交易所市场中，98.30%的债券交易在上交所完成。2010年上交所全年债券现券交易量和回购量分别为4 707.94亿元和70 011.97亿元；深交所债券现券交易量和回购交易量分别为935.43亿元和356.16亿元。

2010年交易所债券市场运行平稳，上证国债指数开盘122.39点，收盘126.28点，上涨3.89点，涨幅3.18%（见图2-8）；上证企债指数开盘133.61点，收盘143.45点，上涨9.84点，涨幅7.36%。

---

① 资料来源：上海证券交易所、深圳证券交易所、中国债券信息网。

**图 2－8　上证国债指数**

数据来源：Wind 资讯。

## 2.4　权证交易

截至 2010 年底，尚有 1 只存续权证，为认购权证。2010 年，中国权证市场总成交金额 1.50 万亿元，较 2009 年减少 72.06%；2010 年权证日均成交金额 61.93 亿元，低于 2009 年的 219.86 亿元；从市值来看，权证市场总市值从 2009 年底的 209.27 亿元下跌至 2010 年底的 14.51 亿元。

## 2.5　期货市场交易

2010 年，期货新品种上市工作稳步推进。2010 年 4 月 16 日，沪深 300 股指期货合约在中金所正式挂盘交易，至此，中国期货市场上市品种达到 24 个，其中商品期货品种 23 个，金融期货品种 1 个。各期货交易所交易品种情况见表 2－1。

**表 2－1　各期货交易所交易品种**

| 交易所 | 交易品种 |
| --- | --- |
| 上海期货交易所 | 铜、铝、锌、黄金、天然橡胶、燃料油、螺纹钢、线材 |
| 郑州商品交易所 | 硬麦、强麦、棉花、白糖、菜籽油、PTA、早籼稻 |
| 大连商品交易所 | 黄大豆 1 号、黄大豆 2 号、玉米、豆粕、豆油、线型低密度聚乙烯、棕榈油、聚氯乙烯 |
| 中国金融期货交易所 | 沪深 300 股票指数期货 |

资料来源：各期货交易所网站。

2010 年，面对国际国内复杂的经济形势，中国期货市场继续保持平稳健康运行的发展势头，全年成交量为 15.7 亿手，成交金额 154.6 万亿元，同比分别增长 45.25% 和 136.85%。其中，商品期货成交 15.2 亿手，成交金额 113.49 万亿元，同比分别增长 40.99% 和 73.92%，股指期货成交 4 600 万手，成交金额 41.7 万亿元。商品期货成交量占全球商品期货成交总量的 50% 以上，中国商品期货市场作为全球第一大商品期货市场的地位得到进一步巩固。1993～2010 年期货市场成交金额和成交量走势见图 2－9。

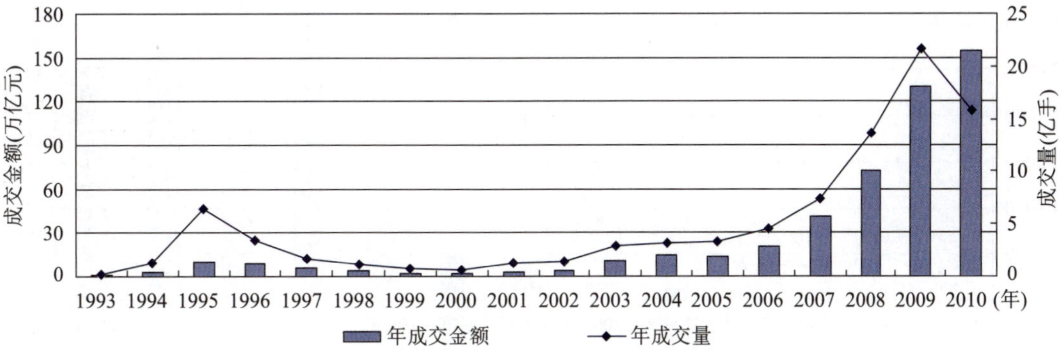


**图 2－9 期货市场成交金额和成交量走势（1993～2010 年）**

资料来源：中国证监会。

## 2.6 机构投资者

近年来，证券投资者数量快速增加，中国资本市场逐渐成为全社会重要的财富管理平台。截至 2010 年底，股票与基金投资者开户数达 1.89 亿户，比 2009 年底增加了1 708.60万户或 9.96%，其中机构开户数 64.20 万户，个人开户数 1.88 亿户，机构投资者持股市值达到流通市值的 70.9%。

中国证监会把大力发展机构投资者作为改革和发展中国资本市场的重要战略内容。近年来，中国资本市场不断发展壮大，已经形成了以证券投资基金为主导，辅以社保基金、保险资金、企业年金、合格境外机构投资者（QFII）、证券公司资金（包括证券公司自营资金以及集合理财资金）等在内的机构投资者格局。

> **术语解释 2**
>
> **证券投资基金：** 指通过公开发售基金份额募集资金，由基金托管人托管，由基金管理人管理和运用资金，为基金份额持有人的利益，通过资产组合进行的证券投资方式。目前，中国现有的证券投资基金均为契约型基金。按是否可赎回可分为封闭式基金和开放式基金。其中，开放式基金根据投资对象不同，又可分为股票基金、债券基金、货币市场基金、混合基金和合格境内机构投资者（QDII）基金等。此外，中国也有伞形基金、交易型开放式指数基金（Exchange Traded Fund）、上市开放式基金（Listed Open－Ended Fund）等基金品种。

### 2.6.1 证券投资基金

截至2010年底，全国有基金管理公司63家，管理证券投资基金704只，基金资产净值总额为2.52万亿元，比年初减少了1 565亿元或5.85%，占沪深流通市值的13.2%（见图2-10）。其中，货币市场基金和债券型基金资产净值占全部基金资产净值总额的11.4%。2010年底，证券投资基金持股市值为1.79万亿元，占沪深流通市值的9.4%。

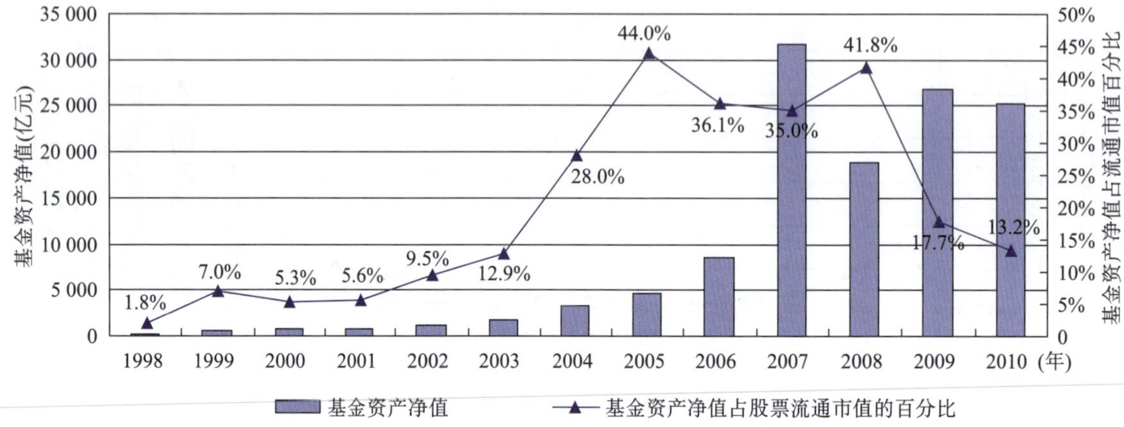


**图2-10 证券投资基金资产净值及其占股票流通市值的比例（1999~2009年）**

资料来源：中国证监会。

### 2.6.2 合格境外机构投资者（QFII）

截至2010年底，已有106家境外机构（见图2-11）获得合格境外机构投资者（以下简称QFII）资格，获批的投资额度为197.2亿美元，分别较年初增加12家和30.5亿美元，QFII总资产为2 971亿元，其中证券资产为2 658亿元，占总资产的89.5%，QFII持股市值约占中国A股流通市值的1.4%。

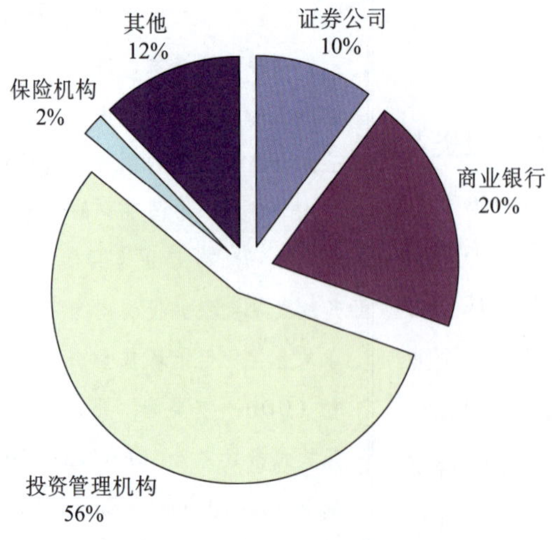


**图2-11 不同性质QFII机构分类**

资料来源：中国证监会。

## 2.7 中介服务机构

随着中国资本市场不断发展和近年来各项监管措施的推行，市场中介机构的资本实力和经营水平有了显著提高。截至2010年底，中国境内共有证券公司106家，总资产19 665亿元，净资产5 664亿元，净资本4 319亿元；2010年全年累计营业收入1 911亿元，累计净利润776亿元。

截至2010年底，全国有期货公司164家，其中163家正常经营；总资产304.07亿元（不含客户资产），净资产270.12亿元，净资本251.26亿元，客户保证金1 618.14亿元，同比分别增长51.23%、50.54%、56.02%和60.81%。2010年期货公司利润总额34.19亿元，比2009年上涨46.30%。

在证券服务机构方面，投资咨询机构、财务顾问机构、资信评级机构、会计师事务所、资产评估机构等证券服务机构在提供证券服务前，须从中国证监会获得从业许可。它们与律师事务所一起各司其职，为中国证券市场的顺利运转提供各种服务。截至2010年底，中国境内共有证券投资咨询机构91家，证券评级机构5家。

## 2.8 投资者教育

中国证监会非常重视投资者教育工作，始终把投资者教育作为保护投资者合法权益、加强资本市场基础建设、推动资本市场稳定运行和健康发展的重要内容。2010年主要开展了以下投资者教育工作：

一是坚持把投资者教育融入日常监管工作和证券期货经营机构业务环节。进一步加强投资者教育相关法规制度建设，将投资者教育融入相关业务规则、监管要求和自律管理。同时，加强对证券期货经营机构落实投资者教育监管要求的督促检查，积极探索建立健全投资者教育考核和激励约束机制。

二是组织开展股指期货、融资融券业务等创新产品的配套宣传教育工作。坚持把规则讲透、把风险讲够，组织开展股指期货、融资融券业务投资者适当性管理和投资者教育工作，引导投资者客观认识、理性参与，促进股指期货和融资融券业务试点的平稳推出和安全运行。

三是不断丰富投资者教育的内容和方式方法，组织开展了丰富多彩的投资者教育活动，如金融知识普及大型公益活动、投资者教育面对面活动、“我服务、我先知”投资者教育能手评选活动等。社会反响较好的投资者教育产品有电视剧《舞动的K线》、动画片《投资风险案例》、专题片《蓝色梦想》等。据统计，2010年中国证券期货行业共开展投资者教育活动28万次，组织发放投资者教育材料近6 000万份，组织发送短信近50亿人次，直接受教育投资者达1 600万人次，经费支出合计近7亿元。

# 3. 2010 年重大监管政策和措施

过去一年，是中国进入新世纪以来经济形势最为复杂的一年。中国证监会坚持以科学发展观为指导，坚决落实中央政府应对国际金融危机冲击的一揽子计划，牢牢把握市场发展大局，克服困难，抓住机遇，稳步推进改革创新，加强基础建设，培育和完善市场机制，强化监管效能，市场总体平稳健康运行，功能得到较好发挥，为促进国民经济平稳较快发展作出了应有的贡献。

## 3.1 发挥资本市场功能，促进经济发展方式转变

中国证监会紧紧围绕国家经济工作大局，健全资本市场结构，适应多元化投融资需求，充分发挥市场功能，优化资源配置，落实国家宏观调控要求，促进经济发展方式转变和经济结构调整。

### 3.1.1 积极推动并购重组

◆ **推进完善资本市场并购重组十项工作安排。**为贯彻落实《国务院关于促进企业兼并重组的意见》（国发［2010］27 号），中国证监会围绕推进资本市场企业并购重组市场化改革主线，以优先支持符合国家产业政策，有利行业整合、结构优化的并购重组活动为导向，减少审批环节，提高审核效率，增强透明度，加大中介机构责任和作用，推进并购重组市场化进程，在深入研究、广泛咨询、整体论证的基础上，形成了推进完善资本市场并购重组的十项工作安排。一是进一步加大资本市场支持并购重组的力度，拓宽并购重组融资渠道，规范、引导市场机构参与上市公司并购重组；二是进一步支持上市公司创新并购重组方式；三是进一步推动部分改制上市公司整体上市，解决同业竞争、关联交易等历史遗留问题；四是进一步规范、引导借壳上市活动；五是进一步完善相关规章及配套政策，健全市场化定价机制；六是进一步推动建立内幕交易综合防治体系，有效防范和打击内幕交易；七是进一步完善停复牌制度和信息披露工作，强化股价异动对应监管措施；八是进一步加大中介机构在并购重组中的作用和责任，提高中介执业的效率和质量；九是进一步规范和改进并购重组行政审批工作，进一步完善并购重组审核委员会和专家咨询委员会制度；十是进一步优化上市公司并购重组外部环境。

庄心一副主席在 2010 年 10 月 11 日举行的第三届上市公司并购重组审核委员会成立大会上作重要讲话

◆ **响应国家房地产政策导向，及时公布房地产并购重组政策。**为了配合国务院关于房地产的宏观调控政策，中国证监会已暂缓受理房地产开发企业重组申请，与国土资源部建立了房地产并购重组审核监管联动及信息共享机制，目前已正式启动在审房地产并购重组项目（共 24 家公司）移交国土资源部

核查程序，并保持与国土资源部的实时沟通。

◆ **进一步完善并购重组委工作，充分发挥专家委员的作用。**切实推进并购重组委的制度建设，制定了《关于加强并购重组审核委员会委员监督管理的若干意见（试行）》，全面修订《上市公司并购重组审核委员会工作规程》、《并购重组审核委员会工作细则》和《并购重组专家咨询委工作制度》。2010 年 11 月底，首次组织并购重组委、专家咨询委委员进行并购重组委回访活动，全面了解实施并购重组后上市公司承诺事项履行、审核意见落实及公司后续发展等情况。组织完成拟留任委员和拟重新选聘委员的推荐程序、社会公示程序和会内外核查程序，顺利完成第三届重组委委员换届工作。

◆ **做好并购重组行政许可审核工作。**2010 年，中国证监会共组织召开并购重组委 42 次会议，审核并购重组申请 49 家次，有条件通过 46 家，否决 3 家，通过率为 93.9%，核准重大资产重组 44 家，涉及交易金额 1 862 亿元。

### 3.1.2 稳步发展创业板市场，支持战略性新兴产业发展

◆ **稳步扩大创业板市场规模。**创业板市场设立以来，各方参与积极有序。截至 2010 年底，中国证监会共受理 396 家企业的创业板申报，召开发审委会议 135 次，审核企业 242 家，通过企业 202 家（通过率 83.47%），有 153 家企业上市，共筹集资金 1 167.50 亿元，平均每家企业筹资 7.63 亿元。

◆ **强化创业板市场重点导向。**为顺应国家转变经济发展方式，发展战略性新兴产业的要求，2010 年 3 月，中国证监会在充分听取市场和相关方面意见的基础上，发布了《关于进一步做好创业板推荐工作的指引》，明确创业板市场阶段性发展重点和导向，指导保荐机构现阶段重点推荐新能源、新材料、信息、生物与新医药、节能环保、航空航天、海洋、先进制造、高技术服务等符合国家战略性新兴产业导向领域的企业，及其他领域中具有自主创新能力、成长性强的企业。为建立监管部门与科技界更加紧密的沟通协作机制，中国证监会于 2010 年 10 月成立了创业板专家咨询委员会，聘任 15 位来自科技界和知识产权领域的专家担任委员。截至 2010 年底，在已上市的 153 家企业中，环保节能、电子信息、先进制造业、生物医药、新能源、新材料类企业占比 84.97%，高新技术企业占比 90.85%。

朱从玖主席助理出席 2010 年 10 月 29 日中国证监会第一届创业板专家咨询委员会成立大会

### 3.1.3 稳步推进场外市场建设

2010 年，在中关村园区非上市股份公司股份转让试点基础上，中国证监会稳步推进场外市场建设，以国家高新区非上市公司股份公开转让作为阶段性步骤，分步推进全国集中统一管理的场外交易市场建设，并基本

完成相应制度准备工作。

### 3.1.4 推进债券市场建设

在稳步发展股权融资的同时，中国证监会继续大力支持发展债券融资，充分发挥公司债券在扩大直接融资中的作用，促进股票市场和债券市场的协调发展，为资本市场协调发展奠定基础。

◆ **评估公司债券试点工作。**中国证监会深入调研分析，全面总结公司债券试点工作，研究公司债券发行监管体制的改革方向，为下一步债券体制改革奠定基础。自2007年颁布实施《公司债券发行试点办法》以来，中国证监会已核准发行公司债券1 641.10亿元。

◆ **积极探索建立集中监管、互联互通的债券市场。**2010年，上市商业银行参与交易所债券市场进入实质性操作阶段。中国证监会与人民银行、银监会就上市商业银行参与交易所债券交易的交易系统、交易债种、后台结算及部门监管合作等问题达成了共识，形成了试点方案，于2010年10月27日联合发布《关于上市商业银行在证券交易所参与债券交易试点有关问题的通知》，并由交易所和登记结算公司组织实施，从而推动形成企业多渠道筹集资金的市场基础，进一步改善公司债券外部环境。

## 3.2 科学研判形势，抓住时机推进市场改革创新

中国证监会顺应国内外经济金融形势的变化和市场发展的内在需求，抓住宏观经济总体回升向好、市场运行比较平稳的有利时机，推出一系列重大改革，丰富了市场功能，完善了市场运行机制。

### 3.2.1 平稳推出股指期货，完善资本市场运行机制

推出股指期货是深化资本市场基础性制度建设的重大战略举措。2010年1月8日，国务院原则同意推出股指期货交易后，中国证监会按照“平稳推出和安全运行为首要目标，严格控制风险，引导投资者有序参与，不追求交易量和活跃程度，逐步发挥市场功能”的股指期货上市工作指导思想，成立上市工作领导小组及办公室，组织开展了各项上市准备工作。一是批复发布了股指期货合约、各项规则和投资者适当性制度；二是建立和落实了期现货跨市场监管协调机制，防范跨市场风险；三是发布证券公司和基金公司参与股指期货的指引；四是精心组织了开户工作，作好现场督导，严格落实投资者适当性制度；五是深入开展投资者教育和舆论引导工作，

刘新华副主席出席2010年4月16日股指期货启动仪式

为股指期货上市创造良好的氛围。2010 年 4 月 8 日，股指期货顺利启动，4 月 16 日，股指期货合约在中金所正式上市交易。

股指期货上市以来，总体运行平稳，初步实现了平稳上市和安全运行的预期目标。客户开户工作平稳有序，投资者理性参与交易；价格运行理性，期现货价格相关性良好，与海外成熟市场情况接近；合约交割平稳、顺利，交割量较小，没有出现“到期日效应”。股指期货市场服务股票市场的功能逐渐显现，证券公司、基金专户等特殊机构投资者、一般法人客户，以及自然人客户开始利用股指期货市场进行套期保值交易和风险管理，在股票市场波动中，股指期货发现价格的功能得到体现。

### 3.2.2 顺利启动证券公司融资融券业务试点，扎实做好试点推出的相关工作

一是按照“试点先行，逐步推开”的原则，稳步扩大试点范围。先后 3 批共计 25 家证券公司获得融资融券业务资格，相关业务开展正常，融资融券交易量稳步增长，交易结算系统运行顺畅，市场反响良好。二是做好融资融券业务试点的持续监管工作。明确有关各方监管职责，对加强后续日常监管、完善监管协作机制提出要求。加强对试点公司的现场检查，审慎设定融资融券业务风险控制指标，督促试点公司加强投资者教育和适当性管理，严格设定客户准入标准。三是成立证券金融公司筹备组，研究论证转融通业务实施方案和转融通业务管理规则，开发和测试相关技术系统，做好设立证券金融公司及推出转融通业务的各项准备工作。

### 3.2.3 深化新股发行体制改革

2009 年 6 月，中国证监会启动了新一轮新股发行体制改革，并按照分步实施、逐步完善的原则推出了第一阶段 4 项改革措施。上述改革措施推出一年多以来，新股发行进展有序，各项改革要求逐步落实，达到了第一阶段改革目标，主要表现是：新股定价的市场化程度进一步提高，冻结资金量显著减少，个人投资者中签户数大幅提高，新股上市首日涨幅大幅下降，一二级市场

2010 年 5 月 4 日中国证监会第十二届主板发行审核委员会成立大会

价差明显缩小，市场参与主体的履职尽责意识显著提高，角色定位逐渐清晰。市场化的改革方向得到了社会的普遍认同，把发行体制改革向纵深推进成为市场共识，推出下一步改革措施的市场条件已基本具备。经深入研究并广泛听取市场各方意见，按照改革的统一部署，2010 年 10 月 11 日中国证监会颁布了《关于深化新股发行体制改革的指导意见》，并于 2010 年 11 月 1 日正式实施。

作为前阶段改革的延伸和继续，新股发行体制第二阶段改革主要有 4 方面的内容：一是继续完善询价过程中的报价和配售约束机制，提高中小型公司新股发行中单个机构获配股份的数量，加大定价者的责任，促进报价更加审慎和真实。二是适当扩大参与询价的机构范围，允许主承销商推荐一定数量的具有较高定价能力、优质长期的机构投资者参与网下询价和配售。三是增强定价信息透明度，督促券商、机构的询价定价不断审慎自律，强化社会公众的价值投资理念。四是完善回拨机制和中止发行机制，督促发行人及其主承销商合理设计承销流程，有效管理承销风险。通过这些改革措施，中国证监会进一步完善询价过程中的报价和配售约束机制，促进新股定价进一步市场化；提高定价信息透明度，强化对询价机构的约束，合理引导市场；进一步增加承销与配售的灵活性，强化发行人、投资人、承销商等市场主体的职责。

2010 年 7 月 21 日中国证监会举行 2008～2009 年稽查立功表彰大会，桂敏杰副主席作重要发言

## 3.3 抓监管突出问题，深入开展防范和打击内幕交易活动

伴随着全流通市场的形成，市场功能进一步发挥，上市公司并购重组日趋活跃，利用上市公司并购重组信息进行内幕交易现象逐渐呈现多发态势，逐步成为市场监管中的突出问题。对此，中国证监会积极应对，及时将防范和打击内幕交易确定为 2010 年监管工作的重点，按照“齐抓共管，打防结合、综合防治”的工作思路，强化制度和工作机制建设，统一部署，快速行动，防范和打击内幕交易取得明显成效。

- **加强源头防范**。2010 年，中国证监会研究完善股价异动的信息披露和停复牌制度，坚持“异常即核查，涉嫌即暂停、违规即终止”，加强异常交易监控、稽查与并购重组审核的相互衔接，推进上市公司内幕信息知情人登记制度，将二级市场交易股价异动作为核查重点，及时处置股价异动，着力防范内幕交易行为。
- **构建综合防控体系**。内幕交易案件参与主体复杂，交易方式多样，操作手段隐蔽，查处工作难度很大。随着股指期货的推出，内幕交易更具隐蔽性、复杂性。为维护市场秩序，保护投资者合法权益，促进中国资本市场稳定健康发展，经国务院批准，中国证监会、公安部、监察部、国资委、预防腐败局建立了内幕交易综合防控机制，通过前期的实地调研和座谈，拟定了证监会、公安部、监察部、国资委、预防腐败局《关于依法打击和防控资本市场内幕交易的意见》（以下简称《意见》），2010 年 11 月 16 日获国务院批准转发实施。《意见》明确将通过建立实施内幕交易举报奖励制度、内幕信息保密制度、内幕信息登记人制度、完善上市公司信息披露和停复牌制度、健全考核评价制度等，联手打击内幕交易。

◆ **开展专项打击行动。**中国证监会开展专项打击行动的主要举措有：加强异常交易监控分析，对内幕交易线索及时发现、及时立案；有效组织、统筹协调证券期货监管系统稽查执法力量，快速查处内幕交易案件；强化立案、调查、审理等环节的衔接配合，加强与公安、司法机关的协作，加大刑事追责力度，形成打击内幕交易合力。此外，中国证监会还快速查处了中山公用、天山纺织等内幕交易大要案，全年启动非正式调查 87 起，立案调查 52 起，行政处罚 9 起，向公安机关移送 15 起。

◆ **开展内幕交易预防教育活动。**2010 年，中国证监会通过专题讲座、常规培训和案例宣讲等方式，广泛开展内幕交易预防教育活动：一方面，通过交易所开展系列宣传教育活动，包括法规解读、典型案例剖析等，加强对社会公众特别是广大投资者的教育；另一方面，通过证券业协会和各派出机构，对证券从业人员、上市或拟上市公司及其控股股东等进行系统培训，以案说法，强化市场参与各方的守法意识。

## 3.4 强化合规监管，推动市场主体规范发展

强化合规监管，推动市场主体规范发展，主要是严格落实现有法规制度，着力提升市场主体合规运作水平，顺应市场发展要求，采取有力措施优化市场竞争环境，促进市场主体发展壮大。

### 3.4.1 加强上市公司监管

全流通后，上市公司监管面临的情况日趋复杂，中国证监会创新监管思路，通过建立信息披露与股价异动监管联动机制、媒体质疑快速反应机制、风险导向性的年报现场检查机制，及时快速查处了多起信息披露违法违规行为。在日常监管中，打击内幕交易专项活动随着中国证监会、公安部、监察部、国资委、预防腐败局《关于依法打击和防控资本市场内幕交易的意见》的出台，已全面展开；创业板监管也在制度框架的不断完善、潜在问题的日益明朗中，不断成熟。

◆ **加强信息披露与股价异动监管联动机制及媒体质疑快速反应机制的落实。**股权分置改革后，以信息披露作配合，利用二级市场谋利的动机增大，信息披露与股价异动的联动性大大增加。对此，中国证监会创新监管思路，以提高监管敏锐度和处理效率为目标，对发现股价异动的情形立即协作派出机构、交易所，要求检查内幕信息知情人登记情况、核实二级市场股价买卖行为，并

视检查结论，通报市场部或稽查局，实施有效联动。同时，中国证监会还重视重大个案处理，指导证监局、交易所处理了＊ST东碳、莲花味精、福日电子、大龙地产、紫金矿业等涉嫌信息披露的违法违规案件，处置得当，措施有力，及时化解了监管风险。

◆ **以年报披露为抓手，建立风险导向型的现场检查制度。**在2009年年报披露中，沪深交易所对1 774家上市公司的年度报告进行了审查，对发现的疑点进行了问询或商请派出机构核查。各证监局结合年报披露，针对新上市公司，资产重组完成公司，巨亏或业绩剧烈波动公司，关联方资金往来频繁、媒体质疑、信访投诉或面临退市的349家公司进行了现场检查，发现规范运作、信息披露、资金占用、财务处理、中介机构执业等方面的问题，派出机构及时采取了约见谈话、立案稽查等监管措施。截至2010年11月10日，派出机构累计进行现场检查1 300家次（涉及947家公司），发出监管函551份（涉及434家公司）、责令整改函148份（涉及123家公司）、警示函55份（涉及44家公司）；交易所累计发出问询函873份、关注函426份（涉及309家公司），通报批评49家公司、公开谴责14家公司。

◆ **监管聚焦，着力解决同业竞争，减少关联交易，上市公司独立性逐步提高。**同业竞争和大量关联交易的存在影响了上市公司的独立地位，难以公平地维护全体股东——尤其是中小股东的合法利益，由于历史原因，它已成为影响中国上市公司发展的痼疾。2010年，中国证监会开展了“解决同业竞争、减少关联交易”专项活动，将持续3年的公司治理工作进一步推向深入。按照年初的工作部署，中国证监会组织交易所和派出机构进行了全面摸排，摸清上市公司关联交易底数，逐家制定解决方案——共有335家上市公司涉及同业竞争、关联交易问题——在逐一分析、分门别类的基础上，确定了重点推动公司136家（占问题公司的40%）。目前已有20家公司完成解决方案的实施，77家公司形成工作方案，剩余49家公司年底提出解决预案。

◆ **进一步完善综合监管体系，为上市公司监管营造良好环境。**一是充分发挥综合监管体系的机制优势，对国有控股公司——特别是央企集团的同业竞争、关联交易问题，向国资委、财政部、国防科工局等部门通报情况，寻求支持、形成合力。目前已与国家电网、中石化、中材集团、国家电力、华能集团、国药集团等央企集团就其与下属上市公司之间存在的同业竞争问题共同提出具体解决方案。二是完善监管协作的长效机制，促使“联合培训、联合调研、联合检查”常态化。中国证监会会同国资委、沪深交易所举办5期联合培训，培训对象包括11家央企集团及其下属73家上市公司，近400人参加了培训；先后完成调研央企集团46家，共涉及央企上市公司200家，反映央企上市公司控股股东、实际控制人规范运作问题71项。

◆ **贯彻分类监管理念，有针对性地加强创业板上市公司监管。**随着《创业板上市公司季度报告内容与格式》、《创业板上市公司半年度报告内容与格式》的正式颁布，创业板上市公司信息披露的基本制度框架已初步建立。为进一步提升信息披露监管的有效性，中国证监会还对公司首次公开的半年报、年报加强披露监管，对业绩分化、增速变动等重点问题、突出现象深入研究、及时上报。在日常监管中，中国证监会针对创业板公司特点及风险点，指导派出机构对创业板上市公司开展全面现场检查，并对保荐机构持续督导工作情况进行延伸检查，将高管减持、募集资金、业绩变动、并购重组、风险因素等作为监管重点，不断评估监管效果，创新思路，改进监管

2010 年 12 月 16 日中国证监会会计监管工作会议上纪委书记李小雪作重要讲话

措施。为进一步提升创业板上市公司规范运作意识，2010 年，中国证监会举办了两次创业板新上市公司培训会，培训公司 58 家，培训董事长、总经理、董秘、控股股东及实际控制人、保荐代表人约 350 人。

◆ **加强对上市公司执行会计准则和财务信息披露的监管，促进上市公司提高财务信息质量。**全面、准确了解国内上市公司会计实务发展情况，持续关注国际会计监管动态，及时解决上市公司面临的会计和财务信息披露问题。加强监管部门间的沟通协调，通过解答具体会计问题和编制《上市公司执行企业会计准则监管问题解答》，统一了资本市场会计监管标准。

### 3.4.2 推动证券公司规范经营

◆ **制定证券公司参与股指期货交易的政策规定，做好股指期货推出后的持续监管。**一是制定发布《证券公司参与股指期货交易指引》，引导证券公司结合自身风险管理能力，稳妥有序推进自营业务、资产管理业务参与股指期货交易。二是督促证券公司在制度、人员、系统、风险管理等方面做好参与股指期货交易的准备工作，做好证券公司参与股指期货交易报备事项的审阅工作。三是加强证券公司参与股指期货交易的持续监管，制定下发专项监管报表，及时分析、掌握证券公司自营、资产管理业务参与股指期货交易的有关情况。

◆ **完善证券公司风险管理体系和合规管理机制，证券公司风险防控能力和合规管理水平显著提高。**一是完善以净资本为核心的证券公司风险监管制度，推动证券公司做好压力测试工作。加强证券公司开展新业务的风险监管，建立风险控制指标动态调整机制，将新业务的情况纳入风险控制指标体系，动态调整对相关业务或产品的风险控制指标计算标准及监管要求，研究引入宏观审慎监管制度和逆周期调节机制。研究借鉴国内外银行压力测试有效做法，指导证券业协会研究制定《证券公司压力测试指引（试行）》，推动全行业进一步完善压力测试工作。二是督促证券公司强化重点领域和关键环节的合规管理，加快信息隔离墙制度建设。深入推进证券公司合规管理，指导证券公司按照规定开展合规管理有效性的评估，督促证券公司强化经纪业务营销、新产品开发、新业务开展等重点领域和关键环节的合规管理。要求经营多种业务的证券公司在年内建立或完善信息隔离墙制度，指导证券业协会制定并发布《证券公司信息隔离墙制度指引》。

◆ **完善区别对待、扶优限劣的分类监管制度，以支持符合条件的证券公司上市、鼓励证券公司建立集团化和专业化经营模式等方式，为行业做优做强创造条件。**一是进一步完善以风险管理能力为基础的证券公司分类监管制度，将近 3 年分类评价实践中的有效做法制度化。向全社会公开分类评价结果，增强了证券公司监管工作的透明度。按照区别对待、扶优限劣原则，在日常监管和审核工作中引导证券公司开展差异化、特色化经营，提高市场竞争力。二是支持证券公司上市与加强上市证券公司的监管同步推进。积极支持管理水平较高、盈利能力稳定和市场竞争力较强的证券公司 IPO 上市，增强资本实力，扩大市场影响力。今年以来共有华泰证券、兴业证券、山西证券 3 家证券公司 IPO 上市。截至目前，上市证券公司数量 15 家，净资产和净资本规模占全国证券公司的 40% 以上。修订实施《关于加强上市证券公司监管的规定》及相关指导意见，完善上市证券公司信息管理制度，健全内幕信息知情人登记制度，规范上市公司来访接待制度和盘后沟通制度。三是鼓励证券公司根据市场需要和自身管理能力优化发展模式。支持证券公司扩大业务范围、增加营业网点、发行新产品、扩充资本金。2010 年以来，共批准 11 家证券公司扩大常规业务范围；批准 61 家证券公司新设 314 家证券营业部；新批 81 支集合理财计划；证券公司管理资金规模新增 583 亿元；批准 15 家证券公司增加注册资本 130 亿元。鼓励证券公司设立专业子公司和直投子公司，开展参股其他金融机构试点。2010 年以来，核准东方证券、国泰君安证券在上海设立资产管理子公司；新增 9 家证券公司（目前共有 31 家）设立子公司开展直投业务试点，3 家证券公司下属直投子公司参与管理地方政府批准设立的产业基金，1 家证券公司下属直投子公司试点设立股权投资基金；支持华泰证券、中金公司试点参股商业银行、信托公司等。

◆ **完善证券经纪业务监管制度，规范证券营业网点和证券经纪业务营销行为，提升客户服务水平，证券经纪业务规范化程度显著提高。**一是完善客户资金第三方存管制度体系建设，基本完成《客户交易结算资金管理办法》修订草案和配套文件的拟定工作。制定施行《关于加强证券经纪业务管理的规定》，全面规范证券经纪业务客户管理与客户服务、人员管理、证券营业部管理、技术系统管理问题。二是清理规范经纪业务营销活动历史遗留问题，做好证券公司营销管理专项检查工作，督促证券公司清理规范历史遗留不合格营销人员，实现年内全面清理不合格营销人员的目标。三是督促证券公司按要求完成网点规范工作。全行业证券服务部规范完毕，违规营业网点全部清理关闭，证券营业部异地迁址审批工作全面终止。四是加强经纪业务客户服务和佣金管理，指导证券业协会下发《关于进一步加强证券公司客户服务和佣金管理工作的通知》，引导证券公司增加证券经纪业务战略性投入，加强证券交易佣金的管理，规范证券交易佣金收取行为，防止因行业恶性竞争损害行业健康发展基础。

◆ **持续做好“交易运行安全事故评估分析系统”和“机构监管信访处理监测分析系统”建设，确保证券公司安全稳定运营。**一是持续完善“交易运行安全事故评估分析系统”，做好证券公司信息安全事故通报、处置、评估、分析工作。截至目前，中国证监会会机关共妥善处置 36 起信息安全事件，最大限度地保障了客户正常交易。二是建立完善机构监管信访处理监测分析系统，及时总结、分析发现的问题，研究采取监管应对措施。在作好调查处理的同时，检查证券公司相关内部控制制度，督促改进。研判证券经营机构违法违规行为的新动向，及时研究监管应对措施。评估现行监管政策和措施的有效性，持续改进机构监管工作。

◆ **督促证券公司健全内部信息管理制度，加强对证券公司报送和披露信息的统计分析，证券公司信息报送与信息披露行为规范化程度进一步提高。**进一步对证券公司信息报告内容进行分类优化，完善证券公司通过机构监管信息系统电子化报送信息的内容框架。督促证券公司明确业务和财务信息审核、传递、报送工作流程及相关人员责任，保障公司信息合规、高效、准确流动。督促证券公司进一步建立健全董事会秘书制度，明确董事会秘书及其工作职责，使其切实发挥信息报送和披露牵头人的作用。通过现场或非现场检查等方式检验证券公司信息报送和信息披露的工作质量。

◆ **公示审核进程，完善审核机制，及时评估调整行政许可事项，适时修订审核规则，行政许可审核工作改革取得新进展。**一是全面公开审核进程，事前公示审核依据、条件、标准、程序、申请材料要求，事中公示审核进程，事后公示审批决定。二是进一步优化审核工作机制和流程，修订《机构监管部证券机构行政许可审核工作制度和工作流程》，受理环节增加每周一次受理工作会议，审核环节增加重大疑难问题讨论机制等。三是评估调整行政许可事项，根据市场环境、行业状况及日常监管情况的变化，对行政许可的实施情况进行评估，制定《关于调整证券机构行政许可的工作方案》，拟取消3项行政许可，进一步授权派出机构审核5项行政许可。四是对于新情况、新问题，按程序明确审核政策和规则，修订《证券公司行政许可审核工作指引第10号——证券公司增资扩股和股权变更》，明确有限合伙形式的股权投资基金入股证券公司等问题。修订《证券公司行政许可审核工作指引第2号——〈证券公司董事、监事和高级管理人员任职资格监管办法〉第五十一条的适用》和《证券公司行政许可审核工作指引第11号——证券公司董事、监事和高级管理人员任职的有关规定》，明确证券公司董事长、总经理代为履行职务的监管要求，以及高级管理人员的兼职等问题。

◆ **落实证券业对外开放相关政策，研究支持证券公司及其境外子公司开展跨境业务的政策和配套措施，证券公司对外开放和跨境业务稳步推进。**一是做好合资证券公司和证券公司境外子公司的设立审批工作。2010年以来，中国证监会共批准设立3家合资证券公司，批准4家证券公司在中国香港设立全资证券子公司。二是进一步完善外资持有证券公司股权的监管制度，加强对合资证券公司的指导，督促证券公司加强对境外子公司的内部管理和风险控制。三是积极参与中美战略与经济对话（SED）、两岸经济合作框架协议（ECFA）、内地与香港《关于建立更紧密经贸关系安排》（CEPA）补充协议等工作，落实有关对话和协议成果。四是根据CEPA补充协议六，进一步明确香港地区证券公司与内地证券公司在广东省设立合资证券投资咨询公司的设立条件、审批程序和业务监管要求，并加强对相关证券公司的政策指导。五是中国证监会研究支持证券公司及其境外子公司参与合格境外机构投资者（QFII）、合格境内机构投资者（QDII）、跨境投资银行、财务顾问等业务的政策措施，研究证券公司在香港地区募集人民币资金开展境内证券投资业务的政策意见。

◆ **推进证券投资咨询基础制度建设，促进证券评级机构规范运作，咨询和评级机构监管持续加强。**一是制订发布《证券投资顾问业务暂行规定》和《发布证券研究报告暂行规定》，明确证券投资咨询业务的基本形式，为证券公司、证券投资咨询机构从事证券投资顾问和发布证券研究报告业务提供制度规范，引导证券公司提升证券研究实力，培育投资顾问服务团队，由证券投资咨询机构向证券投资顾问业务转型。二是做好证券投资咨询机构日常监管和年检工作，加大对违法违规机构的处理力度，对5家证券投资咨询机构不予通过年检。三是加强对证券投资咨询机构股东变更、迁址等重大变更事项的管理，明确对利用软件工具、终端设备等载体提供证券投资建议服务的规范要求，引导证券投资咨询机构业务整合。四是跟踪研究境外信用评级机构监管改革进展，研究支持本土证券评级机构规范发展的措施建议。五是继续完善行政监管、行业自律、公司自我约束相结合的证券评级机构监管机制，组织实施证券评级机构现场检查，指导证券业协会成立证券评级专业委员会，推动制订证券评级执业准则。

◆ **加大整治力度，形成常规机制，整治非法证券活动（以下简称整非）工作取得明显成效。**目前，整非工作已经形成媒体监控清理机制、信访投诉处理机制、案件调查处理机制、投资者宣传教育机制、信息报送分析机制、分工协作监管机制6项工作机制。2010年，停播不规范广播电视证券节目或者广告108个，清理参与广播电视证券节目的无资格机构62家，清理无资格人员90人。系统各单位协调关闭非法网站498个，清理网络非法证券活动信息4 052条，向公安机关移送涉非线索572件，向公安机关移送涉非案件70宗，推动配合公安机关破获涉非案件69起，抓捕犯罪嫌疑人780人。2010年，中国证监会组织证券经营机构开展投资者教育活动40 158场，发送防范非法证券活动短信提示13 274万余条。全系统妥善处理涉非投诉927件，信访投诉数量已较整非初期最高峰下降近70%，为整非专项工作转入常规打下坚实基础。

### 3.4.3 促进基金业创新发展

◆ **坚持市场化改革方向，提高审核效率，进一步加大政务公开力度。**按市场化原则贯彻落实并不断完善基金产品分类审核制度，基金管理公司结合市场情况和自身能力同时申报多类产品和多只基金，较好地发挥了市场配置资源的基础性作用。同时，通过对基金募集申请审核情况实行公示制度，基金产品审核工作透明度有所提高，有利于业界及时了解审核进度，提前安排产品发行工作。

◆ **参与基金网上销售结算业务的第三方支付机构试点工作取得了突破性的进展。**汇付数据和民生银行、华夏基金的合作率先在2010年5月份从试运行转为正式对外运营，并在平稳运行5个月后再次增加10家基金管理公司作为其合作对象；通联支付已在上海浦发银行的监督下与上投摩根基金展开了此项业务对外的正式运营。第三方支付机构逐步介入基金管理公司的网上直销业务，短期内将降低系统的接口成本、提高跨行结算效率；从长远看，将全面降低网上直销业务的支付结算成本，为全行业逐步建立基金投资顾问模式留出盈利空间。

◆ **发布《关于保本基金的指导意见》，为公司发展保本基金业务创造有利条件。**《关于保本基金的指导意见》明确了保本基金的具体要求，规定了担保机构担保的条件，规范了担保流程，为保本基金的规范发展打下了坚实的基础。

◆ **加大对创新的支持力度，不断推动产品创新和业务创新。**贯彻落实创新基金的绿色通道审核制度，完善了支持产品创新的具体措施。截至2010年底，共有9只产品被认定为创新产品，部分创新产品在募集过程中由于认购踊跃，实行了比例配售，有效满足了投资者的理财需求；出台了《证券投资基金参与股指期货交易指引》，起草了《证券投资基金股指期货投资会计核算业务细则》，明确了基金参与股指期货的主要投资、风险控制政策和核算办法，为基金在严格防范风险的基础上有序参与股指期货交易提供了依据和指导；积极研究基金参与融资融券业务规则，为产品创新创造了条件；深入论证跨市场和跨境 ETF 的操作方案，业务规则正在加紧修改完善过程中；稳步推进房地产投资基金（REITs）研究工作，提出了发展保障性住房 REITs 产品、推动商业 REITs 试点工作的建议。

### 3.4.4 规范证券服务机构执业

◆ 2010 年，中国证监会继续加强对会计师事务所与资产评估机构的监管，对 16 家会计师事务所和 7 家资产评估机构进行了现场检查，并对 11 家会计师事务所和资产评估机构采取了行政监管措施。2010 年，中国证监会和财政部审核了 54 家会计师事务所和 69 家资产评估机构的证券、期货相关业务资格报备材料，并对审核结果进行了公示，审查了 10 家资产评估机构的证券、期货相关业务资格申请材料，最终授予其中 3 家资产评估机构证券、期货相关业务资格。

◆ 2010 年，中国证监会继续推动基于可扩展商业报告语言（XBRL）技术的电子化信息披露工作。证券投资基金电子化信息披露网站（fund. csrc. gov. cn）正式上线运行，实现了全部 700 余只基金实时、集中的电子化披露。同时，首次公开发行股票（IPO）系统项目顺利推进，统一的上市公司年度报告模板也已在上海、深圳证券交易所报送系统中使用。

## 3.5 坚持依法治市，加强法制和透明度建设

落实依法行政要求，大力推进资本市场立法工作，严厉打击违法违规行为，深入推进信息公开，不断提高市场透明度。

◆ 加强法制建设与部际征信系统的对接。立足于资本市场发展需要，中国证监会积极推动立法部门修订《证券投资基金法》、《期货交易管理条例》，配合完善《上市公司监督管理条例》、《证券投资者保护基金条例》草案。推动最高检、公安部联合发布《关于公安机关管辖的刑事案件立案追诉标准的规定（二）》，完善证券期货犯罪行为的追诉标准。2010 年，中国证监会共制定、修订证券期货规章 3 件、规范性文件 40 件，全面清理现行证券期货规章和规范性文件，废止规章、规范性文件 36 件，进一步提升了证券期货法规体系的科学性、合理性和可操作性。推进部际信用信息互联互通的诚信建设工作取得重大突破，实现了资本市场诚信数据库与人民银行征信系统的联网对接。

◆ 2010 年，按照《行政许可法》、《中国证券监督管理委员会行政许可实施程序规定（试行）》等有关法规的要求，平稳推进行政许可受理工作，编写行政许可受理法规汇编，修改和完善行政许可管理系统。2010 年，中国证监会共接收各类行政许可申请 2 308 件，正式受理 2 175 件，送达行政许可批复 2 281 件，终止审查决定 184 件，不予受理决定 25 件，办理受理前撤回行政许可申请 59 件，接待行政许可相关咨询约 12 000 人次。

◆ 2010年，按照《政府信息公开条例》和《中国证券监督管理委员会证券期货监督管理信息公开办法（试行）》的有关规定，中国证监会及时完整公开纳入主动公开范围的监管信息，依法按时办理申请人提出的信息公开申请；首次公开证券公司分类评价结果，主动公示证券期货经营机构、基金募集行政许可审核进展情况；加强制度建设，完善和修改了《中国证监会依法申请公开工作指引》。2010年，中国证监会主动公开监管信息7 935条，其中会机关公开3 100条，派出机构公开4 835条。会机关受理监管信息公开申请5件，回复5件。

吴利军主席助理出席2010年9月30日中国证监会媒体见面会

◆ 按照“主动引导，积极应对、密切合作、共促发展”的思路，将新闻宣传和舆论引导工作纳入资本市场基础性制度建设范畴，提升监管工作的公开度与透明度。坚持每周一次例行新闻通气会制度，加大重要改革、政策出台、稽查执法的宣传引导，主动发布政策信息和解疑释惑，积极回应市场热点问题，重大改革监管措施出台前主动通过中国证监会门户网站向社会公开征求意见。2010年全年，中国证监会共召开新闻发布会、通气会51次，安排记者采访2 000余人次，会同新闻出版总署发布加强报刊传播证券期货信息管理工作的若干规定，推动广电总局出台加强广播电视证券节目管理的规定，规范资本市场信息传播秩序。

## 3.6 强化期货监管，促进期货市场功能发挥

2010年，中国证监会按照“夯实基础、培育机制、加强监管、防范风险、服务实体经济发展”的要求，完善中国期货市场制度体系，稳妥推进业务创新，增强期货行业服务国民经济发展的能力，促进期货市场从规模扩张向质的提升转变。

### 3.6.1 强化市场监管，守住不发生系统性风险的底线

强化市场监管，守住不发生系统性风险的底线，中国证监会所做的工作主要有：建立和强化每周市场运行分析例会制度和期货交易所业务监管座谈会，定期对期货市场运行情况进行全面分析评估，针对市场运行特点制定相关工作计划，督促交易所加强风险防范、完善相关制度。督促交易所落实交割仓库年审工作，进一步完善年审方式、内容和程序；指导交易所完善交割仓库布局和监管程序，逐步建立健全备用库制度。严密监控股指期货运行情况，确保股指期货平稳运行。完成了对期货交易所绩效评价相关方案的设计，对期货交易所的监管和绩效评价工作迈上了新台阶。针对国庆节后期货价格连续上涨、交易规模持续扩大、市场系统性风险有所增加的情

况，及时向各期货交易所发出有关通知，并现场指导和督促各交易所完善风险处置预案，切实做好维护市场稳定的相关工作。加强对保证金监控中心有关工作的监管和指导，督促、协调期货市场运行监测监控系统的建设进度。

### 3.6.2 加强法规制度建设，推进市场监管的程序化和制度化

中国证监会广泛征求期货交易所、派出机构及期货公司的意见，积极推动《期货法》立法和《期货交易管理条例》修订工作；加强与司法机关的沟通协调，推动期货司法解释的完善，确立期货交易所指定管辖和结算担保金司法保护的新制度，为期货市场稳健运行寻求司法政策支持。在广泛调研和征求各方意见的基础上，中国证监会出台了 9 个规范交易所自律监管的工作指引，涉及期货交易、交割、监查、规则修改、品种创新、市场异常交易行为和波动等方面，通过完善制度，落实责任，明确程序，落实“强势监管”的要求；指导监控中心、交易所和软件公司启动了账户清理工作，启动期货市场违法违规认定标准的制定工作，明确证监会和交易所的监管边界，进一步完善监管工作流程。

姜洋主席助理出席 2010 年 8 月 8 日举行的境外期货监管论坛并作重要讲话

### 3.6.3 做精做细现有期货品种，促进市场功能发挥

中国证监会初步建立了期货品种的评估体系，组织交易所对上市品种开展功能评估，为完善规则提供依据；针对一些交易规则不适应目前市场发展的现状，中国证监会推动交易所对交易所章程、交易规则及合约进行了修订，促进风险防范和功能发挥；为从源头上促进期货市场发挥功能，指导各交易所在准备上市新品种时，从规则体系上体现限制过度投机、鼓励方便套期保值、贴近实体产业的理念，强化交易所风控手段，使企业套期保值更为透明便捷；组织期货交易所对厂库交割制度进行研究，了解美国期货市场的做法，着重从降低利益冲突、防范市场风险的角度研究针对性制度措施。

### 3.6.4 整合系统研究力量，积极开展前瞻性研究工作

2010 年，中国证监会成立了期货市场“十二五”课题研究小组，整合系统研究力量，专门针对期货市场对外开放、机构投资者、商品指数交易、期货市场分析体系建设和低碳经济 5 个市场发展的重大课题展开研究，加强期货市场信息统计与研究基础设施建设，启动期货市场研究分析数据库建设。

### 3.6.5 强化监管制度建设，规范期货公司发展，促进期货市场功能深化

◆ **开展分类监管规定修订工作。**《期货公司分类监管规定（试行）》的施行对促进期货公司规范健康发展，提升期货行业服务国民经济能力发挥了重要作用。两年来，期货市场形势及行业状况发生了较大变化，分类监管作为一项监管创新，需要在探索中与时俱进、逐步完善。为此，中国证监会在2010年积极推进期货公司分类监管制度修订。

◆ **研究分析净资本监管制度的适当性。**结合期货市场和行业发展变化情况，中国证监会加强对现行期货公司净资本监管制度的评估，密切关注境外和国内相关行业净资本制度调整情况，对市场各方反映的期货公司净资本相关问题进行深入研究，及时评估中国期货公司现行制度的适当性，要使制度在有效防范风险的同时，提高市场效率，适应并支持市场的快速发展。

◆ **研究完善保障基金具体实施办法。**根据《期货投资者保障基金管理暂行办法》等法规规章，中国证监会研究制定了期货交易所、期货公司缴纳期货投资者保障基金的具体实施办法。2010年3月，中国证监会以公告形式发布《关于期货交易所、期货公司缴纳期货投资者保障基金有关事项的规定》，正式启动期货投资者保障基金的筹集工作，建立健全了期货投资者保护长效机制，为完善期货行业风险处置机制、切实保护投资者利益、维护期货市场健康稳定发展提供了重要保障。

◆ **提升期货公司合规运作水平。**2010年，中国证监会持续加强日常监管，通过非现场监管强化净资本监控，通过现场监管抓重点环节，同时规范营业部设立审批工作，促进行业协调发展；着力加强信息技术建设，指导中国期货业协会组织开展全国期货公司信息技术检查评级工作，做好期货经营机构突发网络与信息安全情况通报，研究期货公司灾难备份建设政策；及时修订分类评价的操作细则，组织实施了对全国164家期货公司的第二次分类评价工作；依法做好行政许可审核工作，批复期货公司金融期货经纪业务资格、证券公司中间介绍业务资格、期货公司首席风险官任职资格；积极指导派出机构做好期货公司董事、监事及高管人员任职资格审核工作；积极推进投资者教育工作，组织系统相关单位采取多种形式，利用各种手段，做好投资者教育工作，通过各类媒体普及知识，讲解规则，揭示风险，使投资者客观了解股指期货产品功能及特征；进一步加强风险处置和防范，督导派出机构针对日常监管中的风险因素开展相关工作。

◆ **促进中介功能发挥、更好地服务国民经济发展。**2010年，中国证监会积极提升期货公司中介服务能力，稳步推动行业创新发展和对外开放，加快推进期货公司投资咨询业务试点工作，研究推动期货公司客户资产管理业务试点，以研究推出境外代理为主线，稳步推进期货行业对外开放。

# 4. 对外开放与跨境监管合作

对外开放是促进中国资本市场发展的重要动力。中国认真履行了证券业对外开放的承诺，主动采取了一系列开放证券市场的政策措施。中国证监会始终坚持循序渐进、互利共赢的开放原则，借鉴其他市场开放的经验和做法，不断完善对外开放的政策措施，在确保市场稳定运行和维护国家金融安全的前提下，积极主动、适时适度地扩大证券业对外开放，促进证券市场持续健康安全发展。

## 4.1 金融部门评估规划项目

金融部门评估规划（FSAP）是由国际货币基金组织和世界银行于1999年联合推出的评估框架，旨在加强对成员国和地区金融脆弱性的评估与检测，减少金融危机发生的可能性，同时推动各国金融改革和发展。目前，金融部门评估规划已经成为国际社会广泛接受的金融稳定评估框架，中国领导人先后两次在G20峰会上承诺在中国开展金融部门评估规划。

姚刚副主席出席2010年3月17日中国证监会金融部门评估规划（FSAP）报告定稿讨论会并发表重要讲话

中国政府于2009年8月正式启动首次金融部门评估规划，由人民银行牵头协调落实，中国证监会积极配合，认真开展了各项相关工作，主要包括：牵头对照《国际证监会组织证券监管目标和原则》开展自评估、参与对照国际清算银行支付清算系统委员会（CPSS）和国际证监会组织联合提出的《关于证券结算系统的建议（RSSS）》对中国证券结算系统开展自评估等。此外，中国证监会还参与了国际货币基金组织和世界银行的评估团于2010年进行的对华金融部门评估规划现场评估。从初步评估结果看，中国资本市场基本达到国际证监会组织的监管标准，评估团对中国资本市场监管的有效性给予了充分肯定。

目前，中国证监会在人民银行的统一组织下继续完成金融部门评估规划的后续工作。

## 4.2 稳步推动境外融资和国际板筹备

### 4.2.1 稳步推动境外融资

境外上市是中国利用外资的重要方式之一。中国证监会将落实国务院《关于进一步做好利用外资工作的若干意见》，继续支持符合条件的境内企业在境外上市；积极推动修订境外上市的有关法规，完善境外上市企业的持续监管制度和跨境监管合作机制；支持境内企业利用境外上市构建重要的“走出去”平台，开展跨境投资和并购重组，在全球范围内配置资源，提升国际竞争力。

### 4.2.2 加强与有关部门沟通协调，积极探索境外公司在境内上市的制度安排

2009年4月29日，国务院发布《关于推进上海加快发展现代服务业和先进制造业建设国际金融中心和国际航运中心的意见》，提出要“适时启动符合条件的境外企业到境内上市”。同时，这也是中美战略与经济对话、中英经济财经对话的有关成果。允许符合条件的境外企业在境内发行人民币股票是一项复杂的系统工程，涉及许多重大法律、会计和投资者保护等问题。中国证监会就此事宜成立了专项小组，全面梳理有关法律法规，加强与有关部门沟通协调，积极探索境外公司在境内上市的制度安排，研究制定有关管理办法和规则。目前，有关工作已经取得了重大进展，相关各方也已就很多问题达成了共识，但是还有大量工作要做。下一步，中国证监会将继续做好有关技术准备工作，何时出台相关办法和规则还没有时间表。

## 4.3 与港澳台地区证券市场的合作与联系

### 4.3.1 香港、澳门特别行政区

根据内地与香港、澳门特别行政区签订的《关于建立更紧密经贸关系的安排》（CEPA）及其补充协议，内地证券期货业对香港、澳门特别行政区开放的措施包括：

- 2004年1月1日起，允许香港交易及结算所有限公司在北京设立办事处；简化港澳地区专业人员在内地申请证券期货从业资格的相关程序，港澳地区专业人员申请获得内地证券期货从业资格只需通过内地法律法规的培训与考试，无需通过专业知识考试。
- 2005年1月1日起，允许符合条件的港澳地区中介机构参股内地期货经纪公司，港澳地区中介机构的参股比例不超过49%。
- 2006年1月1日起，允许符合条件的内地创新试点类证券公司根据相关要求在香港特别行政区设立分支机构；允许符合条件的内地期货公司到香港特别行政区经营期货业务，包括设立分支机构。
- 2008年1月1日起，允许符合条件的内地基金管理公司在香港特别行政区设立分支机构，经营有关业务；内地证券公司在香港特别行政区设立分支机构完成香港地区注册程序的时限，由6个月延长至1年。
- 2009年10月1日起，允许符合条件的港澳证券公司与内地具备设立子公司条件的证券公司在广东省设立合资证券投资咨询公司。合资证券投资咨询公司作为内地证券公司的子公司，专门从事证券投资咨询业务，港澳证券公司持股比例最高可达1/3；两地合作积极研究在内地引入港

股组合交易型开放式指数基金（ETF）。

◆ 2011 年 1 月 1 日起，支持符合条件的内地期货公司在香港特别行政区设立的子公司在港依法开展业务；深化内地与香港特别行政区金融服务及产品开发的合作，适时在内地推出港股组合交易型开放式指数基金。

◆ 截至 2010 年底，中国证监会已批准 3 家香港特别行政区中介机构参股内地期货公司；另外，内地分别有 18 家证券公司、6 家期货公司、10 家基金管理公司在香港特别行政区设立分支机构（有关名录详见附表 8 至 10）。

### 4.3.2 台湾地区

在《海峡两岸金融合作协议》的框架下，2009 年 11 月 16 日，中国证监会与台湾地区金融监督管理机构代表签署了《海峡两岸证券及期货监督管理合作谅解备忘录》。该文件于 2010 年 1 月 16 日生效，标志着两岸证券及期货监管合作机制的建立，奠定了两岸证券期货市场合作的基础。2010 年，中国证监会积极参与《海峡两岸经济合作框架协议》（ECFA）的商谈和签署工作，在《海峡两岸经济合作框架协议》早收清单中作出 3 项开放承诺：

◆ 对符合条件的台资金融机构在大陆申请合格境外机构投资者资格给予适当便利。

◆ 尽快将台湾证券交易所、期货交易所列入大陆允许合格境内机构投资者投资金融衍生产品的交易所名单。

◆ 简化台湾地区证券从业人员在大陆申请从业人员资格和取得执业资格的相关程序。

## 4.4 国际交流与跨境监管合作

### 4.4.1 积极参加双边与多边对话磋商和谈判，积极参与国际金融监管改革

◆ **签署双边监管合作谅解备忘录。**签署双边监管合作谅解备忘录是中国证监会加强国际监管合作的重要手段，也是境外金融机构进入中国证券领域，如设立合资证券公司、合资基金管理公司、申请合格境外机构投资者（QFII）资格等的必备条件之一。2010 年 1 月，中国证监会与马耳他金融服务局在瓦莱塔签署了《证券期货监管合作谅解备忘录》，5 月与科威特股票交易所委员会在科威特城签署了《证券期货监管合作谅解备忘录》，12 月与巴基斯坦证券交易委员会在伊斯兰堡签署了《证券期货监管合作谅解备忘录》。截至 2010 年底，包括上文提及的 3 个国家在内，中国证监会已与 44 个国家和地区的监管机构签署了 48 个监管合作谅解备忘录（详见附表 12）。

◆ **积极参与 G20、FSB 机制下的国际金融监管改革工作，为推动国际金融监管改革作出贡献。**金融危机以来，二十国集团（G20）和金融稳定理事会（FSB）的地位及其对国际金融体系和国际金融监管改革的影响日益重要。在此情况下，中国证监会高度重视并积极参与二十国集团多伦多和首尔峰会有关工作，积极研究提出有关意见和建议；同时，组织相关部门积极落实二十国集

团和金融稳定理事会有关安排，认真参与二十国集团宏观经济政策互相评估、金融稳定理事会薪酬政策评估、风险披露评估等5次评估工作，并就评估内容和机制研究提出意见和建议，积极促进评估机制和内容合理化，为落实和推动国际金融监管改革作出贡献。

◆ **积极参加中美战略与经济对话、中英经济财金对话、中日经济高层对话等双边对话机制。**随着经济金融全球化的不断发展，特别是出于共同应对本次国际金融危机的需要，证券领域的合作与交流日益重要。中国证监会积极参加第三轮中美战略与经济对话、第三次中英经济财金对话、第三次中日经济高层对话，以及中欧、中韩、中俄、中印、中哈等双边磋商机制，进一步加强和深化双边合作与交流。

◆ **积极参与世界贸易组织贸易政策审议、自贸区谈判、国际货币基金组织第四条款磋商、穆迪对中国主权评级等有关工作。**中国证监会积极参与世界贸易组织贸易政策审议工作，认真回答其他成员对中国证券期货领域提出的相关问题，为多哈回合服务贸易谈判相关规则建言献策，派员参加世界贸易组织服务贸易理事会下属机构相关会议，积极参加自由贸易区谈判、国际货币基金组织第四条款磋商、穆迪对中国主权评级、亚太经济合作组织单边行动计划等有关工作。此外，中国证监会还积极保持与经济合作与发展组织（OECD）、亚洲银行等区域性组织和国际组织的联系，开展相关专题合作等。

◆ **参与国际证监会组织（IOSCO）工作。**作为全球证券监管者的论坛和国际证券标准的制定者，国际证监会组织在危机之后发布了一系列应对危机的报告和相关政策措施，是全球应对危机方案中的重要参与者。中国证监会自1995年加入国际证监会组织至今，已成为国际证监会组织执行委员会、技术委员会、新兴市场委员会、亚太地区委员会等所有重要委员会的成员，其工作获得了各国际证监会组织成员的一致认同。2010年，中国证监会继续积极参与国际证监会组织的各项工作，如参加国际证监会组织执委会相关的工作会议，派员参加技术委员会、新兴市场委员会各常设委员会和工作组的研究工作及标准制定工作，参与有关报告的起草和修改，以及各种调查问卷的反馈等。在2010年6月的蒙特利尔年会上，中国证监会再度通过正式成员投票直选为执委会成员，尚福林主席第三次连任执委会唯一副主席。中国证监会将一如既往地支持国际证监会组织在妥善解决全球危机、监控并防范系统性风险、促进证券市场监管与诚信、维护金融稳定和保护投资者等方面发挥更大的作用。

### 4.4.2 跨境监管合作

◆ **跨境执法协助。**在双边监管备忘录和国际证监会组织多边备忘录的框架下，中国证监会与境外证券监管机构通过跨境执法协助，有力地促进了各自监管职能的履行，提高了执法的效率，保护了投资者的利益，维护了各自市场的稳定和发展。2010年，中国证监会收到境外监管机构（含香港地区）提出的协查请求87件，已办结60件；中国证监会对外（含香港地区）提出的跨境协查请求共有9件。

◆ **其他合作安排。**在全球金融市场加速融合的背景下，各国之间涉及跨境监管合作的事宜日益增多。2010年，中国证监会与德国国际合作机构（GIZ）开始共同实施“中德证券投资者保护技

2010 年 7 月 6 日尚福林主席与德国金融监督管理局主席约亨·萨尼奥签署合作谅解备忘录附函

术合作项目”，7 月中国证监会与德国金融监督管理局（BaFin）签署了合作谅解备忘录附函，在中德项目框架下开展技术合作。目前，在会计审计监管、信用评级机构监管等多个领域，中国证监会正与多国证券监管机构及相关主管机构展开积极对话，商讨建立相关跨境监管合作机制的可能性。

# 附　录

CHINA SECURITIES REGULATORY COMMISSION ANNUAL REPORT

# 附录 1　2010 年中国证券市场大事记

## A1.1　中国证监会颁布的部门规章

- 《中国证券监督管理委员会行政复议办法》(2010 年 5 月 4 日　证监会令第 67 号)
- 《证券期货业反洗钱工作实施办法》(2010 年 9 月 1 日　证监会令第 68 号)
- 《关于修改〈证券发行与承销管理办法〉的决定》(2010 年 10 月 11 日　证监会令第 69 号)

## A1.2　中国证监会颁布的规范性文件

- 《公开发行证券的公司信息披露编报规则第 15 号——财务报告的一般规定》(2010 年修订)(2010 年 1 月 11 日　证监会公告［2010］1 号)
- 《公开发行证券的公司信息披露编报规则第 9 号——净资产收益率和每股收益的计算及披露》(2010 年修订)》(2010 年 1 月 11 日　证监会公告［2010］2 号)
- 《关于开展证券公司融资融券业务试点工作的指导意见》(2010 年 1 月 22 日　证监会公告［2010］3 号)
- 《关于建立股指期货投资者适当性制度的规定》(试行)(2010 年 2 月 5 日　证监会公告［2010］4 号)
- 《证券投资基金信息披露 XBRL 模板第 3 号〈年度报告和半年度报告〉》(2010 年 2 月 5 日　证监会公告［2010］5 号)
- 《关于期货交易所、期货公司缴纳期货投资者保障基金有关事项的规定》(2010 年 3 月 15 日　证监会公告［2010］7 号)
- 《关于进一步做好创业板推荐工作的指引》(2010 年 3 月 19 日　证监会公告［2010］8 号)
- 《公开发行证券的公司信息披露编报规则第 20 号——创业板上市公司季度报告的内容与格式》(2010 年 3 月 29 日　证监会公告［2010］10 号)
- 《关于加强证券经纪业务管理的规定》(2010 年 4 月 1 日　证监会公告［2010］11 号)
- 《上市公司现场检查办法》(2010 年 4 月 13 日　证监会公告［2010］12 号)
- 《证券投资基金参与股指期货交易指引》(2010 年 4 月 21 日　证监会公告［2010］13 号)

- 《证券公司参与股指期货交易指引》(2010 年 4 月 21 日　证监会公告［2010］14 号)
- 《关于废止部分证券期货规章的决定（第九批)》(2010 年 5 月 7 日　证监会公告［2010］16 号)
- 《关于修改〈证券公司分类监管规定〉的决定》(2010 年 5 月 14 日　证监会公告［2010］17 号)
- 《中国证券监督管理委员会公告①》(2010 年 6 月 4 日　证监会公告［2010］18 号)
- 《公开发行证券的公司信息披露内容与格式准则第 31 号——创业板上市公司半年度报告的内容与格式》(2010 年 6 月 29 日　证监会公告［2010］19 号)
- 《关于修改〈关于加强上市证券公司监管的规定〉的决定》(2010 年 6 月 30 日　证监会公告［2010］20 号)
- 《〈合格境内机构投资者境外证券投资管理试行办法〉第四十六条证券公司开展境外证券投资定向资产管理业务的适用意见——证券期货法律适用意见第 6 号》(2010 年 8 月 16 日　证监会公告［2010］22 号)
- 《证券公司借入次级债务规定》(2010 年 9 月 1 日　证监会公告［2010］23 号)
- 《关于上市商业银行在证券交易所参与债券交易试点有关问题的通知》(2010 年 9 月 30 日　证监发［2010］91 号)
- 《关于深化新股发行体制改革的指导意见》(2010 年 10 月 11 日　证监会公告［2010］26 号)
- 《证券投资顾问业务暂行规定》(2010 年 10 月 12 日　证监会公告［2010］27 号)
- 《发布证券研究报告暂行规定》(2010 年 10 月 12 日　证监会公告［2010］28 号)
- 《律师事务所证券法律业务执业规则（试行)》(2010 年 10 月 20 日　证监会、司法部　证监会公告［2010］33 号)
- 《律师事务所证券投资基金法律业务执业细则（试行)》(2010 年 10 月 20 日　证监会、司法部　证监会公告［2010］34 号)
- 《关于保本基金的指导意见》(2010 年 10 月 26 日　证监会公告［2010］30 号)
- 《关于填报〈上市公司并购重组财务顾问专业意见附表〉的规定》(2010 年 11 月 18 日　证监会公告［2010］31 号)
- 《证券投资基金信息披露 XBRL 模板第 4 号〈基金合同生效公告及十一类临时公告（试行)〉》(2010 年 11 月 18 日　证监会公告［2010］32 号)
- 《关于废止部分证券期货规章的决定（第十批)》(2010 年 12 月 26 日　证监会公告［2010］36 号)

---

① 该公告是关于中国证监会行政事业性收费标准和缴款方式的规定。

## A1.3　重要事件

- 2010 年 1 月 1 日起，中国证监会全面实施基金产品分类审核制度并实行基金产品审核进度公示制度，2010 年共批复基金 154 只，其中有 147 只基金完成募集。
- 2010 年 1 月 11 日，中国证监会在北京召开资本市场法制建设新春座谈会，尚福林主席出席会议并作了重要讲话。他充分肯定了资本市场法制建设取得的显著成绩，指出资本市场法制建设正面临以制度建构向法律实施为重点的转变，进一步提高资本市场依法监管水平，增强工作有效性和主动性，是当前面临的现实课题。
- 2010 年 1 月 13 日，全国证券期货监管工作会议召开，尚福林主席作题为《开拓创新　不断推进资本市场稳定健康发展》的工作报告。
- 2010 年 3 月 15 日，中国证监会以公告形式发布《关于期货交易所、期货公司缴纳期货投资者保障基金有关事项的规定》，正式启动期货投资者保障基金的筹集工作。
- 2010 年 3 月 19 日，中国证监会发布《关于进一步做好创业板推荐工作的指引》，指导保荐机构现阶段重点推荐符合国家战略性新兴产业导向领域的企业，及其他领域中具有自主创新能力、成长性强的企业。
- 2010 年 3 月 31 日，中国证监会启动证券公司融资融券业务试点。
- 2010 年 4 月 8 日，股指期货正式启动，4 月 16 日，沪深 300 股票指数期货在中国金融期货交易所正式挂牌交易。
- 2010 年 4 月，中国证监会向金融部门评估规划（FSAP）评估团提供了 32 万字的国际证监会组织（IOSCO）原则自评估报告。金融部门评估规划评估专家根据 2010 年 5 月到 8 月期间现场会谈的情况撰写了《中国遵守标准和准则情况的报告：IOSCO 证券市场评估》，在 2010 年 11 月 28 日对中国证监会执行国际证监会组织原则的情况做出初步评估结论。
- 2010 年 4 月 26 日，财政部、中国证监会、审计署、银监会、保监会联合制定发布企业内部控制配套指引。配套指引自 2011 年 1 月 1 日起首先在境内外同时上市的公司施行，自 2012 年 1 月 1 日起扩大到在上海证券交易所、深圳证券交易所主板上市的公司施行。
- 2010 年 5 月 18 日，最高人民检察院、公安部联合印发《最高人民检察院、公安部关于公安机关管辖的刑事案件立案追诉标准的规定二)》，对公安机关经济犯罪侦查部门管辖的 86 种刑事案件的立案追诉标准作出了规定，进一步完善了内幕交易、泄露内幕信息案，以及操纵证券、期货市场案的立案追诉标准。
- 2010 年 7 月，中国证监会针对内幕交易多发、逐步成为市场监管中的突出问题情况，正式启动打击内幕交易专项工作。
- 2010 年 7 月 15 日，农业银行（601288）在上海证券交易所首发上市，融资 685 亿元，为 A 股最大的 IPO。至此，中国大型商业银行已全部完成了股份制改造并在 A 股市场成功上市。

- 2010 年 10 月 11 日，中国证监会颁布了《关于深化新股发行体制改革的指导意见》，新股发行体制第二阶段改革正式启动，指导意见于 2010 年 11 月 1 日正式实施。
- 2010 年 11 月 3 日，泰康人寿保险股份有限公司次级定期债务在上海证券交易所固定收益平台挂牌转让，成为在交易所市场挂牌的首只保险类债券。
- 2010 年 11 月 17 日，国务院办公厅印发了《国务院办公厅转发中国证监会等部门关于依法打击和防控资本市场内幕交易意见的通知》（国办发［2010］55 号），就依法打击和防控内幕交易工作进行了统筹安排和全面部署。这是维护资本市场秩序、保护投资者合法权益的一项重要举措，对促进资本市场稳定健康发展具有重要意义。
- 2010 年 12 月 6 日，交通银行在上海证券交易所集中竞价交易系统达成 3 笔债券交易，标志着商业银行阔别交易所 13 年后，再次成功进入交易所债券市场。
- 2010 年 12 月 7 日，12 家内地大型会计师事务所获准可以采用内地审计准则为内地在港上市公司（H 股企业）提供审计服务，内地与香港地区会计交流与合作达到新的水平。
- 2010 年 12 月 12 日，中国资本市场 20 周年成就展在北京开幕，中共中央政治局委员、国务院副总理王岐山出席开幕式并参观展览。
- 2010 年 12 月 16 日，《中国上市公司治理发展报告》在 2010 年亚洲公司治理圆桌会议上发布，这是中国证监会按照经合组织公司治理原则的框架，首次对中国上市公司治理情况进行的自我评估，中国证监会主席尚福林为《中国上市公司治理发展报告》撰写序言。

# 附录 2 主要证券监管制度

## A2.1 证券法律框架

法治是资本市场健康发展的基础和保障。中国资本市场的健康稳步发展，与近年来国家高度重视市场基础性制度建设，尤其是建立健全法律制度体系密不可分。中国证券法律法规体系分 3 个层次：

**第一，法律。**法律由全国人民代表大会或其常务委员会制定，除《中华人民共和国宪法》外，在证券法律体系中，证券法律具有最高的法律效力。现行的证券法律包括《中华人民共和国证券法》（以下简称《证券法》）、《中华人民共和国公司法》（以下简称《公司法》）和《中华人民共和国证券投资基金法》（以下简称《基金法》）3 部。

◆ 《证券法》为规范证券发行和交易行为，保护投资者的合法权益，维护社会经济秩序和社会公共利益，促进社会主义市场经济的发展而制定。该法对证券发行、交易和上市[①]信息披露、上市公司收购、禁止交易行为、证券交易所、证券公司和证券服务机构、证券登记结算公司、中国证券业协会和中国证监会，以及违反该法的法律责任等作出了规定。

◆ 《公司法》为规范公司的组织和行为，保护公司、股东和债权人的合法权益，维护社会经济秩序，促进社会主义市场经济的发展而制定。该法对公司的设立、合并、分立、增减资、公司治理和组织机构、公司股权转让、股份有限公司的股份发行、公司董事、监事、高级管理人员的资格和义务以及违反该法的法律责任等作出了规定。上市公司是股票在证券交易场所上市交易的股份有限公司，投资者购买上市公司发行的股票、公司债券，依据《公司法》行使权利、履行义务。

◆ 《基金法》为规范证券投资基金活动，保护投资人及相关当事人的合法权益，促进证券投资基金和证券市场的健康发展而制定。该法对基金管理人，基金托管人，基金的募集、运作与信息披露，基金份额持有人权利及其行使，以及违反该法的法律责任等作出了规定。

**第二，行政法规。**行政法规由国家最高行政机关——国务院根据《中华人民共和国宪法》和

---

① 中国境内股票、公司债券和国务院依法认定的其他证券的发行和交易、政府债券和证券投资基金份额的上市交易均适用《证券法》。《证券法》同时规定，证券衍生品种发行、交易的管理办法，由国务院依照《证券法》的原则规定。

有关法律制定，法律效力次于法律。现行的证券行政法规、法规性文件[①]有 18 件，其中，2007 年 3 月 6 日发布的《期货交易管理条例》是对 1999 年 6 月 2 日国务院发布的《期货交易管理暂行条例》的全面修订，旨在规范商品期货、金融期货的交易行为，保护期货交易各方的合法权益和社会公共利益。2008 年 4 月 23 日国务院发布的《证券公司监督管理条例》、《证券公司风险处置条例》，贯彻保护投资者合法权益的理念，精心设计证券公司的运行规范和监管制度，为实现证券行业的规范发展，进而促进资本市场的健康发展提供了有力的法制保障。

**第三，部门规章和规范性文件。**部门规章和规范性文件由中国证券监督管理机构根据法律和行政法规制定，其法律效力次于法律和行政法规。现行的部门规章有 62 件，如《上市公司证券发行管理办法》、《首次公开发行股票并上市管理办法》、《上市公司信息披露管理办法》、《上市公司重大资产重组管理办法》、《证券期货规章制定程序规定》等。现行有效的证券期货规范性文件合计 389 件。

上述 3 个层次相互联系形成整体，每个居于较低层位的法规制度都是对上一个层位法规制度的具体化和必要补充，形成了涵盖证券发行法律制度、证券期货交易法律制度、证券期货经营与服务机构法律制度、上市公司法律制度、信息披露法律制度、机构投资者法律制度、监督管理与法律责任制度等部分的证券期货市场法律制度体系。

此外，《物权法》、《刑法》、《企业破产法》、《反洗钱法》、《企业国有资产法》等法律，以及《最高人民法院关于审理证券市场因虚假陈述引发的民事赔偿案件的若干规定》、《最高人民法院关于冻结、扣划证券交易结算资金有关问题的通知》等司法解释也与资本市场有着紧密的联系，它们共同为资本市场的健康稳定发展、高效安全运营提供了良好的外部法律环境。在对证券期货市场实施监督管理时，中国证监会还应当遵守《立法法》、《行政许可法》、《行政处罚法》、《行政复议法》等法律的规定，依法行政、依法治市。

## A2.2 证券发行及上市监管制度

### A2.2.1 境内发行主要制度介绍

中国证券市场上市交易的金融产品包括股票、债券、证券投资基金和权证等。根据《证券法》、《公司法》等有关法律法规的规定，首次公开发行股票、公开发行公司债券、上市公司发行新股和可转换公司债券需获得中国证监会的核准，国债、金融债、企业债的发行由其他政府主管部门负责核准；股票、可转换公司债券、公司债券、国债、企业债的上市交易由证券交易所进行核准和监督。

---

① 法规性文件指国务院及其办公厅制定印发的，不以国务院令发布的具有普遍约束力的规范性文件。

#### A2. 2. 1. 1 境内证券发行核准制度

中国资本市场是在经济体制转轨条件下诞生和发展起来的，发行体制不可避免地带有明显的时代烙印。资本市场建立初期，限于当时各方面的局限和市场环境，在证券发行管理体制方面实行的是带有很强行政色彩的审批制度。2001 年 3 月以后，行政审批取消，新股发行实施核准制，由公司提出发行申请，保荐机构根据市场需要向中国证监会推荐，中国证监会进行合规性初审后，提交发行审核委员会审核，最终经中国证监会核准后发行。核准制不仅强调企业信息披露，同时还要求须符合一定的实质性条件，如企业盈利能力、公司治理水平等。核准制的核心就是监管部门进行合规性审核，强化中介机构的责任，加大市场参与各方的行为约束，减少新股发行中的行政干预。

#### A2. 2. 1. 2 证券发行上市保荐制度

2003 年 12 月，中国证监会发布《证券发行上市保荐制度暂行办法》，标志着保荐制度的正式建立。2005 年 10 月，《证券法》的修订以法律的形式正式确立了这一制度。2008 年 10 月，中国证监会对保荐制度进行了进一步的充实和完善，并公布了修订后的《证券发行上市保荐业务管理办法》（以下简称《保荐办法》），为证券发行核准制向注册制过渡打下了基础。2009 年 5 月，根据创业板市场建设的安排，考虑到创业企业的特点及其对保荐业务的独特性要求，为更好地发挥保荐制度的作用，强化市场约束和风险控制，对《保荐办法》进行了适当修改，加强了保荐机构及其保荐代表人对创业板发行上市的责任。修订后的《保荐办法》自 2009 年 6 月 14 日起施行。

证券发行上市保荐制是指由保荐机构及其保荐代表人负责发行人证券发行上市的推荐和辅导，经尽职调查核实公司发行文件资料的真实性、准确性和完整性，协助发行人建立严格的信息披露制度，具体来讲主要包括以下内容：（1）公司发行股票或可转换公司债券须由保荐机构推荐，中国证监会或证券交易所只接受由保荐机构推荐的发行或上市申请文件。（2）保荐机构及保荐代表人应当尽职调查，对发行或上市申请人的申请文件和信息披露资料进行审慎核查，并对相关文件的真实性、准确性和完整性负连带责任。（3）保荐机构对其所推荐的公司上市后的一段期间负有持续督导义务，并对公司督导期间的不规范行为承担责任。（4）保荐机构要建立完备的内部管理制度、内部控制制度和工作底稿制度。（5）中国证监会对保荐机构及其保荐代表人实行持续监管。

保荐制度的核心是对企业发行上市提出了“双保”要求，即企业发行上市必须要由保荐机构进行保荐，并由具有保荐代表人资格的从业人员具体负责保荐工作。这样既明确了机构的责任，也将责任具体落实到了个人。

#### A2. 2. 1. 3 发行审核委员会制度

发行审核委员会（以下简称发审委）制度是证券发行核准制的重要组成部分。根据《证券法》、《中国证券监督管理委员会发行审核委员会办法》（以下简称《发审委办法》）及相关规定，发审委的职责是根据有关法律、行政法规和中国证监会的规定，审核股票发行申请是否符合相关条件，审核保荐机构、会计师事务所、律师事务所、资产评估机构等证券服务机构及相关人员为股票发行所出具的有关材料及意见书，审核中国证监会有关职能部门出具的初审报告，依法对股票发行申请提出审核意见。2009 年 5 月，考虑到创业板的主要服务对象是自主创新型企业和其他成长型创业企业，在发行条件、信息披露、持续监管方面与主板存在差异，需要在同一发审委制度下，根据不同层次市场的特点设立单独的发审委，对《发审委办法》进行了修改。

发审委委员由中国证监会的专业人员和中国证监会外的有关专家组成，由中国证监会聘任，部分发审委委员可以为专职。主板发审委委员为 25 名，其中中国证监会的人员 5 名，中国证监会以外的人员 20 名；创业板发审委委员为 35 名，其中中国证监会的人员 5 名，中国证监会以外的人员 30 名。发审委以记名投票方式对发行申请进行独立表决，提出审核意见；中国证监会依照法定条件和法定程序作出予以核准或者不予核准股票发行申请的决定。

发审委会议程序分为普通程序和特别程序。发行人公开发行股票申请和可转换公司债券等中国证监会认可的其他公开发行证券申请，适用普通程序。普通程序应在发审委会议召开 5 日前通知参会委员，递送发行人相关材料，并在中国证监会网站上公布发行人名单、会议时间、发审委委员名单等。每次参加普通程序审核的委员共 7 名，表决投票时同意票数达到 5 票为通过，未达到 5 票为未通过，中国证监会在网站上公布表决结果。上市公司非公开发行股票申请、公司债券发行申请和中国证监会规定的其他非公开发行证券申请，适用特别程序。启动特别程序应在发审委会议召开前，通知参会委员，递送申请材料，每次参加发审委会议的委员为 5 名，表决投票时同意票数达到 3 票为通过，未达到 3 票为未通过，中国证监会不公布发审委会议审核的发行人名单、会议时间、参会委员名单和表决结果。

发审委制度通过不断提高透明度，强化发审委委员的专家功能，加大发审委委员的审核责任，使发审委审核在贯彻三公原则、把好上市公司准入关等方面发挥了积极作用。

#### A2. 2. 1. 4　询价制度

A 股市场 IPO 定价方式正逐步实现从行政定价向市场化定价的转变。2005 年 1 月，A 股 IPO 开始试行询价制度，初步建立了市场化的定价机制。2006 年 9 月，中国证监会发布了《证券发行与承销管理办法》（以下简称《发行与承销办法》），进一步完善了 IPO 询价制度。2010 年 10 月，中国证监会推出新股发行体制改革第二阶段改革措施，进一步健全新股发行体制、强化市场约束机制，并对《发行与承销办法》进行了修改。修订后的《发行与承销办法》自 2010 年 11 月 1 日起施行。

询价制度是指发行人及其主承销商通过向专业机构投资者询价的方式确定股票发行价格。专业机构投资者包括符合条件的基金公司、证券公司、保险机构、财务公司、信托公司、合格的境外机构投资者、主承销商自主推荐的具有较高定价能力和长期投资取向的机构投资者等。询价分为两个阶段：第一阶段通过初步询价，确定发行价格区间。专业机构投资者在专门的电子报价平台向主承销商提交对本次发行股票的估值意见，发行人及其主承销商在此基础上确定发行价格区间并对外公布。第二阶段通过专业机构投资者累计投标确定发行价格。在公布的发行价格区间和发行规模内，专业机构投资者根据自己的意愿申报申购价格及对应的股份数量，并向主承销商预先缴付申购资金，发行人及其主承销商根据簿记情况结合其他因素确定最终的发行价格，申购价格在发行价以上的报单按照发行价格以既定的股份分配原则获得配售，余款退还。

#### A2. 2. 1. 5 首次公开发行 A 股并在主板上市制度

2005 年 10 月修订的《证券法》第十三条在法律层面原则规定了在境内公开发行新股需具备的基本条件，即：(1) 具备健全且运行良好的组织机构。(2) 具有持续盈利能力，财务状况良好。(3) 最近 3 年财务会计文件无虚假记载，无其他重大违法行为。(4) 经国务院批准的国务院证券监督管理机构规定的其他条件。

2006 年 5 月中国证监会发布的《首次公开发行股票并上市管理办法》及其后发布的配套规则，对首次公开发行 A 股的条件、发行程序及信息披露要求进行了规范。首次公开发行股票需符合 5 个方面的条件：

◆ **主体资格**。发行人应当是依法设立且合法存续的股份有限公司。除经国务院批准外，自股份公司成立后发行人持续经营时间应当在 3 年以上。发行人注册资本已足额缴纳。发行人的生产经营符合法律、行政法规和公司章程的规定，符合国家产业政策。发行人最近 3 年内主营业务和董事、高级管理人员没有发生重大变化，实际控制人没有发生变更。发行人的股权清晰。

◆ **独立性**。独立性即人员独立、财务独立、业务独立于控股股东和实际控制人及其控制的其他企业，资产完整。

◆ **规范运行**。发行人已经依法建立健全股东大会、董事会、监事会、独立董事、董事会秘书制度，相关机构和人员能够依法履行职责。发行人的董事、监事和高级管理人员符合法律、行政法规和规章规定的任职资格。发行人在最近 36 个月内不得有重大违法、违规记录。发行人的公司章程中已明确对外担保的审批权限和审议程序。发行人有严格的资金管理制度。

◆ **财务与会计**。发行人资产质量良好，资产负债结构合理，盈利能力较强，现金流量正常。发行人的内部控制在所有重大方面是有效的，并由注册会计师出具了无保留结论的内部控制鉴证报告。发行人会计基础工作规范，并由注册会计师出具了无保留意见的审计报告。发行人还应当具备如下财务指标条件：(1) 最近 3 个会计年度净利润均为正数且累计超过人民币 3 000 万元，净利润以扣除非经常性损益前后较低者为计算依据。(2) 最近 3 个会计年度经营活动产生的现金流量净额累计超过人民币 5 000 万元；或者最近 3 个会计年度营业收入累计超过人民币 3 亿元。(3) 发行前股本总额不少于人民币 3 000 万元。(4) 最近一期末无形资产（扣除土地使用权、水面养殖权和采矿权等后）占净资产的比例不高于 20%。(5) 最近一期末不存在未弥补亏损。发行人依法纳税，经营成果对税收优惠不存在严重依赖。发行人不存在重大偿债风险，不存在影响持续经营的担保、诉讼，以及仲裁等重大或有事项。发行人不得有影响持续盈利能力的情形。

◆ **募集资金运用**。募集资金应当有明确的使用方向，原则上应当用于主营业务。募集资金数额和投资项目应当与发行人现有生产经营规模、财务状况、技术水平和管理能力等相适应。募集资金投资项目应当符合国家产业政策、投资管理、环境保护、土地管理，以及其他法律、法规和规章的规定。发行人董事会应当对募集资金投资项目的可行性进行认真分析，确信投资项目具有较好的市场前景和盈利能力。募集资金投资项目实施后，不会产生同业竞争或者对发行人的独立性产生不利影响。发行人应当建立募集资金专项存储制度，募集资金应当存放于董事会决定的专项账户。

#### A2.2.1.6 首次公开发行股票并在创业板上市制度

2009 年 3 月，中国证监会发布了《首次公开发行股票并在创业板上市管理暂行办法》（以下简称《暂行办法》）。创业板作为多层次资本市场体系的重要组成部分，旨在促进自主创新企业及其他成长型创业企业的发展。

在股票发行条件上，创业板与主板相比，在财务与会计方面存在较大的不同。根据《暂行办法》，创业板首次公开发行股票需符合以下财务与会计方面的条件：（1）最近 2 年连续盈利，最近 2 年净利润累计不少于一千万元，且持续增长；或者最近 1 年盈利，且净利润不少于五百万元，最近一年营业收入不少于五千万元，最近两年营业收入增长率均不低于百分之三十。净利润以扣除非经常性损益前后孰低者为计算依据。（2）最近一期末净资产不少于两千万元，且不存在未弥补亏损。（3）发行后股本总额不少于三千万元。发行人依法纳税，经营成果对税收优惠不存在严重依赖。发行人不存在重大偿债风险，不存在影响持续经营的担保、诉讼，以及仲裁等重大或有事项。发行人应当具有持续盈利能力，不存在以下情形：（1）发行人的经营模式、产品或服务的品种结构已经或者将发生重大变化，并对发行人的持续盈利能力构成重大不利影响。（2）发行人的行业地位或发行人所处行业的经营环境已经或者将发生重大变化，并对发行人的持续盈利能力构成重大不利影响。（3）发行人在用的商标、专利、专有技术、特许经营权等重要资产或者技术的取得或者使用存在重大不利变化的风险。（4）发行人最近一年的营业收入或净利润对关联方或者有重大不确定性的客户存在重大依赖。（5）发行人最近一年的净利润主要来自合并财务报表范围以外的投资收益。（6）其他可能对发行人持续盈利能力构成重大不利影响的情形。

2010 年 3 月，中国证监会发布《关于进一步做好创业板推荐工作的指引》，明确保荐机构应重点推荐符合国家战略性新兴产业发展方向的企业，特别是新能源、新材料、信息、生物与新医药、节能环保、航空航天、海洋、先进制造、高技术服务等领域的企业，以及其他领域中具有自主创新能力、成长性强的企业。保荐机构推荐下列领域的企业，应当就该企业是否符合创业板定位履行严格的核查论证程序，并在发行保荐书和保荐工作报告中说明论证过程和论证结论，尤其应当重点论述企业在技术和业务模式方面是否具有突出的自主创新能力，是否有利于促进产业结构调整和技术升级：（1）纺织、服装。（2）电力、煤气及水的生产供应等公用事业。（3）房地产开发与经营，土木工程建筑。（4）交通运输。（5）酒类、食品、饮料。（6）金融。（7）一般性服务业。（8）国家产业政策明确抑制的产能过剩和重复建设的行业。

中国证监会对保荐机构的论证过程是否科学、依据是否充分、结论是否合理履行专家评议程序，根据评议意见决定是否受理该企业的申请，评议及受理情况作为对保荐机构和保荐代表人执业能力及其是否勤勉尽责的考核依据。

#### A2.2.1.7　上市公司再融资制度

上市公司再融资一般是指境内上市公司在境内证券市场进行再次融资的行为。目前上市公司可通过增发、配股、非公开发行股票、可转换公司债券、认股权证和债券分离交易的可转换公司债券，以及公司债券进行再融资。此外，发行境外上市外资股的境内股份有限公司可在境内证券市场发行公司债券，上市公司股东可申请发行可交换债券。中国证监会发布了《上市公司证券发行管理办法》、《公司债券发行试点办法》、《上市公司股东（发行）可交换公司债券试行规定》及上述规章规范性文件的配套规则，对再融资的发行条件、发行程序及信息披露等进行了规范。

上市公司需达到一定的收益率指标和净资产指标，以及其他的规定才能实行再融资方案：

- **增发**。上市公司向不特定对象公开募集股份（以下简称增发），应当符合下列规定：（1）最近3个会计年度加权平均净资产收益率平均不低于6%。扣除非经常性损益后的净利润与扣除前的净利润相比，以低者作为加权平均净资产收益率的计算依据。（2）除金融类企业外，最近一期末不存在持有金额较大的交易性金融资产和可供出售的金融资产、借予他人款项、委托理财等财务性投资的情形。（3）发行价格应不低于公告招股意向书前20个交易日公司股票均价或前一个交易日的均价。
- **配股**。向原股东配售股份（以下简称配股），应当符合下列规定：（1）拟配售股份数量不超过本次配售股份前股本总额的30%。（2）控股股东应当在股东大会召开前公开承诺认配股份的数量。（3）采用证券法规定的代销方式发行。（4）控股股东不履行认配股份的承诺，或者代销期届满，原股东认购股票的数量未达到拟配售数量70%的，发行人应当按照发行价并加算银行同期存款利息返还已经认购的股东。
- **非公开发行股票**。上市公司采用非公开方式，向特定对象发行股票，应当符合下列规定：（1）发行价格不低于定价基准日前20个交易日公司股票均价的90%。（2）本次发行的股份自发行结束之日起，12个月内不得转让；控股股东、实际控制人及其控制的企业认购的股份，36个月内不得转让。（3）本次发行将导致上市公司控制权发生变化的，还应当符合中国证监会的其他规定。非公开发行股票的发行对象不得超过10名。发行对象为境外战略投资者的，应当经国务院相关部门事先批准。
- **可转换公司债券**。公开发行可转换公司债券的公司，应当符合下列规定：（1）最近3个会计年度加权平均净资产收益率平均不低于6%。扣除非经常性损益后的净利润与扣除前的净利润相比，以低者作为加权平均净资产收益率的计算依据。（2）本次发行后累计公司债券余额不超过最近一期末净资产额的40%。（3）最近3个会计年度实现的年均可分配利润不少于公司债券1年的利息。可转换公司债券的期限最短为1年，最长为6年。
- **认股权和债券分离交易的可转换公司债券**。公开发行分离交易的可转换公司债券，除应符合前述可转换公司债券的条件下，还应当符合下列规定：（1）公司最近一期末经审计的净资产不低于人民币15亿元。(2) 最近3个会计年度实现的年均可分配利润不少于公司债券1年的利息。(3) 最近3个会计年度经营活动产生的现金流量净额平均不少于公司债券1年的利息或者最近3个会计年度加权平均净资产收益率平均不低于6%。扣除非经常性损益后的净利润与扣除前的净利润相比，以低者作为加权平均净资产收益率的计算依据。(4) 本次发行后累计公司债券余额不超过最近一期末净资产额的40%，预计所附认股权全部行权后募集的资金总量不超过拟发行公司债券金额。分离交易的可转换公司债券的期限最短为1年。

◆ **公司债券**。上交所、深交所上市的公司及发行境外上市外资股的境内股份有限公司可以申请发行公司债券，即纯A股公司、H股公司和B股公司，均可以申请发行公司债券。公开发行公司债券，应当符合下列规定：(1) 最近3个会计年度实现的年均可分配利润不少于公司债券1年的利息。(2) 本次发行后累计公司债券余额不超过最近一期末净资产额的40%；金融类公司的累计公司债券余额按金融企业的有关规定计算。(3) 经资信评级机构评级，债券信用级别良好。公司债券最短期限为1年，最长期限未作限定。

◆ **可交换公司债券**。上市公司的股东可以发行在一定期限内依据约定的条件可以交换成该股东所持有的上市公司股份的公司债券。可交换公司债券虽不是上市公司发行的，但也归入再融资进行管理。上市公司的股东申请发行可交换公司债券，应当符合下列规定：(1) 公司最近一期末的净资产额不少于人民币3亿元。(2) 公司最近3个会计年度实现的年均可分配利润不少于公司债券1年的利息。(3) 本次发行后累计公司债券余额不超过最近一期末净资产额的40%。(4) 本次发行债券的金额不超过预备用于交换的股票按募集说明书公告日前20个交易日均价计算的市值的70%，且应当将预备用于交换的股票设定为本次发行的公司债券的担保物。(5) 经资信评级机构评级，债券信用级别良好。可交换公司债券的期限最短为1年，最长为6年。

此外，预备用于交换的上市公司股票应当符合下列规定：(1) 该上市公司最近一期末的净资产不低于人民币15亿元，或者最近3个会计年度加权平均净资产收益率平均不低于6%。扣除非经常性损益后的净利润与扣除前的净利润相比，以低者作为加权平均净资产收益率的计算依据。(2) 用于交换的股票在提出发行申请时应当为无限售条件股份，且股东在约定的换股期间转让该部分股票不违反其对上市公司或者其他股东的承诺。(3) 用于交换的股票在本次可交换公司债券发行前，不存在被查封、扣押、冻结等财产权利被限制的情形，也不存在权属争议或者依法不得转让或设定担保的其他情形。

公开发行可转换公司债券、分离交易的可转换公司债券、公司债券，以及上市公司股东发行的可交换公司债券，其利率由发行公司与主承销商协商确定，但必须符合国家的有关规定，同时，均应当委托经中国证监会认定、具有从事证券服务业务资格的资信评级机构进行信用评级，在债券有效存续期间，资信评级机构每年至少公告一次跟踪评级报告。

### A2.2.2 境外发行上市监管制度

《证券法》第二百三十八条规定，境内企业直接或者间接到境外发行证券或者将其证券在境外上市交易，必须经国务院证券监督管理机构依照国务院的规定批准。具体来讲，境内企业到境外上市的可分为两个类型：

◆ **境内注册的股份有限公司发行境外上市外资股并到境外上市**。此类公司到境外发行股票均由中国证监会核准，相关规定包括《国务院关于股份有限公司境外募集股份上市的特别规定》、《到境外上市公司章程必备条款》、《关于境外上市公司进一步做好信息披露工作的若干意见》、《关于企业申请境外上市有关问题的通知》、《境内企业申请到香港创业板上市审批与监管指引》、《关于境外上市公司非境外上市股份集中登记存管有关事宜的通知》等。

◆ **境外注册的中资控股上市公司（即红筹股公司）**。此类公司在境外上市视情况需取得中国证监会的核准或事后到中国证监会备案。相关的规定包括《国务院关于进一步加强在境外发行股票和上市管理的通知》、《关于外国投资者并购境内企业的规定》等。

向中国证监会申请到境外首次公开发行股票的企业，由中国证监会就有关事宜征求投资主管部门或其他有关部门的意见。有关部门如无不同意见，中国证监会即对企业的申请材料依法进行审查。

## A2.3 证券交易结算及市场监管制度

### A2.3.1 证券交易制度

中国的证券交易采用会员制组织形式和集中交易方式。上交所、深交所为集中交易提供场所和设施，投资者通过委托证券交易所的会员参与证券买卖，会员可通过人工方式或电话、自助终端、互联网等自助委托方式受理并执行客户的委托买卖指令。

◆ **委托方式**。投资者采用限价委托或市价委托的方式委托会员买卖证券。限价委托指客户要求按其限定的价格买卖证券，会员必须按限价或低于限价买入证券，按限价或高于限价卖出证券。市价委托指客户的申报指令只给出买卖数量，而不给出具体的交易价格，要求会员按市场价格买卖证券。

◆ **交易时间**。上交所、深交所交易日为每周一至周五（国家规定的法定节假日除外）。交易时间为每个交易日的9：30至11：30、13：00至15：00。另外，9：15至9：25为开盘集合竞价时间，大宗交易时间延长至15：30。集合竞价是指对一段时间内接受的买卖申报一次性集中撮合的竞价方式。连续竞价是指对买卖申报逐笔连续撮合的竞价方式。

◆ **交易规则**。证券交易按价格优先、时间优先的原则撮合成交。成交时价格优先的原则为：较高价格买进申报优先于较低价格买进申报，较低价格卖出申报优先于较高价格卖出申报。成交时时间优先的原则为：买卖方向、价格相同的，先申报者优先于后申报者。买卖申报经交易主机撮合成交后，交易即告成立，成交结果以证券交易所指定的登记结算机构发送的结算数据为准。

◆ **涨跌幅制度**。上交所、深交所1996年12月16日起对股票、基金交易实行价格涨跌幅限制，涨跌幅比例为10%，其中ST和*ST股票价格涨跌幅比例为5%。股票、上海市场封闭式基金上市首日不受涨跌幅限制。制定股票价格涨跌幅制度的目的是防止股价剧烈波动，维护证券市场的稳定，保护中小投资者的利益。

◆ **信息发布**。每个交易日证券交易所会发布证券交易即时行情、证券指数、证券交易公开信息等交易信息。开盘集合竞价期间，即时行情内容包括：证券代码、证券简称、前收盘价、开盘参考价格、匹配量和未匹配量等。连续竞价期间，即时行情内容包括：证券代码、证券简称、前收盘价、最新成交价、当日最高价、当日最低价、当日累计成交数量、当日累计成交金额、实时最高5个价位买入申报价和数量、实时最低5个价位卖出申报价和数量等。

> 术语解释
>
> **ST和＊ST**：上市公司出现财务状况异常或者其他异常情况，导致其股票存在被终止上市的风险，或者投资者难以判断公司前景，投资权益可能受到损害的，证券交易所对该公司股票实行特别处理（Special treatment，缩写为ST），包括警示存在终止上市风险的特别处理和其他特别处理，分别在公司股票简称前冠以“ST”和“＊ST”字样，以区别于其他股票。

## A2.3.2 证券登记结算制度

中国证券登记结算业务采取全国集中统一的运营方式，由证券登记结算机构依法集中统一办理。具体来讲，中国证券登记结算有限责任公司负责证券交易所上市证券的登记、存管、清算和交收。目前，中国已经建立了一整套完整的登记结算风险控制体系，有效防范了系统风险。在证券市场快速发展，登记结算系统业务处理量巨大的情况下，依然保持了平稳运行。

◆ **证券账户实名制**。投资者开立证券账户应当向证券登记结算机构或其授权的开户代理机构提出申请，投资者应当保证其提交的开户申请资料真实、准确、完整。投资者不得将本人的证券账户提供给他人使用。目前可以开立证券账户的投资者包括中国公民、中国法人、中国合伙企业及法律、行政法规、中国证监会规章规定的其他投资者。

◆ **货银对付原则**。货银对付原则指证券登记结算机构与结算参与人在交收过程中，当且仅当资金交付时给付证券、证券交付时给付资金。证券登记结算机构采取多边净额结算方式的，根据业务规则，作为结算参与人的共同对手方，按照货银对付原则办理，并辅以限制卖空的证券前端控制、全额保证金、客户交易结算资金第三方存管、结算备付金等配套措施，防范结算风险。

◆ **净额结算原则**。证券交易所达成的大多数证券交易均采取多边净额结算方式。证券登记结算机构采取多边净额结算方式的，应当根据业务规则，作为结算参与人的共同对手方，按照货银对付（Delivery versus Payment，DVP）的原则，以结算参与人为结算单位办理清算交收。证券交易所达成的大多数证券交易均采用多边净额结算方式，即证券登记结算机构以结算参与人为单位，轧差计算应收应付净额并办理清算交收。

◆ **结算参与人制度**。证券公司参与证券和资金的集中清算交收，应当向证券登记结算机构申请取得结算参与人资格，与证券登记结算机构签订结算协议，明确双方的权利义务。没有取得结算参与人资格的证券公司，应当与结算参与人签订委托结算协议，委托结算参与人代其进行证券和资金的集中清算交收。通过对结算参与人实行准入制度，制订风险控制和财务指标要求，证券登记结算机构可以有效控制结算风险，维护结算系统安全。

- **分级结算制度**。证券结算实行分级结算制度，即证券登记结算机构负责办理证券登记结算机构与结算参与人之间的集中清算交收；结算参与人负责办理该参与人与其客户之间的清算交收。

### A2.3.3 市场监控制度

中国证监会及其派出机构、证券交易所按照分工协作的原则共同负责中国证券市场的监控工作，重点打击内幕交易和市场操纵等违法违规行为。

在此监控制度下，上交所、深交所负责证券市场的一线监控，通过其所建立的监控系统实时盯盘，及时发现并查处异常交易，案情较重大的提请中国证监会调查处理。中国证监会负责指导交易所市场监察工作，在日常监管中及时发现违法违规行为的线索，依法对涉嫌内幕交易或市场操纵等行为采取调查处理措施。中国证监会有关部门对于交易所提交的报告，综合各方面信息进行分析研判，对于涉嫌内幕交易、市场操纵等违法违规行为的，提请中国证监会稽查部门进一步调查。

## A2.4 上市公司监管制度

### A2.4.1 上市公司信息披露

信息披露制度，也称公示制度、公开披露制度，是上市公司及其信息披露义务人依照法律规定必须将其自身的财务变化、经营状况等信息和资料向社会公开或公告，以便使投资者充分了解情况的制度。它既包括发行前的披露，也包括上市后的持续信息公开。目前，中国证券市场已基本建立了以《证券法》、《公司法》和《上市公司信息披露管理办法》为主体，相关规范性文件为补充的全方位、多层次的上市公司信息披露制度。该制度借鉴了国际通行的规范，披露标准较高，从原则性规范到操作性规范，从信息披露的内容、形式到手段，都基本达到了成熟市场水平。

上市公司披露的信息按照其内容可以分为证券招股说明书（发行信息）、定期报告和临时报告三大类。

#### A2.4.1.1 招股说明书

公司在首次公开发行股票和上市后再融资时，都要披露招股说明书。为使投资者对公司情况能有较为全面的了解，中国证监会分别制定了首次公开发行和再融资招股说明书的内容与格式指引，对公司信息披露内容提出了具体要求。

#### A2.4.1.2 定期报告

上市公司定期报告包括年度报告、半年度报告和季度报告。

- **年度报告**。根据法律法规规定，上市公司应当在每一会计年度结束之日起 4 个月内披露年度报告。年度报告至少包括以下内容：公司基本情况，公司财务会计报表及经营情况，股本变动及股东情况，董事、监事、高级管理人员和员工情况，公司治理结构、股东大会召开情况、董事会报告、监事会报告及公司重大事项等。年度报告中的财务会计报告应当经具有证券、期货相关业务资格的会计师事务所审计。
- **半年度报告**。上市公司应当在每一会计年度的上半年结束之日起 2 个月内披露半年度报告。半年度报告至少包括以下内容：公司基本情况，股本变动及主要股东持股情况，董事、监事、高级管理人员情况，管理层讨论与分析，公司重大事项，公司财务报告。
- **季度报告**。上市公司应当在会计年度前 3 个月、9 个月结束后的 1 个月内披露季度报告。季度报告披露公司主要财务数据及管理层讨论与分析的内容。半年度报告和季度报告均不需要经具有证券、期货相关业务资格的会计师事务所审计。

#### A2.4.1.3 临时报告

发生可能对影响上市公司证券及其衍生品种交易价格产生较大影响的重大事件，上市公司应及时披露临时报告，说明事件起因、目前状态及可能产生的影响。重大事件包括：公司经营方针的调整使经营范围发生的重大变化；公司的重大投资行为和重大购置财产决定；公司订立重要合同；公司发生重大亏损；公司董事、1/3 以上监事或者经理发生变动；持有公司 5% 以上股份的股东或者实际控制人，其持有股份或者控制公司的情况发生较大变化；公司减资、合并、分立、解散及申请破产的决定；公司涉嫌犯罪被有权机关调查等。

### A2.4.2 上市公司治理

中国证监会为推动上市公司完善治理结构，增强透明度，提高规范化运作水平，出台了一系列法律法规，采取了多项有效措施，基本建立起了中国上市公司治理的制度框架。公司治理概念已得到社会的广泛接受与认同，上市公司治理结构也得到明显改善，规范运作水平有了很大提高。

中国证监会对上市公司治理结构的监管要求主要体现在 2002 年 1 月发布的《上市公司治理准则》（以下简称《准则》）。该《准则》根据经济合作与发展组织（OECD）公司治理原则，并结合中国证券市场实际情况而制订。《准则》阐明了中国上市公司治理的基本原则、投资者权利保护的实现方式，以及上市公司董事、监事、经理等高级管理人员所应当遵循的基本行为准则和职业道德。《准则》要求上市公司公平对待所有股东；上市公司可采取代理投票制与累计投票制保护中小股东权益；要求上市公司完全独立于其母公司；关联交易必须公平而透明；提倡股东积极主义，提倡机构投资者积极参与等。

#### A2.4.2.1　独立董事制度

根据《准则》及《关于在上市公司建立独立董事制度的指导意见》[①]（2001 年 8 月 16 日颁布实施），境内上市公司应建立独立董事制度；上市公司的独立董事应至少占董事会成员的 1/3，且其中至少包括一名会计专业人士；如果上市公司董事会下设薪酬、审计、提名等专门委员会的，独立董事应占多数并担任召集人；独立董事应当对上市公司重大事项发表独立意见，重大事件包括提名或任免董事、聘任或解聘高级管理人员、公司董事和高级管理人员的薪酬、重大关联交易（指上市公司拟与关联人达成的总额高于 300 万元或高于上市公司最近经审计净资产值的 5% 的关联交易）、独立董事认为可能损害中小股东权益的事项等。

#### A2.4.2.2　股权激励机制

为了提高上市公司防范和抵御风险的能力，推动上市公司经营管理效率的提升和防止舞弊，促进中国资本市场的长期、可持续发展，中国证监会和财政部等五部委联合发布了《企业内部控制基本规范》及相关配套指引，自 2011 年 1 月 1 日起首先在境内外同时上市的公司实施，自 2012 年 1 月 1 日起在全部 A 股主板上市公司实施，并择机在中小板和创业板上市公司实施。中国证监会积极开展相关工作，全面推进企业内部控制规范在上市公司的实施，并把上市公司的内部控制建设情况纳入日常监管范围，对内部控制制度的建立和运行实施有效的外部监管，强化内部控制规范体系的执行力度，从而进一步提高上市公司信息披露质量。

### A2.4.3 并购重组

#### A2.4.3.1　上市公司收购制度

上市公司的收购，一般是指取得或巩固对上市公司的控制权，包括：投资者通过直接收购上市公司的股份成为上市公司的控股股东，或者虽不是上市公司股东，但通过直接或间接方式取得对上市公司的控制权的行为。根据现行《证券法》，中国证监会已出台的上市公司收购的监管规章主要是《上市公司收购管理办法》（以下简称《收购办法》）和配套的细则。

- **《上市公司收购管理办法》等相关规则。**中国证监会于 2002 年 9 月发布了《上市公司收购管理办法》和《上市公司股东持股变动信息披露管理办法》。上述办法施行后，上市公司收购和相关权益变动在总体上得到了有效规范，但实践中也出现了某些有意规避监管的控制权转移行为（例如签订先行转让表决权的股权托管协议），为此，中国证监会于 2004 年 7 月发布了《关于规范上市公司实际控制权转移行为有关问题的通知》，及时填补了监管漏洞。2005 年《公司法》、《证券法》修订，对上市公司收购的有关机制作了明确调整，伴随股权分置改革后市场新变化，

---

① 《上市公司治理准则》的中文全文可登陆中国证监会的网站（www.csrc.gov.cn/n575458/n776436/n804965/n3300690/n3300837/n3330750/3330844.html）查询；《关于在上市公司建立独立董事制度的指导意见》的中文全文可登陆中国证监会的网站（www.csrc.gov.cn/n575458/n575742/n2529771/256242.html）查询。

中国证监会对《收购办法》及相关规则进行了修订，于2006年7月31日正式发布，2006年9月1日起实施。新《收购办法》充分体现了鼓励上市公司收购的立法精神，将原来的强制性全面要约收购制度调整为强制性（部分）要约制度，并且为收购人增加了以证券支付收购价款的收购工具，从而降低收购成本，有利于活跃上市公司收购活动。同时，《收购办法》充分发挥财务顾问对收购人事前把关、事后持续督导的把关作用，简化中国证监会审核程序，提高市场效率。由此，中国证监会对上市公司收购活动的监管机制发生了两个根本性变化：一是从中国证监会直接监管下的全面要约收购，转变为财务顾问把关下的部分要约收购；二是从完全依靠中国证监会的事前监管，转变为中国证监会适当的事前监管与重点强化事后监管相结合。2007年第4季度以后，为维护市场稳定，进一步引导和规范上市公司控股股东增持股份的行为，中国证监会于2008年8月27日发布了《关于修改〈上市公司收购管理办法〉第六十三条的决定》，对于上市公司持股30%以上的大股东1年内在二级市场增持2%以内的股份，由事前核准调整为事后报备，增加了增持制度的灵活性。

◆ **国有股权和外资收购的特别规定。**上市公司收购，按照收购主体的性质还可进一步分为外资收购、国有股转让等类别。针对这些特定类型的并购活动，中国证监会也适时制定了专门规章或规范性文件，明确了相关配套监管机制。中国证监会于2001年10月与原外经贸部联合发布了《关于上市公司涉及外商投资有关问题的若干意见》。随着外资并购的日益活跃，为进一步配合执行国家的对外开放、外资准入和相关产业政策，规范外资并购活动，中国证监会先后于2002年11月与财政部、原经贸委联合发布了《关于向外商转让上市公司国有股和法人股有关问题的通知》，2005年12月与商务部、税务总局、工商总局、外管局联合发布了《外国投资者对上市公司战略投资管理办法》，2006年8月与商务部、国资委、税务总局、工商总局联合发布了《关于外国投资者并购境内企业的规定》。根据上述特别规定，外国投资者对上市公司进行战略投资或者收购，均须先获得商务部的批准；涉及上市公司并购行政许可事项的，还必须依法报中国证监会核准。此外，为规范股权分置改革后的国有单位转让和受让上市公司股权的相关活动，中国证监会与国资委于2007年6月联合发布了《国有股东转让所持上市公司股份管理暂行办法》、《上市公司国有股东标识管理暂行规定》，要求通过证券交易系统转让所持股份的须遵守特定的时间和数量限制标准，通过协议方式转让的须履行特定信息披露和公开征集受让方程序，并向国资管理部门申报批准。

#### A2.4.3.2 上市公司重大资产重组

依据《证券法》和《公司法》，中国证监会于2008年4月发布了《上市公司重大资产重组管理办法》（以下简称《重组办法》）。《重组办法》与《上市公司收购管理办法》共同构成了中国上市公司并购重组活动的基本制度框架。《重组办法》的主要内容包括：

◆ 优化重大资产重组的财务计算指标，在原指标基础上细化净资产额的计算指标。交易的成交金额达到资产净额的50%以上且超过5 000万元的，为重大重组。

◆ 细化构成重大重组的资产交易方式，包括资产购买和出售行为等，并将上市公司的控股子公司所进行的资产交易纳入监管范围，以减少监管盲点。

◆ 对上市公司以发行股份作为支付方式向特定对象购买资产的行为作了具体规范，以便更好地规范和引导市场创新。

◆ 依据审慎监管原则确立主动监管机制。对未达到重大重组标准，但存在重大问题可能损害上市公司或者投资者合法权益或者蓄意规避监管的资产交易，中国证监会发现后有权要求公司披露补充相关信息、责令其暂停交易。

#### A2.4.3.3 财务顾问管理制度

为了充分发挥财务顾问在上市公司并购重组中的积极作用，促使上市公司规范运作，保护投资者的合法权益，中国证监会2008年7月4日发布了《上市公司并购重组财务顾问业务管理办法》（证监会令第54号，以下简称《财务顾问办法》）。《财务顾问办法》主要规定了证券公司、证券投资咨询机构，以及其他财务顾问机构从事上市公司并购重组财务顾问业务的资格许可及财务顾问主办人资格条件、财务顾问及财务顾问主办人的职责及工作程序、对财务顾问及财务顾问主办人的不当执业或违法违规行为的监管措施和处罚等内容。考虑到中国现阶段证券行业的发展水平，《财务顾问办法》把能够从事财务顾问业务的机构范围仅限定于证券公司、投资咨询机构和其他符合条件的财务顾问机构。

《财务顾问办法》明确了财务顾问应当履行的6项基本职责，包括尽职调查、提供专业化服务、规范化运作辅导、发表专业意见、组织协调和持续督导，规定了财务顾问应履行的工作程序和内部控制制度要求，通过尽职调查制度、内核机构审查、内部报告、内部检查及保留完整工作档案的规定，确保财务顾问及财务顾问主办人切实履行职责，要求内核机构必须独立于财务顾问业务部门，保证内部管理应有的制衡和风险控制。

## A2.5 证券公司监管制度

### A2.5.1 业务许可制度

根据《证券法》第一百二十五条的规定，经中国证监会批准，证券公司可以经营下列部分或者全部业务：（一）证券经纪；（二）证券投资咨询；（三）与证券交易、证券投资活动有关的财务顾问；（四）证券承销与保荐；（五）证券自营；（六）证券资产管理；（七）其他证券业务。其他证券业务包括外资股业务、融资融券业务、证券公司合格境内机构投资者境外证券投资管理业务等。拟从事上述业务的证券公司需按照《证券法》、《证券公司监督管理条例》、《证券公司业务范围审批暂行规定》等规定，报中国证监会批准后方可从事有关业务。此外，按照《证券公司监督管理条例》第四十七条的规定，证券公司使用多个客户的资产进行集合投资，或者使用客户资产专项投资于特定目标产品的，应当报中国证监会批准。

### A2.5.2 分类监管制度

在总结近两年证券公司分类监管试行经验的基础上，中国证监会于2009年5月正式发布《证券公司分类监管规定》（以下简称《规定》），并于2010年对《规定》个别条款进行了修订。该《规定》以证券公司风险管理能力为基础，结合公司市场竞争力和持续合规状况，对证券公司进行综合评价，并根据评价分值的高低，将证券公司分为A（AAA、AA、A）、B（BBB、BB、B）、C（CCC、CC、C）、D、E 5类11个级别。

针对不同类别的证券公司，中国证监会实施了扶优限劣、区别对待的监管政策。一是将分类结果作为公司申请发行上市、新设营业网点的条件之一，也作为新业务、新产品试点范围和推广顺序的依据；二是不同类别的公司缴纳比例不同的投资者保护基金、适用宽严标准不同的风险控制指标；三是对不同类别的公司，在监管资源分配、现场检查和非现场检查频率等方面有所不同。

分类监管制度取得了初步效果，也得到了行业的普遍认同。一是从制度上确立了证券公司各类风险均须控制在净资本可承受范围内的要求，为动态的风险监测、预警及控制提供了定量标准和操作手段；二是增强了监管工作的针对性、适当性和主动性，有利于抓住重点，合理配置监管资源；三是强化了证券公司的动力和压力，日常财务、风控、合规状态与各自的业务空间、缴费数额、受监管程度直接挂钩，能够持续地发挥激励制约作用；四是促使证券公司把分类监管指标层层分解落实到经营管理的各个环节，将外部监管要求转化为加强风险控制和严格内部管理的具体措施；五是有利于行业新业务、新产品在公平公开的原则和清晰合理的预期下循序渐进，逐步推开，也便于控制创新风险。

### A2.5.3 合规管理制度

2008年7月，中国证监会发布实施了《证券公司合规管理试行规定》，要求证券公司全面建立内部合规管理制度，设立合规总监和合规部门，强化对公司经营管理行为合规性的事前审查、事中监督和事后检查，有效预防、及时发现并快速处理内部机构和人员的违规行为，迅速改进完善内部管理制度。中国证监会把合规管理的有效性作为评价证券公司的重要指标，并据此决定对其违规行为的惩处方式和力度，以激励其加强自我管理。

实施合规管理制度，是健全证券公司内部约束机制、实现内部约束与外部监管有机互动的重要措施，有利于推动监管机制从行政监管为主向行政监管、行业自律和公司自我约束有机结合转变，持续提升证券公司自我管理、规范发展的能力。

### A2.5.4 净资本为核心的风险监控和预警制度

2006年7月，中国证监会发布《证券公司风险控制指标管理办法》，建立了较为完备的以净资本为核心的风险监管制度。该制度具有三个特点：一是建立了公司业务范围与净资本充足水平动态挂钩的机制；二是建立了公司业务规模与风险资本准备动态挂钩机制；三是建立了风险资本准备与净资本水平动态挂钩的机制。

2008 年 6 月，中国证监会发布《关于修改〈证券公司风险控制指标管理办法〉的决定》，修改完善了《证券公司风险控制指标管理办法》，调整了净资本计算规则，对长期资产进行了全额扣除，进一步夯实了证券公司的资本水平，提高了有关业务风险资本准备的计算比例，适当扩大了计算范围，以适应市场发展和行业状况的变化。同时，中国证监会要求证券公司建立健全动态的风险控制指标监控机制及压力测试机制，进一步提高证券公司对风险的监测、评估、预警能力。修改完善后的《证券公司风险控制指标管理办法》将有利于进一步完善证券公司风险的监控与防范，促使证券公司在风险可测、可控、可承受的前提下进行业务创新，促进证券行业的规范发展。

### A2.5.5 客户交易结算资金第三方存管制度

客户交易结算资金第三方存管制度是落实《证券法》“客户的交易结算资金应当存放在商业银行，以每个客户的名义单独立户管理”和《证券公司监督管理条例》关于保护客户资产的有关规定，在原有客户交易结算资金存管制度基础上，按照保障客户资产安全、防止风险传递、方便投资者、有利于证券公司业务创新等原则设计和实施新的客户交易结算资金存管制度。

2004 年初，中国证监会即在证券公司风险处置中开始试点第三方存管制度，2006 年初在试点基础上对客户资金存管方案进行了改进，2006 年 7 月开始在所有证券公司中推行。证券公司在接受客户委托，承担申报、清算、交收责任的基础上，在多家商业银行开立专户存放客户的交易结算资金，商业银行根据客户资金存取和证券公司提供的交易清算结果，记录每个客户的资金变动情况，建立客户资金明细账簿，并实施总分核对和客户资金的全封闭银证转账，以防止证券公司挪用。截至 2008 年 4 月，证券公司已全面实施了客户交易结算资金的第三方存管。第三方存管制度实施后，客户交易结算资金的安全性得到了有效保障。

### A2.5.6 信息报送与披露制度

对证券公司信息报送与披露方面的监管要求包括：

- **信息报送制度**。根据法律法规规定，证券公司应当自每一会计年度结束之日起 4 个月内，向中国证监会报送年度报告；自每月结束之日起 7 个工作日内，报送月度报告。发生影响或者可能影响证券公司经营管理、财务状况、风险控制指标或者客户资产安全的重大事件的，证券公司应当报送临时报告，说明事件的起因、目前的状态、可能产生的后果和拟采取的相应措施。
- **信息公开披露制度**。该制度主要包括基本信息公示和财务信息公开披露。目前，证券公司均通过中国证券业协会网站、公司网站、营业网点投资者园地等渠道进行基本信息公示，内容包括公司基本情况、经营性分支机构、业务许可类新产品、高管人员等信息，公示信息发生变动的，需要进行持续更新。同时，证券公司在每一会计年度结束后通过中国证券业协会网站、公司网站等渠道进行财务信息公开披露，内容包括公司上一年度审计报告、经审计会计报表及附注。
- **年报审计监管**。证券公司年报审计监管是证券公司非现场检查和日常监管的重要手段。在证券公司年报审计工作中，中国证监会督促证券公司向会计师事务所提供审计证据及相关资料；对审计过程中发现的问题，及时采取措施，督促整改。

## A2.6 基金监管制度

中国证监会对证券投资基金产品、相关机构、从业人员、专户理财及合格境外机构投资者（QFII）等的监管要求体现在基金监管法规体系中（基金监管内容见附图 1）。现行的基金监管法规体系由 3 部分组成：一是以《证券投资基金法》为代表的法律；二是《证券投资基金信息披露管理办法》、《证券投资基金销售管理办法》等 10 个部门规章；三是以基金管理公司治理准则、内部控制指导意见等为代表的规范性文件。

在上述法规体系的框架下，中国证监会通过建立良好有序的竞争环境和有效的制衡机制，设定机构、人员和产品的准入标准，不断提高监控水平、打击违规行为等监管政策，旨在达到保护基金投资人的合法利益、防范系统风险和不断提高市场透明度的监管目标。

### A2.6.1 相关机构监管

与证券投资基金相关的机构包括基金管理公司、基金托管银行和基金代销机构等。

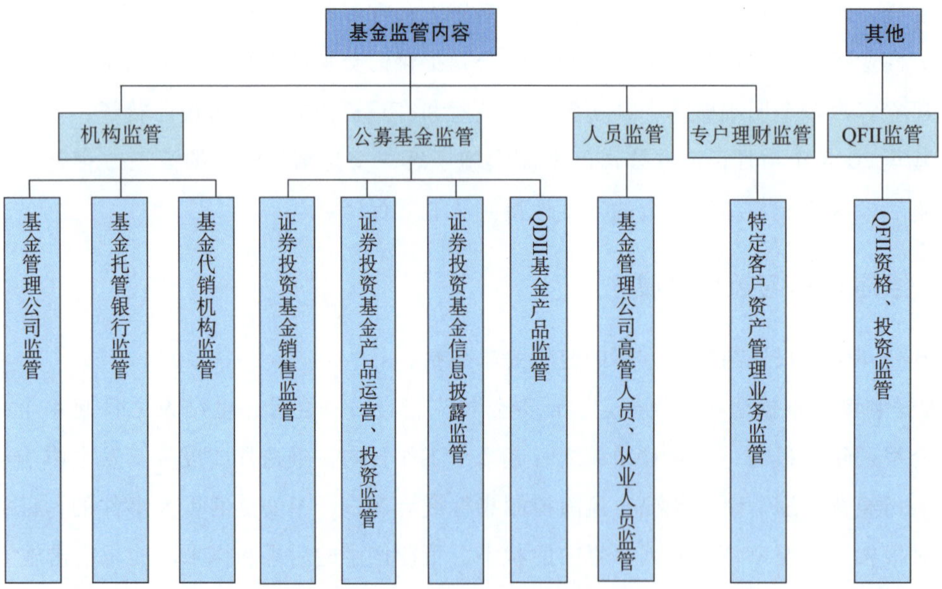


**附图 1　基金监管框架结构图**

资料来源：中国证监会。

#### A2.6.1.1 基金管理公司

《证券投资基金法》规定基金管理人由基金管理公司担任。基金管理公司的设立、变更和解散需要得到中国证监会的批准。中国证监会根据有关规定和审慎监管原则，对基金管理公司及其业务活动实施监管，监管内容包括但不限于以下方面：

◆ **在信息披露方面**。一是定期报告，基金管理公司应当自年度结束之日起 3 个月内向中国证监会和所在地中国证监会派出机构报送该公司年度报告和年度评价报告；自季度结束之日起 15 日内报送监察稽核季度报告，自年度结束之日起 30 日内报送监察稽核年度报告；二是临时报告，基金管理公司发生《证券投资基金管理办法》第 58 条规定的情形时应当自发生之日起 5 日内向中国证监会和所在地中国证监会派出机构报告。

◆ **在公司治理方面**。一是基金公司应当建立健全独立董事制度，独立董事人数不得少于 3 人，且不得少于董事会人数的 1/3；二是应当建立督察长制度，督察长由董事会聘任，对董事会负责，对公司经营运作的合法合规进行监察和稽核；三是建立科学合理、控制严密、运行高效的内部监控体系，制定科学完善的内部监控制度，保持经营运作合法、合规，保持公司内部监控健全、有效等。

#### A2.6.1.2 基金托管银行

《证券投资基金法》规定基金托管人由商业银行担任。商业银行从事证券投资基金托管业务，需经中国证监会和中国银监会核准，依法取得基金托管资格。中国证监会、中国银监会依法对商业银行基金托管业务活动进行监督管理。申请基金托管资格的商业银行应当具备下列条件：

◆ 最近 3 个会计年度的年末净资产均不低于 20 亿元人民币，资本充足率符合监管部门的有关规定。

◆ 设有专门的基金托管部门，并与其他业务部门保持独立。

◆ 基金托管部门拟任高级管理人员符合法定条件，拟从事基金清算、核算、投资监督、信息披露、内部稽核监控等业务的执业人员不少于 5 人，并具有基金从业资格。

◆ 有安全保管基金财产的条件和安全高效的清算、交割系统。

◆ 基金托管部门有满足营业需要的固定场所、配备独立的安全监控系统和独立的托管业务技术系统，包括网络系统、应用系统、安全防护系统、数据备份系统。

◆ 有完善的内部稽核监控制度和风险控制制度。

◆ 最近 3 年无重大违法违规记录。

◆ 法律、行政法规规定的和经国务院批准的中国证监会、中国银监会规定的其他条件。

#### A2.6.1.3 基金代销机构

基金销售由基金管理人负责办理，基金管理人可以委托取得基金代销业务资格的其他机构代为办理。商业银行、证券公司、证券投资咨询机构、专业基金销售机构及中国证监会规定的其他机构可以向中国证监会申请基金代销业务资格。基金管理人和基金代销机构的基金宣传推介材料，应当事先经基金管理人的督察长检查，出具合规意见书，并报中国证监会备案。

## A2. 6. 2　证券投资基金产品

### A2. 6. 2. 1　证券投资基金运作

基金管理人募集证券投资基金，须向中国证监会提出申请并得到其批准。基金管理人运用基金财产进行证券投资，不得有下列情形：

- 一只基金持有一家上市公司的股票，其市值超过基金资产净值的 10%。
- 同一基金管理人管理的全部基金持有一家公司发行的证券，超过该证券的 10%。
- 基金财产参与股票发行申购，单只基金所申报的金额超过该基金的总资产，单只基金所申报的股票数量超过拟发行股票公司本次发行股票的总量。
- 违反基金合同关于投资范围、投资策略和投资比例等约定。
- 中国证监会规定禁止的其他情形。

完全按照有关指数的构成比例进行证券投资的基金品种可以不受前款第（一）、（二）项规定的比例限制。

### A2. 6. 2. 2　证券投资基金信息披露

基金信息披露义务人包括基金管理人、基金托管人、召集基金份额持有人大会的基金份额持有人等法律、行政法规和中国证监会规定的自然人、法人和其他组织，它们应当在中国证监会规定的时间内，将应予披露的基金信息通过中国证监会指定的全国性报刊和基金管理人、基金托管人的互联网网站等媒介披露，并保证投资人能够按照基金合同约定的时间和方式查阅或者复制公开披露的信息资料。这些应予公开披露的基金信息包括基金招募说明书、基金合同，基金定期报告包括基金年度报告、基金半年度报告和基金季度报告等。中国证监会及其派出机构依法对基金信息披露活动进行监督管理。

## A2. 6. 3　合格境外机构投资者（QFII）

中国证监会对合格境外机构投资者（QFII）的监管以《合格境外机构投资者境内证券投资管理办法》为依据。中国从 2002 年 12 月起开始试行合格境外机构投资者制度。根据有关规定，合格境外机构投资者可以投资在证券交易所挂牌交易的 A 股股票和债券、证券投资基金、在证券交易所挂牌交易的权证及中国证监会允许的其他金融工具。向中国证监会申请合格境外机构投资者资格，申请人应当具备下列主要条件：

- 财务稳健，资信良好，达到中国证监会规定的资产规模等条件。
- 申请人的从业人员符合所在国家或者地区有关从业资格的要求。
- 有健全的治理结构和完善的内部控制制度，近 3 年未受到所在国家或者地区监管机构的重大处罚。
- 申请人所在国家或者地区证券监管机构已与中国证监会签订监管合作谅解备忘录，并保持着有效的监管合作关系。

### A2.6.4 合格境内机构投资者（QDII）

中国证监会对合格境内机构投资者（QDII）的监管主要以《合格境内机构投资者境外证券投资管理试行办法》为依据。中国从2007年7月5日起开始试行合格境内机构投资者制度。合格境内机构投资者在境内募集资金，运用所募集的部分或者全部资金以资产组合方式进行境外证券投资管理。境内基金管理公司和证券公司等证券经营机构向中国证监会申请合格境内机构投资者资格的，应当具备下列主要条件：

- 财务稳健，资信良好，资产管理规模、经营年限等符合中国证监会的规定。对基金管理公司来说，净资产需不少于2亿元人民币；经营证券投资基金管理业务达2年以上；在最近一个季度末资产管理规模不少于200亿元人民币或等值外汇资产。对证券公司来讲，各项风险控制指标符合规定标准；净资本不低于8亿元人民币；净资本与净资产比例不低于70%；经营集合资产管理计划业务达1年以上；在最近一个季度末资产管理规模不少于20亿元人民币或等值外汇资产。
- 拥有符合规定的具有境外投资管理相关经验的人员。
- 具有健全的治理结构和完善的内部控制制度，经营行为规范。
- 最近3年没有受到监管机构的重大处罚，没有重大事项正在接受司法部门、监管机构的立案调查。

## A2.7 期货市场与期货业监管制度

### A2.7.1 期货交易制度

期货交易制度主要包括保证金制度、当日无负债结算制度、涨跌停板制度、限仓制度和大户报告制度等。

- **保证金制度**。保证金是期货交易者按照所买卖期货合约价值的一定比率缴纳的资金，用于担保其期货合约的履行。客户向期货公司缴纳保证金；期货公司作为会员向期货交易所缴纳保证金。在实行会员分级结算制度的期货交易所，期货交易所的非结算会员向结算会员缴纳保证金。只有所缴纳的保证金达到规定标准并在不足时及时补足的，交易者才能继续其交易。保证金制度对于确保期货交易的双方当事人履行合约义务，有效避免会员或客户违约的风险，从而保障期货市场的正常运行具有重要作用。
- **当日无负债结算制度**。当日交易结束后，期货交易所按照当日结算价对会员结算所有合约的盈亏、交易保证金及手续费、税金等费用，对应收应付的款项实行净额一次划转，相应增加或减少结算准备金。会员在期货交易所结算完成后，再按照同样的原则对客户进行结算。在实行会员分级结算制度的期货交易所，期货交易所只对结算会员结算；非结算会员由结算会员为其结算。如果会员、客户未能按要求及时补足保证金，期货交易所、会员在开市前对其交易采取限制开仓、强行平仓等措施。

- **涨跌停板制度**。期货合约在一个交易日中的交易价格不得高于或者低于规定的涨跌幅度，超出该涨跌幅度的报价将被视为无效，不能成交。涨跌停板制度的实施，使期货交易所、会员的损失被控制在一定幅度内，从而为保证金制度的实施创造了有利条件。
- **持仓限额制度**。期货交易所为了防范操纵市场价格的行为和防止期货市场风险的过度集中，对会员及客户的持仓数量进行限制，超过限额的将被禁止开新仓或者强制平仓。持仓限额一般可以根据不同情形作一定调整。如可以根据会员、客户资信情况和保证金水平，适当调整其持仓限额；可以根据某种合约距离交割月份的远近来确定其持仓限额。中国期货交易实行客户编码管理制度，贯彻一户一码的具体管理规定，对期货公司代理的客户实行编码下的持仓限额，即每一个交易编码下的持仓不得超过一定限额，客户在不同会员处开户的，要合并计算。
- **大户持仓报告制度**。在实施持仓限额制度的前提下，当某一会员或者客户的持仓量达到了期货交易所规定的限额时，必须向期货交易所报告，报告的内容一般包括其开户情况、交易情况、资金来源、交易动机等。大户持仓报告制度的实施，可以使期货交易所更好地检查市场持仓集中的情况，防范大户操纵市场价格并进而能更好地控制市场风险。
- **风险准备金制度**。风险准备金用于为期货市场正常运转提供财务保障和弥补因不可预见的风险带来的亏损，期货交易所、期货公司、非期货公司结算会员应当按照中国证监会和财政部的规定提取、管理和使用风险准备金。
- **结算担保金制度**。实行分级结算制度的期货交易所建立结算担保金制度。结算担保金包括基础结算担保金和变动结算担保金，由结算会员以自有资金向期货交易所缴纳，属于结算会员所有，用于应对结算会员违约风险。结算担保金制度作为一种联保制度，可以增强期货交易所抵御风险的能力。
- **股指期货投资者适当性制度**。借鉴国际市场的经验，结合中国资本市场“新兴加转轨”的特定国情，中国证监会在股指期货市场引入和建立了投资者适当性制度。其核心理念是：通过在开户端设置适当的程序和要求，综合评估投资者对股指期货的认知程度、接受程度和风险承受程度，从源头上深化投资者风险教育，有效避免投资者盲目入市，切实保护投资者的合法权益，保障股指期货市场稳健运行，主要内容是设定了投资者特别是个人投资者开户的硬性标准，要求期货公司建立以了解客户和分类管理为核心的客户管理和服务制度，结合投资者年龄、学历等基本情况、相关投资经历、财务状况和诚信状况进行适当性综合评估，明确了相关监管要求，确保适当性制度落到实处。
- **期货保证金安全存管制度**。为加强对期货公司客户保证金的管理，2004 年中国证监会发布了《期货经纪公司保证金封闭管理运行办法》，要求期货公司客户保证金必须全额存入从事期货交易结算业务的商业银行，严禁挪作他用。期货公司分设账户，使自有资金与客户保证金严格分离，客户保证金在指定账户间封闭运行。保证金封闭管理实行后，期货公司保证金管理水平得到了较大提高，但客户保证金安全问题还是未得到彻底解决。在这种情况下，中国证监会决定通过外部监管方式建立有效的保证金监管机制。2006 年，中国证监会成立中国期货保证金监控中心有限责任公司，由期货保证金监控中心对期货公司保证金实施监控，核对期货公司、交易所、银行三方上报的数据，对发现的期货公司保证金缺口、自有资金缺口、客户连续两个交易日以上保证金为负、交易持仓不一致、客户资金不连续等情况进行预警，并将相关问题向各地派出机构反馈，派出机构及时进行检查，消除风险隐患。同时，投资者可以登录保证金监控中心网站查询自己的账单，可以与期货公司账单进行核对，以随时发现存在的问题，保证客户权益的真实性。期货保证金安全监控制度实施以来，在实践中取得了良好效果。

## A2.7.2 期货公司监管

### A2.7.2.1 业务许可制度

根据《期货交易管理条例》等有关规定，期货公司业务实行许可制度，由中国证监会按照其商品期货、金融期货业务种类颁发许可证；期货公司除申请经营境内期货经纪业务外，还可以申请经营境外期货经纪、期货投资咨询等业务；期货公司不得从事与期货业务无关的活动，法律、行政法规或者中国证监会另有规定的除外；期货公司不得从事或者变相从事期货自营业务。

### A2.7.2.2 公司治理

根据《公司法》的基本要求，结合期货公司的经营特点和期货业务的风险特征，《期货交易管理条例》、《期货公司管理办法》，以及《期货公司首席风险官管理规定（试行）》等，对期货公司治理作出全面系统的规定。

期货公司应当按照明晰职责、强化制衡、加强风险管理的原则，建立并完善公司治理。具体要求包括：

- 期货公司应设立董事会和监事会或监事，应当合理设置业务部门及其职能，对关键岗位及业务实施重点控制，确保前、中、后台业务分开。
- 期货公司应与其控股股东在业务、人员、资产、财务、场所等方面严格分开，独立经营，独立核算。
- 期货公司对营业部实行统一结算、统一风险管理、统一资金调拨、统一财务管理和会计核算。
- 期货公司应当设首席风险官，负责对期货公司经营管理行为的合法合规性、风险管理进行监督、检查，首席风险官发现涉嫌占用、挪用客户保证金等违法违规行为或者可能发生风险的，应当立即向中国证监会派出机构、公司董事会报告。
- 具有实行会员分级结算制度期货交易所结算业务资格的期货公司和独资期货公司等应当设独立董事。

### A2.7.2.3 客户资产保护

为保护期货投资者资产安全，在总结期货保证金封闭运行和期货保证金安全存管监控前期实践的基础上，《期货公司管理办法》（第五章）对客户资产保护作出规定：一是强化期货保证金归客户所有的法律属性，除期货公司依法划转外，禁止任何单位或者个人以任何形式占用、挪用；期货保证金要与期货公司自有资产分别管理，不得被非法查封、冻结、扣划或者强制执行；期货公司破产或者清算时，客户的保证金不属于破产财产或者清算财产。二是明确了期货公司对期货保证金账户的备案、披露等管理要求，严禁期货公司在规定账户之外存放客户保证金，期货公司应及时报送期货保证金安全监控信息。三是客户从事期货交易实行实名制，客户要报备存取保证金的期货结算账户，保证金必须通过转账方式存取划转。四是明确提出了期货公司以自有资金缴存结算担保金、最低结算准备金的缴纳义务，以及期货公司在客户违约保证金不足时的垫付义务。

为保护期货投资者的资金安全，从制度上防止期货公司挪用投资者保证金，按照安全优先、兼顾效率的总体原则，中国证监会建立了期货保证金安全存管系统，设立中国期货保证金监控中心，利用技术系统每日对交易所、结算银行和期货公司三方的保证金数据进行核对，并提供客户直接查询保证金数据。

为建立投资者救助和利益补偿机制，国家设立了期货投资者保障基金。对于由于期货公司出现严重违法违规或者风险控制不力等导致保证金出现缺口的，根据《期货投资者保障基金管理暂行办法》，由保障基金对无辜客户遭受的保证金损失进行一定比例的补偿。

#### A2.7.2.4 风险监管指标标准

期货公司代理客户从事期货交易，吸收客户资金，风险突发性较强，因此期货公司需要持续符合风险监管指标标准，确保具有抵御风险的能力。中国证监会于 2007 年 4 月 19 日发布实施的《期货公司风险监管指标管理试行办法》要求，期货公司应当持续符合以下风险监管指标标准：

- 净资本不得低于人民币 1 500 万元。
- 净资本不得低于客户权益总额的 6%。
- 净资本按营业部数量平均折算额（净资本/营业部家数）不得低于人民币 300 万元。
- 净资本与净资产的比例不得低于 40%。
- 流动资产与流动负债的比例不得低于 100%。
- 负债与净资产的比例不得高于 150%。
- 规定的最低限额的结算准备金要求。

期货公司委托其他机构提供中间介绍业务的，净资本不得低于人民币 3 000 万元；从事交易结算业务的期货公司，净资本不得低于人民币 4 500 万元；从事全面结算业务的期货公司，净资本不得低于以下标准：(1) 人民币 9 000 万元。(2) 客户权益总额与其代理结算的非结算会员权益或者非结算会员客户权益之和的 6%。

## A2.8 会计和财务信息披露监管制度

### A2.8.1 《企业会计准则》体系及与国际会计准则的趋同

2006 年 2 月，财政部颁布了新《企业会计准则》（以下简称新会计准则）。新会计准则包括

1 项基本准则和 38 项具体准则，以及配套的应用指南、解释公告、讲解和实施问题专家工作组意见。修订后的会计准则与国际会计准则实现了实质性趋同。继 2006 年与国际会计准则委员会签订会计准则趋同联合声明后，2007 年 12 月，中国会计准则委员会与香港会计师公会就两地会计准则签署了等效联合声明；2010 年 4 月，财政部发布了《中国企业会计准则与国际财务报告准则持续全面趋同路线图》。以上均标志着中国会计准则的等效工作取得了实质性进展。中国会计准则与其他国家或地区的会计准则等效工作也正在积极推进中。中国会计准则与境外上市地的会计准则等效后，中国企业按中国会计准则编制的报表将直接被境外资本市场接受，有利于促进跨境经济活动的开展和推动国际监管合作。

在会计准则执行监管层面，中国证监会建立了相关业务部门和专业部门、辖区证监局、证券交易所构成的综合动态监管体系，全面加强对会计准则的执行监管。新会计准则执行以来，中国证监会不断推动完善上市公司内部控制，增加内在约束力。中国证监会还通过出具监管函件和印发《上市公司执行企业会计准则监管问题解答》的方式统一会计监管标准。同时，中国证监会继续与会计准则制定机构保持密切沟通协调，保证了会计准则的执行效果，提高了资本市场会计信息质量。

### A2. 8. 2　上市公司财务信息披露规范

上市公司需按照中国证监会制定的相关信息披露规范的要求，在定期报告中披露有关财务信息。目前的信息披露规范体系中，涉及财务相关信息披露的规范涵盖了财务报告的一般规定、净资产收益率和每股收益的计算及披露、非标准无保留审计意见及其涉及事项的处理、财务信息的更正及披露等内容，以及以信息披露解释公告的方式对涉及非经常性损益、中高级管理人员奖励基金、累计亏损的弥补、会计估计差异等内容进行了说明和规范。

### A2. 8. 3　企业内部控制规范体系

为加强上市公司的规范化运作和管理，提高财务信息的真实性、可靠性和披露质量，2008 年 5 月 22 日，财政部、中国证监会、审计署、银监会、保监会（以下简称“五部委”）联合发布了《企业内部控制基本规范》（以下简称《基本规范》），内容涵盖建立健全内部控制应遵循的基本原则、完整的内部控制框架体系应包括的内部环境、风险评估、控制活动、信息与沟通以及内部监督的基本要求等。

继 2008 年《企业内部控制基本规范》发布之后，五部委又联合制定并于 2010 年 4 月 26 日正式发布了企业内部控制配套指引（以下简称“配套指引”），包括 18 项应用指引、1 项评价指引和 1 项审计指引，为企业实施内部控制体系建设提供了具体的操作指南。配套指引自 2011 年 1 月 1 日起首先在境内外同时上市的公司施行，自 2012 年 1 月 1 日起扩大到在上海证券交易所、深圳证券交易所主板上市的公司施行；在此基础上，择机在中小板和创业板上市公司施行。按照内控规范体系的要求，实施范围内的企业应以基本规范提供的框架体系为基础，建立健全内部控制制度，同时企业的董事会或类似机构应当对内部控制的建立和运行情况披露自我评价报告，外部审计师应对公司与财务报告相关的内部控制有效性发表鉴证意见。

#### A2.8.4 首席会计师联席会议制度

2007 年，中国证监会建立了首席会计师联席会议制度。首席会计师联席会议由中国证监会首席会计师召集，成员来自中国证监会发行部、上市部等 12 个部门和上海、深圳证券交易所。首席会计师联席会议将作为加强证券监管系统专业沟通和交流的平台，进一步促进资本市场财务信息披露质量的提高。

#### A2.8.5 证券监管系统会计专业技术小组

中国证监会的派出机构、各证券、期货交易所和中国登记结算公司均于 2005 年成立了会计专业技术小组（以下简称会计小组），并于 2008 年重新完善了会计小组的架构。中国证监会会计部具体负责证券监管系统会计专业标准制定、技术指导和工作协调。会计小组是非行政性专业机构，负责证券市场会计专业监管工作，主要职责包括：就日常证券市场监管过程中遇到的重点和难点问题进行沟通，统一相关问题的处理标准；定期召开证券市场会计专业技术协调会，通报证券市场中执行会计准则、会计制度等方面的重点、难点问题，探讨相应的处理标准；开展证券监管系统会计专业培训，提高证券监管人员的会计专业水平。会计小组成立以来，在统一证券监管系统会计专业监管标准、增强监管系统会计监管的协调性，以及提高监管人员专业素质方面发挥了积极作用，有助于加强会计监管、提高上市公司会计信息质量和促进资本市场稳定健康发展。

### A2.9 审计和资产评估监管制度

#### A2.9.1 中国审计准则与国际审计准则的趋同

2005 年底，中国审计准则委员会与国际审计与鉴证准则理事会（International Auditing and Assurance Standard Board，以下简称 IAASB）签署了联合声明，高度认可了中国在审计准则国际趋同方面所作的努力和取得的重大进展。2006 年初，财政部颁布了《中国注册会计师鉴证业务基本准则》。该“基本准则”在内容上充分吸收了国际审计准则的基本原则和核心程序，在审计的目标与原则、风险的评估与应对、审计证据的获取和分析，审计结论的形成和报告，以及注册会计师执业责任等重大方面与国际审计准则保持一致。2007 年底，中国审计准则委员会与香港会计师公会发布了联合声明宣布内地审计准则与香港审计准则等效。2009 年 11 月 3 日，国际会计师联合会（IFAC）在其公布的《世界各国（地区）采用国际审计准则情况的报告》中指出，中国已基本采用了国际审计准则，并对其作出了必要的调整，所作的调整符合 IAASB 公布的调整政策。

在国际审计准则完成明晰性项目后，为保持中国审计准则体系和国际审计准则的持续全面趋同，中国注册会计师协会于2010年11月正式发布了修订后的中国审计准则，实现了与明晰化后的国际审计准则的实质性趋同。修订后的审计准则自2012年1月1日起在所有会计师事务所施行。

### A2.9.2 审计与评估机构的监管体系

中国证监会2009年修订了《会计师事务所与资产评估机构证券期货相关业务监管责任制》（以下简称辖区监管责任制），进一步加强和完善了独具特色的审计监管模式——辖区监管责任制。

在辖区监管责任制的框架下，中国证监会会计部负责组织检查组对具有证券期货相关业务资格的会计师事务所和资产评估机构（以下简称审计与评估机构）进行全面检查、专项检查，并进行持续性的监督。会计部实施的全面检查是针对审计与评估机构内部治理、业务质量控制体系及具体执业质量进行的定期检查，检查重点包括：（1）内部治理的合法性和有效性。（2）业务质量控制体系的完备性和有效性。（3）具体项目执业质量。专项检查可根据特定需求，针对上述任何内容进行特定的检查。截至2010年底，会计部已经完成了对所有从事证券、期货相关业务会计师事务所的现场检查。

证监局针对具体项目执业质量进行业务检查，主要检查审计与评估机构是否按照《中国注册会计师执业准则》、《资产评估准则》实施了必要的审计（评估）程序，获取了充分、适当的审计证据（评估依据），形成了恰当的审计意见（评估结论）。在业务检查中，可以对有证券期货资格的相关机构进行延伸检查。必要时，可延伸检查审计（评估）机构的内部治理、业务质量控制体系。

会计部约每3年全面检查所有审计（评估）机构，同时进行日常监督，各证监局对辖区内执业的审计（评估）机构每年进行业务检查，实现了全面、持续监管，不留监管漏洞。

2010年11月，中国证监会增加了上海、深圳证券监管专员办事处（以下简称专员办）审计与评估机构检查职责。专员办审计与评估机构检查工作初期，主要在会计部的业务领导下，按照会计部下达的任务，做好对审计与评估机构的现场检查、跨境监管合作试点和案例分析等工作。

### A2.9.3 监管信息系统

为了不断增强监管透明度，掌握审计与评估机构的持续、实时信息，中国证监会建立了审计与评估机构监管信息系统。系统内容分为两部分：一部分是审计与评估机构人员和业务信息；另一部分是监管部门的检查信息、对审计与评估机构采取的监管措施、行政处罚和市场禁入等信息。

### A2.9.4 跨境监管合作

2010年12月7日，中国证监会、财政部内地会计师事务所从事H股企业审计业务审核推荐委员会，与香港财经事务及库务局、香港中国证监会、香港联合交易所有限公司、香港财务汇报局、香港会计师公会在深圳举行会议，就落实内地与香港在对方上市的公司可选择以本地会计准则编制财务报表并由本地会计师事务所按照本地审计准则进行审计的事宜达成共识。以此为标志，内地大型会计师事务所获准自 2010 年 12 月 15 日或以后完结的会计年度期间，可以采用内地审计准则为内地在港上市公司（H 股企业）提供审计服务，H 股“双重审计”政策将被取消，内地与香港地区会计交流与合作达到新的水平。

另外，中国证监会在相互尊重主权、法律体系和对等互信的基础上，会同财政部等相关部门积极地与美国公众公司会计监察委员会（PCAOB）和欧盟等国家和地区会计监管机构进行跨境监管合作谈判工作，进一步加强监管合作。2011 年 1 月 19 日，欧盟已认定中国等 10 个国家审计监管与欧盟的审计监管模式等效，可以互相依赖。

## A2.10 证券执法制度

2010 年，稽查局（首席稽查办公室）、稽查总队和派出机构稽查力量分工协作，行政处罚委员会专司审理的证券执法工作机制继续发挥着重要作用，有效保障了资本市场的健康运行。证券执法程序见附图 2。

### A2.10.1 案件稽查

案件的立案和调查权由中国证监会稽查部门执行。首席稽查负责统一协调、指挥全系统稽查工作。稽查局（首席稽查办公室）负责拟订证券期货执法的法规、规章和规则，组织非正式调查；办理立案、撤案等事宜，组织重大案件查办，协调、指导、督导案件调查及相关工作，复核案件调查报告，统一负责案情发布，协调跨境案件的办理，组织行业反洗钱工作，办理稽查边控、查封、冻结等强制手续，组织、协调行政处罚的执行，组织稽查培训、考评、奖励，负责案件统计工作。稽查总队承办跨区域的重大案件，紧急、敏感、复杂类案件；负责所承办案件的调查、内审和移送；总队干部的培训；负责与承办案件相关的课题研究。派出机构负责辖区内市场主体违法违规行为的立案和调查，承办稽查局交办的案件，办理协助调查事项，负责协同反洗钱工作，落实行政处罚的执行。

### A2.10.2 案件审理

行政处罚委员会负责向其移交的证券违法违规案件的审理工作，并负责试点派出机构行政处罚工作的业务监督和指导。行政处罚委员会的主要职责包括草拟行政处罚案件审理、听证等工作的规则、实施细则；行政处罚案件的审理、听证工作，对行政处罚案件提出处罚建议；全系统行政处罚工作的调查研究、监督指导；重大行政处罚案件的执法协调；根据规定开展与行政处罚工作有关的国际合作交流活动等。行政处罚委员会下设办公室是行政处罚委员会的日常办事机构。

根据《关于发布〈中国证券监督管理委员会派出机构行政处罚试点工作规定〉的通知》，自

2010年10月26日起，上海监管局、广东监管局和深圳监管局等三家派出机构进行行政处罚试点工作，对自办案件进行审理、听证，实施行政处罚，但案情重大复杂、涉及司法移送及其他可能对当事人权益造成较大影响的案件除外。

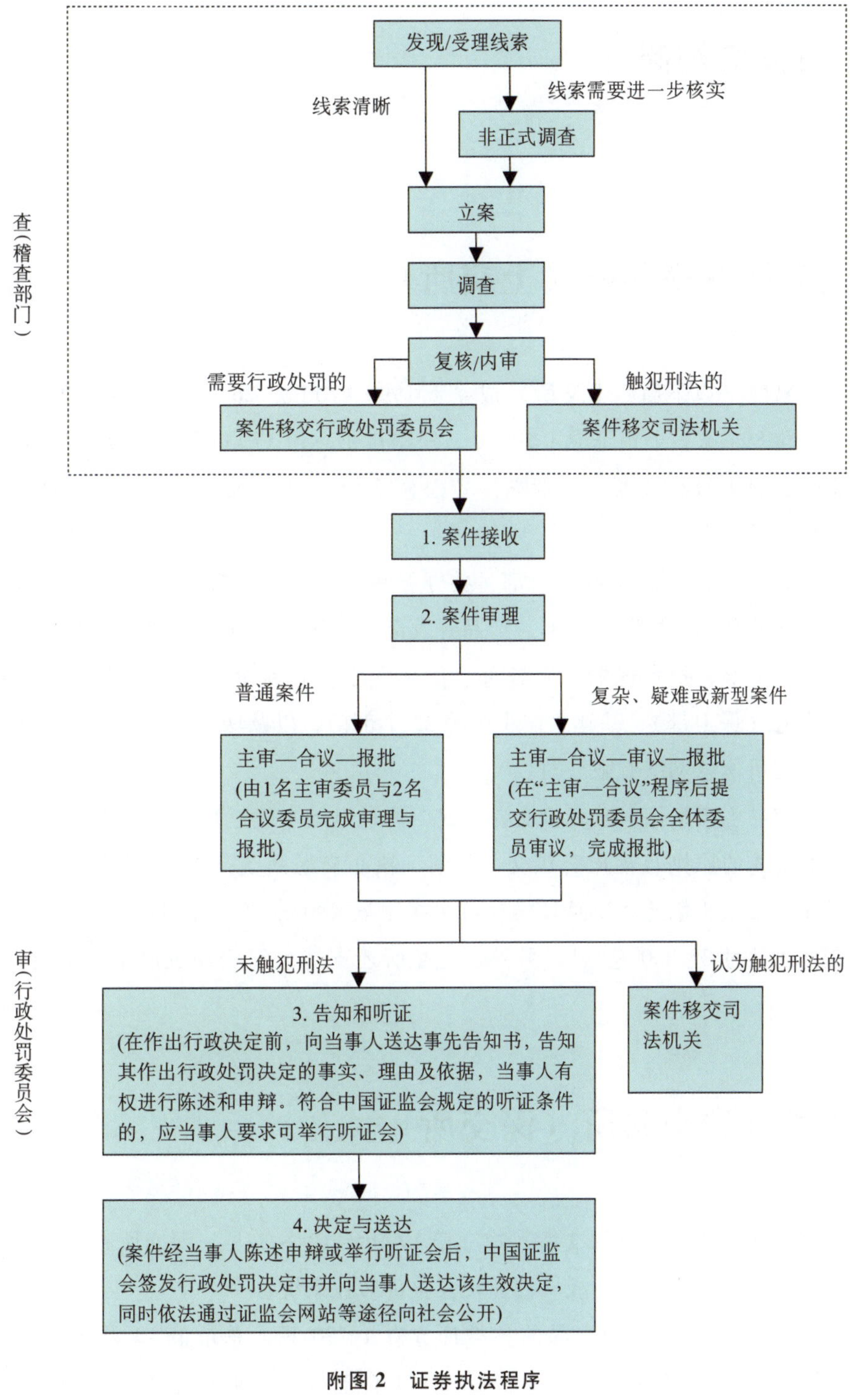


**附图2 证券执法程序**

# 附录 3 自律机构简介

## A3.1 上海证券交易所（上交所）

上海证券交易所（以下简称上交所）成立于 1990 年 11 月 26 日。截至 2010 年 12 月底，上交所共有上市公司 894 家，上市证券 1 500 个，股票市价总值 179 007.24 亿元。2010 年全年，上交所股票成交金额 304 312.01 亿元，股票筹资总额 5 532.14 亿元。上交所现有证券类会员 106 家，境内外特别会员 7 家。

上交所下设办公室、人事（组织）部、党办纪检办、交易管理部、发行上市部、公司管理部、会员部、债券基金部、国际发展部、产品开发部、市场监察部、法律部、投资者教育部、系统运行部、技术开发部、技术规划与服务部、信息中心、研究中心、北京中心、财务部、稽核部、行政服务中心（保卫部）、基建工作小组等 23 个部门，以及两家全资子公司上海证券通信有限责任公司、上交所信息网络有限公司。

上交所市场交易主要采用电子竞价交易方式，通过电脑主机进行公开申报竞价，由主机按照价格优先、时间优先的原则自动撮合成交。目前，核心交易系统 A 股日累计可申报上限 1.8 亿笔，日累计成交上限 1.8 亿笔；B 股日累计可申报上限 400 万笔，日累计成交上限 1 100 万笔；持续申报处理能力超过 85 000 笔/秒。另外，上交所还支持大宗交易及固定收益类产品的报价、协议申报交易。

## A3.2 深圳证券交易所（深交所）

深圳证券交易所（以下简称深交所）成立于 1990 年 12 月 1 日。深交所致力于多层次资本市场体系建设，设有主板、中小企业板、创业板及报价转让系统。

截至 2010 年底，深交所挂牌交易的各类证券有 1 590 只，总市值 13 万亿元，有上市公司 1 169 家，股票总市值 8.6 万亿元，其中主板、中小企业板和创业板上市公司数分别为 473 家、531 家和 153 家，总市值分别为 4.2 万亿元、3.5 万亿元和 0.7 万亿元，报价转让系统共有挂牌公司 126 家。

深交所积极推进产品创新，其中上市股票 1 211 只，基金产品 93 只（封闭式基金 35 只，开放式基金 55 只，交易型开放式指数基金 4 只），债券 286 只（企业债 74 只，国债 207 只，可转换债券 5 只），资产证券化产品 2 只。

## A3.3 中国金融期货交易所（中金所）

中国金融期货交易所（以下简称中金所）成立于 2006 年 9 月 8 日，是经国务院同意，中国证监会批准，由上海期货交易所、郑州商品交易所、大连商品交易所、上海证券交易所和深圳证券交易所共同发起设立的公司制交易所。

2010 年 4 月 16 日，中国第一个金融期货产品——沪深 300 股票指数期货在中金所成功上市交易。截至 2010 年底，中金所共有会员 133 家，其中全面结算会员 15 家，交易结算会员 61 家，交易会员 57 家。2010 年全年，中金所沪深 300 股指期货共成交 4 587 万手，累积成交金额 41 万亿元。

## A3.4 上海期货交易所（上期所）

上海期货交易所（以下简称上期所）成立于 1999 年 12 月，其前身为上海金属交易所、上海粮油商品交易所、上海商品交易所。上期所目前上市交易的有黄金、铜、铝、锌、螺纹钢、线材、燃料油、天然橡胶 8 种期货合约。

上期所现有会员 209 家（其中经纪公司会员 164 家，占 78.5%），指定交割仓库 40 多家，在全国各地开通远程交易终端近 600 个。2010 年全年，上期所共成交合约 12.4 亿手，累计成交金额 123.5 万亿元，同比分别增长 43.0% 和 67.4%。

## A3.5 大连商品交易所（大商所）

大连商品交易所（以下简称大商所）成立于 1993 年 2 月 28 日。成立以来，大商所规范运营、稳步发展，已经成为中国重要的期货交易中心之一。目前，上市交易的有玉米、黄大豆 1 号、黄大豆 2 号、豆粕、豆油、棕榈油、线型低密度聚乙烯（LLDPE）和聚氯乙烯（PVC）8 个期货品种。

截至 2010 年底，大商所共有会员 188 家，指定交割库 117 家，投资者开户数约 120.14 万户。2010 年全年，大商所共成交期货合约 8.06 亿手（双边），同比下降 3.27%，成交金额 41.71 万亿元（双边），同比增长 10.79%。

## A3.6 郑州商品交易所（郑商所）

郑州商品交易所（以下简称郑商所）成立于1990年10月12日，是经国务院批准的首家期货市场试点单位，目前全国3家商品期货交易所之一。郑商所现上市交易有硬麦、强筋小麦、棉花、白糖、精对苯二甲酸（PTA）、菜籽油和早籼稻7个期货品种。

截至2010年底，郑商所共有会员215家，指定交割仓库116家，投资者开户数约121万户。2010年全年累计成交量9.9亿手，累计成交金额61.7万亿元，较上年分别增长118%和223%。

## A3.7 中国证券业协会（中证协）

中国证券业协会（以下简称中证协）成立于1991年8月28日。作为中国证券业自律组织和非盈利社会团体法人，中证协在中国证监会和国家民政部的指导和监督下行使职能。

中证协的最高权力机构是由全体会员组成的会员大会，理事会为其执行机构。中证协实行会长负责制。理事会由会员理事和非会员理事组成。常务委员会负责理事会的日常运作，成员包括：会长、副会长、秘书长。

中证协的主要职责包括：（1）协助证券监督管理机构教育和组织会员执行证券法律、行政法规。（2）依法维护会员的合法权益，向证券监督管理机构反应会员的建议和要求。（3）收集整理证券信息，为会员提供服务。（4）制定会员应遵守的规则，组织会员单位从业人员的业务培训，开展会员间的业务交流。（5）对会员之间、会员与客户之间发生的纠纷进行调解。（6）组织会员就证券业的发展、运作及有关内容进行研究。（7）监督、检查会员行为，对违反法律、行政法规或者协会章程的，按照规定给予纪律处分。（8）国务院证券监督管理机构赋予的其他职责及协会根据行业规范发展需要行使的其他涉及自律、服务、传导的自律管理职责。

截至2010年底，中证协共有会员337家，其中，证券公司106家，基金管理公司62家，证券投资咨询公司95家，金融资产管理公司3家，资信评估机构5家，基金评价机构5家，特别会员61家（其中地方证券业协会36家，基金托管银行22家，证券交易所2家，证券登记结算公司1家）。

## A3.8 中国期货业协会（中期协）

中国期货业协会（以下简称中期协）成立于2000年12月29日，是根据《社会团体登记管理条例》和《期货交易管理条例》成立的全国期货业自律性组织，是非营利性社会团体法人，接受业务主管单位中国证监会和社团登记管理机关国家民政部的业务指导和监督管理。

会员大会是中期协的最高权利机构。理事会是会员大会闭会期间中期协的常设权利机构，对会员大会负责。理事会下设纪律、申诉、信息技术、研究发展、期货分析师5个专业委员会。中期协设会长一名，专职副会长若干名，兼职副会长若干名，秘书长一名，实行会长负责制。中期协常设办公室、会员部、培训部、研究部、合规调查部、资格考试与认证部、信息技术部7个办事机构。

中期协的宗旨是：在国家对期货业实行集中统一监督管理的前提下，进行期货业自律管理；发挥政府与期货业间的桥梁和纽带作用，为会员服务，维护会员的合法权益；坚持期货市场的公开、公平、公正，维护期货业的正当竞争秩序，保护投资者利益，推动期货市场的规范发展。

截至2010年底，中期协共有会员200家，其中期货公司会员163家，期货交易所特别会员4家，地方协会联系会员33家。

## A3.9 中国证券登记结算有限责任公司（中证登）

中国证券登记结算有限责任公司（以下简称中证登）成立于2001年3月30日，是不以营利为目的的法人，其维护的证券登记结算系统是证券市场的主要基础设施，是支撑和保障证券市场稳定运行的后台中枢。按照《证券法》和《证券登记结算管理办法》的相关规定，中证登依法履行证券账户的设立和管理，证券集中登记、存管等职能，并以结算参与人为单位，提供多边净额和全额等多种结算服务。

截至2010年底，公司管理的投资者股票账户约15 454.03万户；登记存管证券2 776只，总市值约为26.54万亿元；全年日均处理过户约2 539.61万笔；日均结算总额约14 697.00亿元。

## A3.10 中国证券投资者保护基金有限责任公司（保护基金公司）

2005年6月，国务院批准中国证监会、财政部、中国人民银行发布《证券投资者保护基金管理办法》（以下简称《管理办法》），同意设立国有独资的中国证券投资者保护基金有限责任公司（以下简称保护基金公司），并批准了公司章程。2005年8月30日，保护基金公司在国家工商总局注册成立，由国务院出资，财政部一次性拨付注册资金63亿元。保护基金公司归口中国证监会管理。

公司主要职责包括筹集、管理和运作证券投资者保护基金；监测证券公司风险，参与证券公司风险处置工作；证券公司被撤销、关闭和破产或被中国证监会采取行政接管、托管经营等强制性监管措施时，按照国家有关政策规定对债权人予以偿付；组织、参与被撤销、关闭或破产证券公司的清算工作；管理和处分受偿资产，维护基金权益；发现证券公司经营管理中出现可能危及投资者利益和证券市场安全的重大风险时，向中国证监会提出监管、处置建议；对证券公司运营中存在的风险隐患会同有关部门建立纠正机制。

为及时监测可能危及投资者利益和证券市场安全的重大风险，保护基金公司在做好证券公司风险处置工作的基础上，正在致力建设证券市场客户资金监控系统和证券市场电子化信息披露系统，全面加强对证券市场的风险监测，同时探索建立了由投资者教育、投资者调查、投资者保护评价和投资者呼叫组成的多层次全方面的投资者服务体系。

## A3.11 中国期货保证金监控中心有限责任公司

中国期货保证金监控中心有限责任公司是经国务院同意、中国证监会决定设立，由上海期货交易所、郑州商品交易所、大连商品交易所共同出资，于2006年3月16日在国家工商行政管理总局注册登记的非营利性公司制法人。2009年1月，中国期货保证金监控中心上海总部成立。中国期货保证金监控中心的主管部门是中国证监会，基本职能定位是根据中国证监会授权，作为期货市场监测监控平台，为期货市场监管与运行提供服务。其主要职能是：

- 建立和完善期货保证金监控、预警机制，及时发现并向监管部门报告影响期货保证金安全的问题。
- 为期货投资者提供有关期货交易结算信息查询及其他服务。
- 代管期货投资者保障基金，参与期货公司风险处置。
- 负责期货市场运行监测监控系统建设，并承担期货市场运行的监测、监控及研究分析等工作。
- 承担期货市场统一开户工作。
- 为监管机构、交易所等提供信息服务。
- 中国证监会规定的其他职能。

# 附　表

## 附表 1　中国证券市场的主要统计数据（1999～2010 年）

| 指　　标 | 1999 | 2000 | 2001 | 2002 | 2003 | 2004 | 2005 | 2006 | 2007 | 2008 | 2009 | 2010（年） |
|---|---|---|---|---|---|---|---|---|---|---|---|---|
| 境内上市公司数（A、B 股）（家） | 949 | 1 088 | 1 160 | 1 224 | 1 287 | 1 377 | 1 381 | 1 434 | 1 550 | 1 625 | 1 718 | 2 063 |
| 境内上市外资股（B 股）（家） | 108 | 114 | 112 | 111 | 111 | 110 | 109 | 109 | 109 | 109 | 108 | 108 |
| 境外上市公司数（家） | 46 | 52 | 60 | 75 | 93 | 111 | 122 | 143 | 148 | 153 | 159 | 165 |
| 股票总发行股本（亿股） | 3 088.95 | 3 791.71 | 5 218.01 | 5 875.45 | 6 428.46 | 7 149.43 | 7 629.51 | 14 926.35 | 22 416.85 | 24 522.85 | 26 162.85 | 33 184.35 |
| 其中：流通股本 | 1 079.65 | 1 354.26 | 1 813.17 | 2 036.90 | 2 269.92 | 2 577.18 | 2 914.77 | 3 444.50 | 10 331.52 | 12 578.91 | 19 759.53 | 25 642.03 |
| 股票市价总值（亿元） | 26 471.17 | 48 090.94 | 43 522.20 | 38 329.12 | 42 457.72 | 37 055.57 | 32 430.28 | 89 403.89 | 327 140.89 | 121 366.44 | 243 939.12 | 265 422.59 |
| 其中：股票流通市值 | 8 213.97 | 16 087.52 | 14 463.17 | 12 484.55 | 13 178.52 | 11 688.64 | 10 630.53 | 25 003.64 | 93 064.35 | 45 213.9 | 151 258.65 | 193 110.41 |
| 股票成交金额（亿元） | 31 319.60 | 60 826.65 | 38 305.18 | 27 990.46 | 32 115.27 | 42 333.95 | 31 663.16 | 90 468.92 | 460 556.22 | 267 112.64 | 535 986.74 | 545 633.54 |
| 上证综合指数（收盘） | 1 366.58 | 2 073.48 | 1 645.97 | 1 357.65 | 1 497.04 | 1 266.50 | 1 161.06 | 2 675.47 | 5 261.56 | 1 820.81 | 3 277.14 | 2 808.08 |
| 深证综合指数（收盘） | 402.18 | 635.73 | 475.94 | 388.76 | 378.62 | 315.81 | 278.74 | 550.59 | 1 447.02 | 553.30 | 1 201.34 | 18 858.28 |
| 投资者开户数（万户） | 4 810.63 | 6 154.53 | 6 965.90 | 7 202.16 | 7 344.41 | 7 215.74 | 7 336.07 | 7 849.27 | 13 887.02 | 15 198.01 | 17 149.67 | 1 290.87 |
| 交易所债券成交金额（亿元） | 18 284.12 | 19 119.16 | 20 417.76 | 33 249.53 | 62 136.36 | 50 323.50 | 28 367.85 | 18 279.32 | 20 667.21 | 28 884.94 | 40 635.06 | 76 011.5 |
| 证券投资基金只数（只） | 16 | 34 | 51 | 71 | 95 | 161 | 218 | 307 | 346 | 439 | 557 | 704 |
| 证券投资基金规模（亿份） | 505.00 | 560.00 | 811.26 | 1 330.36 | 1 632.76 | 3 308.79 | 4 714.92 | 6 220.69 | 22 339.84 | 25 741.25 | 24 535.89 | 25 200.75 |
| 证券投资基金成交金额（亿元） | 1 623.12 | 2 465.79 | 2 561.88 | 1 166.58 | 682.65 | 728.58 | 773.13 | 1 879.05 | 8 620.10 | 5 831.06 | 10 249.58 | 8 996.43 |
| 期货总成交量（万手） | 7 363.91 | 5 461.07 | 12 046.35 | 13 943.37 | 27 992.43 | 30 569.76 | 32 287.41 | 44 947.41 | 72 800 | 136 396 | 215 743 | 313 368.83 |
| 期货总成交额量（亿元） | 22 343.01 | 16 082.29 | 30 144.98 | 39 490.28 | 108 396.59 | 146 935.32 | 134 462.71 | 210 046.32 | 410 000.00 | 719 173.35 | 1 305 107.20 | 3 080 592.41 |

注：1. 数据来源：中国证监会，各证券、期货交易所。

2. 本表中有关股票的指标数值均涵盖 A、B 股。

## 附表 2　外资参股证券公司一览表

| 序　号 | 公司名称 | 境外股东名称 |
|---|---|---|
| 1 | 中国国际金融有限责任公司 | 摩根士丹利国际公司 |
| 2 | 中银国际证券有限责任公司 | 中银国际控股有限公司 |
| 3 | 光大证券有限公司 | 中国光大控股有限公司 |
| 4 | 财富里昂证券有限公司 | 法国里昂证券资本市场公司 |
| 5 | 海际大和证券有限公司 | 日本大和证券公司 |
| 6 | 高盛高华证券有限公司 | 高盛集团 |
| 7 | 瑞银证券有限责任公司 | 瑞士银行有限公司 |
| 8 | 瑞信方正证券有限责任公司 | 瑞士信贷 |
| 9 | 中德证券有限责任公司 | 德意志银行 |
| 10 | 华英证券有限责任公司 | 苏格兰皇家银行公众有限公司 |
| 11 | 摩根士丹利华鑫证券有限责任公司 | 摩根士丹利（亚洲）有限公司 |
| 12 | 第一创业摩根大通证券有限责任公司 | 摩根大通经纪（香港）有限公司 |

注：经中国证监会批准，长江巴黎百富勤证券有限公司外资方法国巴黎银行已于 2006 年 12 月 8 日将所持的 33% 股权全部转让给长江证券，长江巴黎百富勤证券有限公司从而成为长江证券的全资子公司。

## 附表 3　外资参股基金管理公司一览表

| 序　号 | 公司名称 | 境外股东名称 |
|---|---|---|
| 1 | 招商基金管理公司 | 荷兰国际集团 |
| 2 | 华宝兴业基金管理公司 | 法国兴业资产管理公司 |
| 3 | 国联安基金管理公司 | 德国安联集团 |
| 4 | 海富通基金管理公司 | 欧洲富通基金管理公司 |
| 5 | 景顺长城基金管理公司 | 美国景顺资产管理公司 |
| 6 | 富国基金管理公司 | 加拿大蒙特利尔银行 |
| 7 | 泰达荷银基金管理公司 | 荷兰资产管理（亚洲）有限公司 |
| 8 | 光大保德信基金管理公司 | 美国保德信投资管理有限公司 |
| 9 | 申万巴黎基金管理公司 | 法国巴黎资产管理有限公司 |
| 10 | 上投摩根基金管理有限公司 | 摩根富林明资产管理有限公司 |
| 11 | 中银基金管理公司 | 贝莱德投资管理（英国）有限公司 |
| 12 | 国海富兰克林基金管理公司 | 美国坦伯顿国际股份有限公司 |
| 13 | 友邦华泰基金管理公司 | 友邦投资管理公司 |
| 14 | 国投瑞银基金管理公司 | 瑞银集团 |
| 15 | 嘉实基金管理有限公司 | 德意志资产管理（亚洲）公司 |
| 16 | 工银瑞信基金管理公司 | 瑞士信贷 |
| 17 | 交银施罗德基金管理公司 | 施罗德投资管理公司 |
| 18 | 信诚基金管理有限公司 | 英国保诚集团股份有限公司 |
| 19 | 建信基金管理有限公司 | 美国信安金融服务公司 |
| 20 | 汇丰晋信基金管理有限公司 | 汇丰环球投资管理（英国）有限公司 |

续表

| 序　　号 | 公司名称 | 境外股东名称 |
|---|---|---|
| 21 | 信达澳银基金管理有限公司 | 康联首域集团有限公司 |
| 22 | 诺德基金管理有限公司 | 美国诺德·安博特公司 |
| 23 | 中欧基金管理有限公司 | 意大利意联银行股份合作公司 |
| 24 | 金元比联基金管理有限公司 | 比利时联合资产管理公司 |
| 25 | 长盛基金管理公司 | 新加坡星展资产公司 |
| 26 | 鹏华基金管理公司 | 意大利欧利盛资本资产管理股份公司 |
| 27 | 融通基金管理公司 | 日兴资产管理公司 |
| 28 | 浦银安盛基金管理公司 | 法国安盛投资管理公司 |
| 29 | 兴业全球基金管理公司 | 荷兰全球人寿保险国际公司 |
| 30 | 农银汇理基金管理公司 | 东方汇理资产管理公司 |
| 31 | 摩根士丹利华鑫基金管理公司 | 摩根士丹利国际控股公司 |
| 32 | 民生加银基金管理有限公司 | 加拿大皇家银行 |
| 33 | 中海基金管理有限公司 | 法国爱德蒙得洛希尔银行 |
| 34 | 国泰基金管理有限公司 | 意大利忠利集团 |
| 35 | 纽银梅隆西部基金管理有限公司 | 纽约银行梅隆资产管理国际有限公司 |
| 36 | 金鹰基金管理有限公司 | 东亚联丰投资管理有限公司 |
| 37 | 平安大华基金管理公司 | 大华资产管理有限公司 |

## 附表 4　外资参股期货公司一览表

|  | 境内期货公司 | 境外股东名称 |
|---|---|---|
| 1 | 银河期货经纪有限公司 | 苏皇金融期货亚洲有限公司 |
| 2 | 中信新际期货经纪有限公司 | 新际经纪香港有限公司 |
| 3 | 摩根大通期货有限公司 | 摩根大通经纪（香港）有限公司 |

## 附表 5　合格境外机构投资者一览表

| 序号 | 合格境外机构投资者（QFII）名称 | 批准时间 | 注册地 |
|---|---|---|---|
| 1 | 瑞士银行 | 2003 年 5 月 23 日 | 瑞士 |
| 2 | 野村证券株式会社 | 2003 年 5 月 23 日 | 日本 |
| 3 | 花旗环球金融有限公司 | 2003 年 6 月 5 日 | 英国 |
| 4 | 摩根士丹利国际股份有限公司 | 2003 年 6 月 5 日 | 英国 |
| 5 | 高盛公司 | 2003 年 7 月 4 日 | 美国 |
| 6 | 德意志银行 | 2003 年 7 月 30 日 | 德国 |
| 7 | 香港上海汇丰银行有限公司 | 2003 年 8 月 4 日 | 中国香港 |
| 8 | 荷兰安智银行股份有限公司 | 2003 年 9 月 10 日 | 荷兰 |
| 9 | 摩根大通银行 | 2003 年 9 月 30 日 | 美国 |
| 10 | 瑞士信贷（香港）有限公司 | 2003 年 10 月 24 日 | 中国香港 |

续表

| 序号 | 合格境外机构投资者（QFII）名称 | 批准时间 | 注册地 |
|---|---|---|---|
| 11 | 日兴资产管理有限公司 | 2003 年 12 月 11 日 | 日本 |
| 12 | 渣打银行（香港）有限公司 | 2003 年 12 月 11 日 | 中国香港 |
| 13 | 恒生银行有限公司 | 2004 年 5 月 10 日 | 中国香港 |
| 14 | 大和证券 SMBC 株式会社 | 2004 年 5 月 10 日 | 日本 |
| 15 | 美林国际 | 2004 年 4 月 30 日 | 英国 |
| 16 | 雷曼兄弟国际（欧洲）公司 | 2004 年 7 月 6 日 | 英国 |
| 17 | 比尔及梅林达盖茨信托基金会 | 2004 年 7 月 19 日 | 美国 |
| 18 | 景顺资产管理有限公司 | 2004 年 8 月 4 日 | 英国 |
| 19 | 荷兰银行有限公司 | 2004 年 9 月 2 日 | 荷兰 |
| 20 | 法国兴业银行 | 2004 年 9 月 2 日 | 法国 |
| 21 | 巴克莱银行 | 2004 年 9 月 15 日 | 英国 |
| 22 | 德雷斯登银行股份公司 | 2004 年 9 月 27 日 | 德国 |
| 23 | 富通银行 | 2004 年 9 月 29 日 | 比利时 |
| 24 | 法国巴黎银行 | 2004 年 9 月 29 日 | 法国 |
| 25 | 加拿大鲍尔公司 | 2004 年 10 月 15 日 | 加拿大 |
| 26 | 东方汇理银行 | 2004 年 10 月 15 日 | 法国 |
| 27 | 高盛国际资产管理公司 | 2005 年 5 月 9 日 | 英国 |
| 28 | 新加坡政府投资有限公司 | 2005 年 10 月 25 日 | 新加坡 |
| 29 | 马丁可利投资管理有限公司 | 2005 年 10 月 25 日 | 英国 |
| 30 | 美国国际集团环球投资公司 | 2005 年 11 月 14 日 | 美国 |
| 31 | 淡马锡富敦投资有限公司 | 2005 年 11 月 15 日 | 新加坡 |
| 32 | JF 资产管理有限公司 | 2005 年 12 月 28 日 | 中国香港 |
| 33 | 日本第一生命保险相互会社 | 2005 年 12 月 28 日 | 日本 |
| 34 | 新加坡星展银行 | 2006 年 2 月 13 日 | 新加坡 |
| 35 | 安保资本投资有限公司 | 2006 年 4 月 10 日 | 澳大利亚 |
| 36 | 加拿大丰业银行 | 2006 年 4 月 10 日 | 加拿大 |
| 37 | 比联金融产品英国有限公司 | 2006 年 4 月 10 日 | 英国 |
| 38 | 法国爱德蒙得洛希尔银行 | 2006 年 4 月 10 日 | 法国 |
| 39 | 耶鲁大学 | 2006 年 4 月 14 日 | 美国 |
| 40 | 英国保诚资产管理（香港）有限公司 | 2006 年 7 月 7 日 | 中国香港 |
| 41 | 摩根士丹利投资管理公司 | 2006 年 7 月 7 日 | 美国 |
| 42 | 斯坦福大学 | 2006 年 8 月 5 日 | 美国 |
| 43 | 通用电气资产管理公司 | 2006 年 8 月 5 日 | 美国 |
| 44 | 大华银行有限公司 | 2006 年 8 月 5 日 | 新加坡 |
| 45 | 施罗德投资管理有限公司 | 2006 年 8 月 29 日 | 英国 |
| 46 | 汇丰环球投资管理（香港）有限公司 | 2006 年 9 月 5 日 | 中国香港 |
| 47 | 新光证券株式会社 | 2006 年 9 月 5 日 | 日本 |
| 48 | 瑞银环球资产管理（新加坡）有限公司 | 2006 年 9 月 25 日 | 新加坡 |

续表

| 序号 | 合格境外机构投资者（QFII）名称 | 批准时间 | 注册地 |
|---|---|---|---|
| 49 | 三井住友资产管理株式会社 | 2006 年 9 月 25 日 | 日本 |
| 50 | 挪威中央银行 | 2006 年 10 月 24 日 | 挪威 |
| 51 | 百达资产管理有限公司 | 2006 年 10 月 25 日 | 英国 |
| 52 | 哥伦比亚大学 | 2008 年 3 月 12 日 | 美国 |
| 53 | 保德信资产运用株式会社 | 2008 年 4 月 7 日 | 韩国 |
| 54 | 荷宝基金管理公司 | 2008 年 5 月 5 日 | 荷兰 |
| 55 | 道富环球投资管理亚洲有限公司 | 2008 年 5 月 16 日 | 中国香港 |
| 56 | 铂金投资管理有限公司 | 2008 年 6 月 2 日 | 澳大利亚 |
| 57 | 比利时联合资产管理有限公司 | 2008 年 6 月 2 日 | 比利时 |
| 58 | 未来资产基金管理公司 | 2008 年 7 月 25 日 | 韩国 |
| 59 | 安达国际控股有限公司 | 2008 年 8 月 5 日 | 美国 |
| 60 | 魁北克储蓄投资集团 | 2008 年 8 月 22 日 | 加拿大 |
| 61 | 哈佛大学 | 2008 年 8 月 22 日 | 美国 |
| 62 | 三星投资信托运用株式会社 | 2008 年 8 月 25 日 | 韩国 |
| 63 | 联博有限公司 | 2008 年 8 月 28 日 | 英国 |
| 64 | 华侨银行有限公司 | 2008 年 8 月 28 日 | 新加坡 |
| 65 | 首域投资管理（英国）有限公司 | 2008 年 9 月 11 日 | 英国 |
| 66 | 大和证券投资信托委托株式会社 | 2008 年 9 月 11 日 | 日本 |
| 67 | 壳牌资产管理有限公司 | 2008 年 9 月 12 日 | 荷兰 |
| 68 | 普信国际公司 | 2008 年 9 月 12 日 | 美国 |
| 69 | 法国兴业资产管理有限公司 | 2008 年 10 月 14 日 | 法国 |
| 70 | 瑞士信贷 | 2008 年 10 月 14 日 | 瑞士 |
| 71 | 大华资产管理有限公司 | 2008 年 11 月 28 日 | 新加坡 |
| 72 | 阿布达比投资局 | 2008 年 12 月 3 日 | 阿联酋 |
| 73 | 德盛安联资产管理卢森堡 | 2008 年 12 月 16 日 | 卢森堡 |
| 74 | 资本国际公司 | 2008 年 12 月 18 日 | 美国 |
| 75 | 三菱日联证券股份有限公司 | 2008 年 12 月 29 日 | 日本 |
| 76 | 韩华投资信托管理株式会社 | 2009 年 2 月 5 日 | 韩国 |
| 77 | 新兴市场管理有限公司 | 2009 年 2 月 10 日 | 美国 |
| 78 | DWS 投资管理公司 | 2009 年 2 月 24 日 | 卢森堡 |
| 79 | 韩国产业银行 | 2009 年 4 月 23 日 | 韩国 |
| 80 | 韩国友利银行股份有限公司 | 2009 年 5 月 4 日 | 韩国 |
| 81 | 马来西亚国家银行 | 2009 年 5 月 19 日 | 马来西亚 |
| 82 | 罗祖儒投资管理（香港）有限公司 | 2009 年 5 月 27 日 | 中国香港 |
| 83 | 邓普顿投资顾问有限公司 | 2009 年 6 月 5 日 | 美国 |
| 84 | 东亚联丰投资管理有限公司 | 2009 年 6 月 18 日 | 中国香港 |
| 85 | 日本住友信托银行股份有限公司 | 2009 年 6 月 26 日 | 日本 |
| 86 | 韩国投资信托运用株式会社 | 2009 年 7 月 21 日 | 韩国 |

续表

| 序号 | 合格境外机构投资者（QFII）名称 | 批准时间 | 注册地 |
|---|---|---|---|
| 87 | 霸菱资产管理有限公司 | 2009年8月6日 | 英国 |
| 88 | 安石投资管理公司 | 2009年9月14日 | 英国 |
| 89 | 纽约银行梅隆资产管理国际有限公司 | 2009年11月6日 | 英国 |
| 90 | 宏利资产管理（香港）有限公司 | 2009年11月20日 | 中国香港 |
| 91 | 野村资产管理株式会社 | 2009年11月23日 | 日本 |
| 92 | 东洋投资信托运用株式会社 | 2009年12月11日 | 韩国 |
| 93 | 加拿大皇家银行 | 2009年12月23日 | 加拿大 |
| 94 | 英杰华投资集团全球服务有限公司 | 2009年12月28日 | 英国 |
| 95 | 常青藤资产管理公司 | 2010年2月8日 | 美国 |
| 96 | 达以安资产管理公司 | 2010年4月20日 | 日本 |
| 97 | 法国欧菲资产管理公司 | 2010年5月21日 | 法国 |
| 98 | 安本亚洲资产管理公司 | 2010年7月6日 | 新加坡 |
| 99 | KB资产运用 | 2010年8月9日 | 韩国 |
| 100 | 富达基金（香港）有限公司 | 2010年9月1日 | 中国香港 |
| 101 | 美盛投资（欧洲）有限公司 | 2010年10月8日 | 英国 |
| 102 | 香港金融管理局 | 2010年10月27日 | 中国香港 |
| 103 | 富邦证券投资信托股份有限公司 | 2010年10月29日 | 中国台湾 |
| 104 | 群益证券投资信托股份有限公司 | 2010年10月29日 | 中国台湾 |
| 105 | 蒙特利尔银行投资公司 | 2010年12月6日 | 加拿大 |
| 106 | 瑞士宝盛银行 | 2010年12月14日 | 瑞士 |
| 107 | 科提比资产运用株式会社 | 2010年12月28日 | 韩国 |

## 附表6　合格境外机构投资者托管行一览表

| 序号 | QFII托管行中文名称 | 序号 | QFII托管行中文名称 |
|---|---|---|---|
| 1 | 汇丰银行（中国）有限公司 | 9 | 中国光大银行股份有限公司 |
| 2 | 花旗银行（中国）有限公司 | 10 | 中国招商银行股份有限公司 |
| 3 | 渣打银行（中国）有限公司 | 11 | 德意志银行 |
| 4 | 中国工商银行股份有限公司 | 12 | 新加坡星展银行 |
| 5 | 中国银行股份有限公司 | 13 | 中国中信银行股份有限公司 |
| 6 | 中国农业银行股份有限公司 | 14 | 上海浦东发展银行股份有限公司 |
| 7 | 交通银行股份有限公司 | 15 | 中国民生银行股份有限公司 |
| 8 | 中国建设银行股份有限公司 | | |

## 附表 7　境外证券类机构驻华代表处一览表

| 序号 | 机构名称 | 辖区 |
|---|---|---|
| 1 | 野村证券株式会社上海代表处 | 上海 |
| 2 | 法国巴黎资本（亚洲）有限公司上海代表处 | 上海 |
| 3 | 美林国际有限公司上海代表处 | 上海 |
| 4 | 里昂证券有限公司上海代表处 | 上海 |
| 5 | 新鸿基投资服务有限公司（证券业务）上海代表处 | 上海 |
| 6 | 摩根士丹利亚洲有限公司上海代表处 | 上海 |
| 7 | 高盛（中国）有限责任公司上海代表处 | 上海 |
| 8 | 巴克莱证券有限公司上海代表处 | 上海 |
| 9 | 苏皇证券亚洲有限公司上海代表处 | 上海 |
| 10 | 友利投资证券公司上海代表处 | 上海 |
| 11 | 瑞银证券亚洲有限公司上海代表处 | 上海 |
| 12 | 群益国际控股有限公司上海代表处 | 上海 |
| 13 | 元大证券（香港）有限公司上海代表处 | 上海 |
| 14 | 韩国现代证券公司上海代表处 | 上海 |
| 15 | 元富证券（香港）有限公司上海代表处 | 上海 |
| 16 | 日盛嘉富证券国际有限公司上海代表处 | 上海 |
| 17 | 永丰金证券（亚洲）有限公司上海代表处 | 上海 |
| 18 | 星展唯高达香港有限公司上海代表处 | 上海 |
| 19 | 金鼎综合证券（维京）股份有限公司上海代表处 | 上海 |
| 20 | 星展亚洲融资有限公司上海代表处 | 上海 |
| 21 | 兆丰资本（亚洲）有限公司上海代表处 | 上海 |
| 22 | 花旗环球金融亚洲有限公司上海代表处 | 上海 |
| 23 | 凯基证券亚洲有限公司上海代表处 | 上海 |
| 24 | 洛希尔中国控股有限公司上海代表处 | 上海 |
| 25 | 大福证券有限公司上海代表处 | 上海 |
| 26 | 统一证券（香港）有限公司上海代表处 | 上海 |
| 27 | 韩国三星证券公司上海代表处 | 上海 |
| 28 | 大华证券（香港）有限公司上海代表处 | 上海 |
| 29 | 香港上海汇丰银行有限公司（证券业务）上海代表处 | 上海 |
| 30 | 韩华证券股份有限公司上海代表处 | 上海 |
| 31 | 内藤证券公司上海代表处 | 上海 |
| 32 | 摩根大通证券（亚太）有限公司上海代表处 | 上海 |
| 33 | 卓亚（企业融资）有限公司上海代表处 | 上海 |
| 34 | 法国兴业银行（香港）有限公司上海代表处 | 上海 |

续表

| 序号 | 机构名称 | 辖区 |
|---|---|---|
| 35 | 宝来证券股份有限公司上海代表处 | 上海 |
| 36 | 瑞士信贷（香港）有限公司上海代表处 | 上海 |
| 37 | 瑞穗证券股份有限公司上海代表处 | 上海 |
| 38 | 德意志银行股份有限公司（证券业务）上海代表处 | 上海 |
| 39 | 富邦综合证券股份有限公司上海代表处 | 上海 |
| 40 | 渣打证券（香港）有限公司上海代表处 | 上海 |
| 41 | 杰富瑞投资银行上海代表处 | 上海 |
| 42 | 派杰公司上海代表处 | 上海 |
| 43 | 冈三证券股份有限公司上海代表处 | 上海 |
| 44 | 威廉—博莱有限责任公司上海代表处 | 上海 |
| 45 | 美国罗仕证券有限责任公司上海代表处 | 上海 |
| 46 | 麦格理证券（澳大利亚）股份有限公司上海代表处 | 上海 |
| 47 | 致富证券有限公司上海代表处 | 上海 |
| 48 | 东洋证券股份有限公司上海代表处 | 上海 |
| 49 | 大信证券股份有限公司上海代表处 | 上海 |
| 50 | 益华证券有限公司上海代表处 | 上海 |
| 51 | 新韩金融投资股份有限公司上海代表处 | 上海 |
| 52 | 蓝泽证券股份有限公司上海代表处 | 上海 |
| 53 | 韩国爱思开证券股份有限公司上海代表处 | 上海 |
| 54 | 联昌国际证券（香港）有限公司上海代表处 | 上海 |
| 55 | 盈透证券有限公司上海代表处 | 上海 |
| 56 | 华南永昌综合证券股份有限公司上海代表处 | 上海 |
| 57 | 韦仕投资银行集团有限合伙上海代表处 | 上海 |
| 58 | 明富环球新加坡私人有限公司（证券业务）上海代表处 | 上海 |
| 59 | 大宇证券股份有限公司上海代表处 | 上海 |
| 60 | 荷银投资管理（亚洲）有限公司上海代表处 | 上海 |
| 61 | 大和投资管理（香港）有限公司上海代表处 | 上海 |
| 62 | 三井住友资产管理股份有限公司上海代表处 | 上海 |
| 63 | 马丁可利投资管理有限公司上海代表处 | 上海 |
| 64 | 英国施罗德集团上海代表处 | 上海 |
| 65 | 英杰华投资集团全球服务有限公司上海代表处 | 上海 |
| 66 | 荷宝基金管理公司上海代表处 | 上海 |
| 67 | 未来资产迈普斯资产运用株式会社上海代表处 | 上海 |
| 68 | 新加坡东京海上国际资产管理有限公司上海代表处 | 上海 |

续表

| 序号 | 机构名称 | 辖区 |
|---|---|---|
| 69 | 安本亚洲资产管理有限公司上海代表处 | 上海 |
| 70 | 科提比资产运用株式会社上海代表处 | 上海 |
| 71 | 大和住银投信投资顾问株式会社上海代表处 | 上海 |
| 72 | 道富环球投资管理亚洲有限公司上海代表处 | 上海 |
| 73 | 德盛安联资产管理香港有限公司上海代表处 | 上海 |
| 74 | 瑞意金融集团上海代表处 | 上海 |
| 75 | 利安全球投资者股份有限公司上海代表处 | 上海 |
| 76 | 富达基金（香港）有限公司上海代表处 | 上海 |
| 77 | 法国巴黎投资管理亚洲有限公司上海代表处 | 上海 |
| 78 | 韩国投资信托运用株式会社上海代表处 | 上海 |
| 79 | 韩国华宜资产运用株式会社上海代表处 | 上海 |
| 80 | 野村证券株式会社北京代表处 | 北京 |
| 81 | 大和证券资本市场株式会社北京代表处 | 北京 |
| 82 | 三菱日联证券股份有限公司北京代表处 | 北京 |
| 83 | 瑞士信贷（香港）有限公司北京代表处 | 北京 |
| 84 | 高盛（中国）有限责任公司北京代表处 | 北京 |
| 85 | 美林国际有限公司北京代表处 | 北京 |
| 86 | 花旗环球金融中国有限公司北京代表处 | 北京 |
| 87 | 摩根士丹利亚洲有限公司北京代表处 | 北京 |
| 88 | 瑞银证券亚洲有限公司北京代表处 | 北京 |
| 89 | 宝来证券股份有限公司北京代表处 | 北京 |
| 90 | 里昂证券有限公司北京代表处 | 北京 |
| 91 | 苏皇融资亚洲有限公司北京代表处 | 北京 |
| 92 | 法国巴黎资本（亚洲）有限公司北京代表处 | 北京 |
| 93 | 汇富金融服务有限公司北京代表处 | 北京 |
| 94 | 渣打证券（香港）有限公司北京代表处 | 北京 |
| 95 | 洛希尔中国控股有限公司北京代表处 | 北京 |
| 96 | 金鼎综合证券（香港）有限公司北京代表处 | 北京 |
| 97 | 京华山一国际（香港）有限公司北京代表处 | 北京 |
| 98 | 香港上海汇丰银行有限公司（证券业务）北京代表处 | 北京 |
| 99 | 兆丰资本（亚洲）有限公司北京代表处 | 北京 |
| 100 | 香港国浩资本有限公司北京代表处 | 北京 |
| 101 | 新百利有限公司北京代表处 | 北京 |
| 102 | 摩根大通证券（亚太）有限公司北京代表处 | 北京 |

续表

| 序号 | 机构名称 | 辖区 |
|---|---|---|
| 103 | 元大证券股份有限公司北京代表处 | 北京 |
| 104 | 德意志银行股份有限公司（证券业务）北京代表处 | 北京 |
| 105 | 瑞穗证券股份有限公司北京代表处 | 北京 |
| 106 | 星展亚洲融资有限公司北京代表处 | 北京 |
| 107 | 第一上海融资有限公司北京代表处 | 北京 |
| 108 | 中银国际控股有限公司北京代表处 | 北京 |
| 109 | 蒙特利尔银行利时证券公司北京代表处 | 北京 |
| 110 | 法国外贸银行（证券业务）北京代表处 | 北京 |
| 111 | 中央三井信托银行株式会社（证券业务）北京代表处 | 北京 |
| 112 | 韩国未来资产证券株式会社北京代表处 | 北京 |
| 113 | 加皇投资理财有限公司（证券业务）北京代表处 | 北京 |
| 114 | 交银国际控股有限公司（证券业务）北京代表处 | 北京 |
| 115 | 友利投资证券股份有限公司北京代表处 | 北京 |
| 116 | 城市信贷投资银行有限公司（证券业务）北京代表处 | 北京 |
| 117 | 大宇证券股份有限公司北京代表处 | 北京 |
| 118 | 现汽投资证券股份有限公司北京代表处 | 北京 |
| 119 | 布朗兄弟哈里曼（香港）有限公司北京代表处 | 北京 |
| 120 | 加拿大帝国商业银行世界市场公司（证券业务）北京代表处 | 北京 |
| 121 | 太平洋顶峰证券有限公司北京代表处 | 北京 |
| 122 | 摩乃科斯证券股份有限公司北京代表处 | 北京 |
| 123 | 富邦综合证券股份有限公司北京代表处 | 北京 |
| 124 | 施罗德集团北京代表处 | 北京 |
| 125 | 宏富投资管理有限公司北京代表处 | 北京 |
| 126 | 美国先锋投资管理公司北京代表处 | 北京 |
| 127 | 邓普顿国际股份有限公司北京代表处 | 北京 |
| 128 | 信安环球投资有限公司北京代表处 | 北京 |
| 129 | 标准人寿投资公司北京代表处 | 北京 |
| 130 | 法国巴黎资产管理有限公司北京代表处 | 北京 |
| 131 | 英国纽约银行梅隆资产管理国际有限公司北京代表处 | 北京 |
| 132 | 东方汇理基金管理公司北京代表处 | 北京 |
| 133 | 香港景顺投资管理有限公司北京代表处 | 北京 |
| 134 | 瑞银环球资产管理（香港）有限公司北京代表处 | 北京 |
| 135 | 香港摩根富林明资产管理有限公司北京代表处 | 北京 |
| 136 | 香港威灵顿环球投资管理有限公司北京代表处 | 北京 |

续表

| 序号 | 机构名称 | 辖区 |
| --- | --- | --- |
| 137 | 新加坡富敦资金管理公司北京代表处 | 北京 |
| 138 | 安智投资管理亚太（香港）有限公司北京代表处 | 北京 |
| 139 | 富达基金（香港）有限公司北京代表处 | 北京 |
| 140 | 香港贝莱德资产管理北亚有限公司北京代表处 | 北京 |
| 141 | 法盛全球资产管理公司北京代表处 | 北京 |
| 142 | 新鸿基投资服务有限公司深圳代表处 | 深圳 |
| 143 | 苏皇融资亚洲有限公司深圳代表处 | 深圳 |
| 144 | 里昂证券有限公司深圳代表处 | 深圳 |
| 145 | 兆丰资本（亚洲）有限公司深圳代表处 | 深圳 |
| 146 | 凯基证券亚洲有限公司深圳代表处 | 深圳 |
| 147 | 元富证券（香港）有限公司深圳代表处 | 深圳 |
| 148 | 金鼎综合证券（香港）有限公司深圳代表处 | 深圳 |
| 149 | 致富证券有限公司深圳代表处 | 深圳 |
| 150 | 富昌证券有限公司深圳代表处 | 深圳 |
| 151 | 宝来证券（香港）有限公司深圳代表处 | 深圳 |
| 152 | 恒生投资管理有限公司深圳代表处 | 深圳 |
| 153 | 宝来证券股份有限公司广州代表处 | 广东 |
| 154 | 新鸿基投资服务有限公司（证券业务）广州代表处 | 广东 |
| 155 | 统一综合证券股份有限公司厦门代表处 | 厦门 |
| 156 | 富邦综合证券股份有限公司厦门代表处 | 厦门 |
| 157 | 元富证券（香港）有限公司厦门代表处 | 厦门 |
| 158 | 新鸿基投资服务有限公司（证券业务）南京代表处 | 江苏 |
| 159 | 香港华富嘉洛证券有限责任公司沈阳代表处 | 辽宁 |
| 160 | 金鼎综合证券（香港）有限公司成都代表处 | 四川 |
| 161 | 结好证券有限公司宁波代表处 | 宁波 |

## 附表 8　境外交易所设立驻华代表处一览表

| 序号 | 境外交易所名称 | 序号 | 境外交易所名称 |
| --- | --- | --- | --- |
| 1 | 香港交易所 | 5 | 韩国证券期货交易所 |
| 2 | 纽约证券交易所 | 6 | 新加坡交易所 |
| 3 | 纳斯达克股票市场股份有限公司 | 7 | 伦敦交易所 |
| 4 | 东京证券交易所 | 8 | 德国德意志交易所 |

## 附表 9　在香港特别行政区设立分支机构的内地证券公司一览表

| 序号 | 公司名称 | 序号 | 公司名称 |
|---|---|---|---|
| 1 | 广发证券 | 10 | 平安证券 |
| 2 | 国泰君安 | 11 | 国信证券 |
| 3 | 国元证券 | 12 | 国都证券 |
| 4 | 海通证券 | 13 | 安信证券 |
| 5 | 华泰证券 | 14 | 东方证券 |
| 6 | 招商证券 | 15 | 中国建银投资证券 |
| 7 | 中金公司 | 16 | 长江证券 |
| 8 | 中信证券 | 17 | 光大证券 |
| 9 | 申银万国 | 18 | 银河证券 |

## 附表 10　在香港特别行政区设立分支机构的内地基金管理公司一览表

| 序号 | 公司名称 | 序号 | 公司名称 |
|---|---|---|---|
| 1 | 南方基金 | 7 | 博时基金 |
| 2 | 易方达基金 | 8 | 海富通基金 |
| 3 | 嘉实基金 | 9 | 华安基金 |
| 4 | 华夏基金 | 10 | 广发基金 |
| 5 | 汇添富基金 | 11 | 上投摩根基金 |
| 6 | 大成基金 | 12 | 国投瑞银基金 |

## 附表 11　在香港特别行政区设立分支机构的内地期货公司一览表

| 序号 | 公司名称 | 序号 | 公司名称 |
|---|---|---|---|
| 1 | 格林期货 | 4 | 中国国际期货 |
| 2 | 浙江永安 | 5 | 金瑞期货 |
| 3 | 广发期货 | 6 | 南华期货 |

## 附录 12　双边监管合作谅解备忘录一览表

| 序号 | 时间 | 境外监管机构名称 | 备忘录名称 | 签署地 |
|---|---|---|---|---|
| 1 | 1993 年 6 月 19 日 | 香港证券暨期货事务监察委员会 | 监管合作备忘录 | 北京 |
| 2 | 1994 年 4 月 28 日 | 美国证券与交易委员会 | 关于合作、磋商及技术协助的谅解备忘录 | 北京 |
| 3 | 1995 年 7 月 4 日 | 香港证券暨期货事务监察委员会 | 有关期货事宜的监管合作备忘录 | 北京 |
| 4 | 1995 年 11 月 30 日 | 新加坡金融管理局 | 关于监管证券和期货活动的相关合作与信息互换的备忘录 | 新加坡 |
| 5 | 1996 年 5 月 23 日 | 澳大利亚证券委员会 | 证券期货监管合作谅解备忘录 | 堪培拉 |
| 6 | 1996 年 10 月 7 日 | 英国财政部、证券与投资委员会 | 证券期货监管合作谅解备忘录 | 北京 |

续表

| 序号 | 时间 | 境外监管机构名称 | 备忘录名称 | 签署地 |
|---|---|---|---|---|
| 7 | 1997 年 3 月 18 日 | 日本大藏省 | 谅解备忘录 | 东京 |
| 8 | 1997 年 4 月 18 日 | 马来西亚证券委员会 | 证券期货监管合作谅解备忘录 | 北京 |
| 9 | 1997 年 11 月 13 日 | 巴西证券委员会 | 证券监管合作谅解备忘录 | 北京 |
| 10 | 1997 年 12 月 22 日 | 乌克兰证券与股市委员会 | 证券监管合作谅解备忘录 | 北京 |
| 11 | 1998 年 3 月 4 日 | 法国证券委员会 | 证券期货监管合作谅解备忘录 | 北京 |
| 12 | 1998 年 5 月 18 日 | 卢森堡证券委员会 | 证券期货监管合作谅解备忘录 | 北京 |
| 13 | 1998 年 10 月 8 日 | 德国联邦证券监管委员会 | 证券监管合作谅解备忘录 | 法兰克福 |
| 14 | 1999 年 11 月 3 日 | 意大利国家证券监管委员会 | 证券期货监管合作谅解备忘录 | 罗马 |
| 15 | 2000 年 6 月 22 日 | 埃及资本市场委员会 | 证券监管合作谅解备忘录 | 邮寄方式 |
| 16 | 2001 年 6 月 19 日 | 韩国金融监督委员会 | 证券期货监管合作安排 | 北京 |
| 17 | 2002 年 1 月 18 日 | 美国商品期货交易委员会 | 期货监管合作谅解备忘录 | 华盛顿 |
| 18 | 2002 年 6 月 27 日 | 罗马尼亚国家证券委员会 | 证券期货监管合作谅解备忘录 | 北京 |
| 19 | 2002 年 10 月 29 日 | 南非共和国金融服务委员会 | 证券期货监管合作谅解备忘录 | 比勒陀利亚 |
| 20 | 2002 年 11 月 1 日 | 荷兰金融市场委员会 | 证券期货监管合作谅解备忘录 | 邮寄方式 |
| 21 | 2002 年 11 月 26 日 | 比利时银行及金融委员会 | 证券期货监管合作谅解备忘录 | 北京 |
| 22 | 2003 年 3 月 21 日 | 加拿大证券监管机构初始参与成员 | 证券期货监管合作谅解备忘录 | 邮寄方式 |
| 23 | 2003 年 5 月 22 日 | 瑞士联邦银行委员会 | 证券期货监管合作谅解备忘录 | 邮寄方式 |
| 24 | 2003 年 12 月 9 日 | 印度尼西亚资本市场监管委员会 | 关于相互协助和信息交流的谅解备忘录 | 雅加达 |
| 25 | 2004 年 2 月 20 日 | 新西兰证券委员会 | 证券期货监管合作谅解备忘录 | 惠灵顿 |
| 26 | 2004 年 10 月 14 日 | 印度尼西亚商品期货交易监管局 | 期货监管合作谅解备忘录 | 北京 |
| 27 | 2004 年 10 月 26 日 | 葡萄牙证券市场委员会 | 证券期货监管合作谅解备忘录 | 蒙特利尔 |
| 28 | 2005 年 6 月 14 日 | 尼日利亚证券交易委员会 | 证券期货监管合作谅解备忘录 | 北京 |
| 29 | 2005 年 6 月 27 日 | 越南证券委员会 | 证券期货监管合作谅解备忘录 | 北京 |
| 30 | 2006 年 9 月 15 日 | 印度共和国证券交易委员会 | 证券期货监管合作谅解备忘录 | 北京 |
| 31 | 2006 年 9 月 20 日 | 阿根廷国家证券委员会 | 证券期货监管合作谅解备忘录 | 上海 |
| 32 | 2006 年 9 月 20 日 | 约旦证券委员会 | 证券期货监管合作谅解备忘录 | 上海 |
| 33 | 2006 年 9 月 26 日 | 挪威金融监管委员会 | 证券期货监管合作谅解备忘录 | 奥斯陆 |
| 34 | 2006 年 11 月 10 日 | 土耳其资本市场委员会 | 证券期货监管合作谅解备忘录 | 伊斯坦布尔 |
| 35 | 2006 年 11 月 21 日 | 印度远期市场委员会 | 商品期货监管合作谅解备忘录 | 新德里 |
| 36 | 2006 年 12 月 6 日 | 阿联酋证券商品委员会 | 证券期货监管合作谅解备忘录 | 邮寄方式 |
| 37 | 2007 年 4 月 12 日 | 泰国证券交易委员会 | 证券期货监管合作谅解备忘录 | 孟买 |
| 38 | 2008 年 1 月 15 日 | 列支敦士登金融管理局 | 证券期货监管合作谅解备忘录 | 北京 |
| 39 | 2008 年 1 月 24 日 | 蒙古金融监督委员会 | 证券监管合作谅解备忘录 | 北京 |

续表

| 序号 | 时间 | 境外监管机构名称 | 备忘录名称 | 签署地 |
|---|---|---|---|---|
| 40 | 2008 年 8 月 8 日 | 俄罗斯联邦金融市场监督总局 | 证券期货监管合作谅解备忘录 | 北京 |
| 41 | 2008 年 9 月 27 日 | 迪拜金融服务局 | 证券期货监管合作谅解备忘录 | 迪拜 |
| 42 | 2008 年 10 月 23 日 | 爱尔兰金融服务监管局 | 证券期货监管合作谅解备忘录 | 北京 |
| 43 | 2008 年 10 月 30 日 | 奥地利金融市场管理局 | 证券期货监管合作谅解备忘录 | 邮寄方式 |
| 44 | 2009 年 10 月 6 日 | 西班牙国家证券市场委员会 | 证券期货监管合作谅解备忘录 | 巴塞尔 |
| 45 | 2009 年 11 月 16 日 | 中国台北金融监督管理委员会 | 海峡两岸证券及期货监督管理合作谅解备忘录 | 邮寄方式 |
| 46 | 2010 年 1 月 26 日 | 马耳他金融服务局 | 证券期货监管合作谅解备忘录 | 瓦莱塔 |
| 47 | 2010 年 5 月 5 日 | 科威特股票交易所委员会 | 证券期货监管合作谅解备忘录 | 科威特城 |
| 48 | 2010 年 12 月 17 日 | 巴基斯坦证券交易委员会 | 证券期货监管合作谅解备忘录 | 伊斯兰堡 |

# 联系方式

### 中国证券监督管理委员会

总　　机：010－88061000
主席热线：010－66210182
投诉电话：010－88060124
传　　真：010－66210119
电子邮件：csrcbgt@ csrc. gov. cn
网　　址：www. csrc. gov. cn
地　　址：北京市西城区金融大街19号富凯大厦A座（100033）

### 中国证券登记结算有限责任公司

联系电话：010－58598888
传　　真：010－66210938
电子邮件：zbshi@ chinaclear. com. cn
网　　址：www. chinaclear. com. cn
地　　址：北京市西城区金融街27号投资广场22－23层（100140）

### 中国证券业协会

联系电话：010－66575897
传　　真：010－66575991
电子邮件：ird@ sac. net. cn
网　　址：www. sac. net. cn
地　　址：北京市西城区金融大街19号富凯大厦B座2层（100033）

### 中国期货业协会

联系电话：010－88087239
传　　真：010－88087060
电子邮件：cfa@ cfachina. org
网　　址：www. cfachina. org
地　　址：北京市西城区金融街33号通泰大厦C座8层（100140）

### 上海证券交易所

联系电话：021－68808888
传　　真：021－68804868
电子邮件：webmaster@ secure. sse. com. cn
网　　址：www. sse. com. cn
地　　址：上海市浦东南路528号证券大厦（200120）

### 深圳证券交易所

联系电话：0755－82083333
传　　真：0755－82083947
电子邮件：cis@ szse. cn
网　　址：www. szse. cn
地　　址：广东省深圳市深南东路5045号（518010）

### 中国金融期货交易所

联系电话：021－50160666
传　　真：021－50160618
电子邮件：rd@ cffex. com. cn
网　　址：www. cffex. com. cn
地　　址：上海市浦东新区世纪大道1600号浦项广场6楼（200122）

### 上海期货交易所

联系电话：021－68400000
传　　真：021－68401198
电子邮件：info@ shfe. com. cn
网　　址：www. shfe. com. cn
地　　址：上海市浦东新区浦电路500号（200122）

### 大连商品交易所

联系电话：0411－84808888
传　　真：0411－84808588
电子邮件：dce@ dce. com. cn
网　　址：www. dce. com. cn
地　　址：辽宁省大连市会展路129号（116023）

### 郑州商品交易所

联系电话：0371－65610069
传　　真：0371－65613068
电子邮件：zhaorong@ czce. com. cn
网　　址：www. czce. com. cn
地　　址：河南省郑州市未来大道69号（450008）

### 中国证券投资者保护基金有限责任公司

联系电话：010－66580788
传　　真：010－66580616
电子邮件：tzzbhw@ sipf. com. cn
地　　址：北京市西城区金融大街5号新盛大厦B座22层（100033）

### 中国期货保证金监控中心有限责任公司

联系电话：010－66555088
传　　真：010－66555038
网　　址：www. cfmmc. com
地　　址：北京市西城区金融大街5号新盛大厦B座17层（100033）

# 后　记

在《中国证券监督管理委员会年报》（2010）的编写过程中，我们得到了中国证监会领导的关心和指导，也得到了会内外有关单位的大力支持和配合，他们为我们提供了大量资料。在此，我们诚挚地感谢中国证监会会机关各部门及年报写作小组全体成员为年报的如期付梓作出的辛苦努力；还要特别感谢年报领导小组的各位成员对有关内容提出了中肯的意见和建议。另外，中国财政经济出版社在年报的编辑、出版及发行过程中也给了我们大力支持，在此表示衷心感谢。

作为统稿者和译校人员，我们深知年报质量还有不断提高的余地。若对年报内容有何疑问、意见或建议，欢迎发送邮件至中国证监会国际合作部（intl@csrc.gov.cn），我们将及时给予反馈。感谢以下人员对年报编写工作作出的贡献：

年报领导小组：　童道驰（组长）

赵争平　刘春旭　张思宁　谢　庚　黄红元　杨　华
王　林　宋安平　季向宇　刘洪涛　黄　炜　焦津洪
孙树明　高卫兵　瞿秋平　谢世坤　韩　萍　华一沨
卢嘉红

年报写作小组（按姓氏笔画排序）：

丁　韬　毛　君　王长河　王文胜　田　斌　刘世盛
刘秀毓　刘春波　孙念瑞　孙　磊　杨智颖　杨艺新
李宇浩　李　明　李坤坤　李筱强　李　嘉　吴国舫
何　勤　邱昱芳　张　达　张育斌　陆　芳　陈东升
陈华文　林丽霞　范雅婷　岳新宇　竺　煜　周　璇

庞魁霞 郑 凯 项春生 胡孝勤 赵 静 姜 洁

祝 欢 顾顶远 高润恒 倪改琴 景 艳

中国证监会国际合作部

2011 年 6 月

# China Securities Regulatory Commission Annual Report

## (2010)

By CSRC

# Contents

## Tables

# Chairman's Message

**Mr. SHANG Fulin**
**Chairman of CSRC**

The year 2010 witnessed global efforts in stabilizing financial markets on an unprecedented scale and in enhancing collaboration on cross-border securities activities. In china, it has been more challenging than ever before. As the last year of the 11th Five-year Plan, 2010 enfolded the most complicated economic landscape in China since we entered the 21st century. The China Securities Regulatory Commission (CSRC) successfully tided over all the difficulties and fulfilled its regulatory objectives in protecting investors, promoting fair, efficient and transparent markets, and preventing systemic risks.

The past year commemorated the 20th anniversary of China's capital market. In reflection, we were not complacent at the achievements we had made. Regulatory reforms remained the centerpiece of our domestic regulation/supervision and international cooperation in 2010. As the sole regulator of china's securities and futures markets, the CSRC adopted a series of reform initiatives based on careful studies and full consultations.

On March 31, 2010, the CSRC introduced a pilot program which allows securities firms to start margin trading business. In April, the first financial derivatives instrument, CSI300 Index, was introduced on China Financial Futures Exchange (CFFEX). In the backdrop of increasing mergers and acquisitions on the markets, the CSRC, aligned with other four government agencies, launched an enforcement campaign on cracking down insider trading. Initiatives aiming to develop the bond market, such as encouraging return of commercial banks to the exchange-based bond market and insurance companies to quote their corporate bonds on the exchanges, were also welcomed by the investors and market participants. Details of other reform measures can be found in this *Annual Report.*

On the international front, the CSRC has committed to participating in the major endeavors and activities of international organizations and actively collaborating with overseas governments and authorities in regulating cross-border securities activities. As a member of the IOSCO, the CSRC in the past year continued to actively engage in various IOSCO matters, attending IOSCO meetings and research activities of various standing committees, working groups and task forces. Meanwhile, as the host of 2012 IOSCO Annual Conference, the CSRC staff started preparations for the Conference to make it a rewarding and memorable event.

The CSRC also received FSAP missions on assessing China's implementation of IOSCO *Objectives and Principles on Securities Regulation.* In preparing our *Self-assessment Report* and meeting with FSAP experts, we felt reconfirmed that all markets, despite variance in maturity and complexity, share many commonalities. China's market has already be an integral part of the global market. Although it will still take some time for the international community to fully understand our market situations, we have been serious in implementing international standards, while as appropriate, taking into consideration China's market structure and unique circumstances.

In conclusion, by implementing a package of initiatives addressing the international financial crisis, reinforcing market infrastructures, enhancing supervisory efficiency, nurturing and improving market mechanism, and pursuing financial innovations, we succeeded in restoring investor confidence and maintaining sound market operations in 2010. The capital market achieved its due contributions to the sound and stable growth of China's national economy. Such achievement will surely help lay a solid foundation for the upcoming $12^{th}$ Five-year Plan.

Looking into 2011, there remain challenges and difficulties before us. We will work with dedication, perseverance and professionalism as usual. We will collaborate with other Chinese government agencies and international peers to make China's capital market a sound and stable investment destination for investors from both home and abroad.

尚福林

SHANG Fulin

Chairman

# 1. Overview of the CSRC

China Securities Regulatory Commission (CSRC) was established in October 1992. As a ministry-level government agency, the CSRC is under direct leadership of the State Council, the Chinese cabinet. With due authorization of the State Council, the CSRC carries out regulation and supervision of the securities and futures markets nationwide according to the *Securities Law*, the *Securities Investment Fund Law*, the *Regulations on the Administration of Securities Companies*, the *Regulations on Administration of Futures Trading* and other applicable laws and regulations.

Headquartered in Beijing, the CSRC comprises 21 functional departments, 4 affiliated institutions and 4 special committees. Its senior management consists of Chairman, 5 Vice Chairmen and 3 Assistant Chairmen. The CSRC also has 36 regional offices located in various provinces, autonomous regions, municipalities and independent-budget cities and 2 securities supervision offices stationed at Shanghai and Shenzhen Stock Exchanges respectively (see Figure 1-1 CSRC Organization Chart).

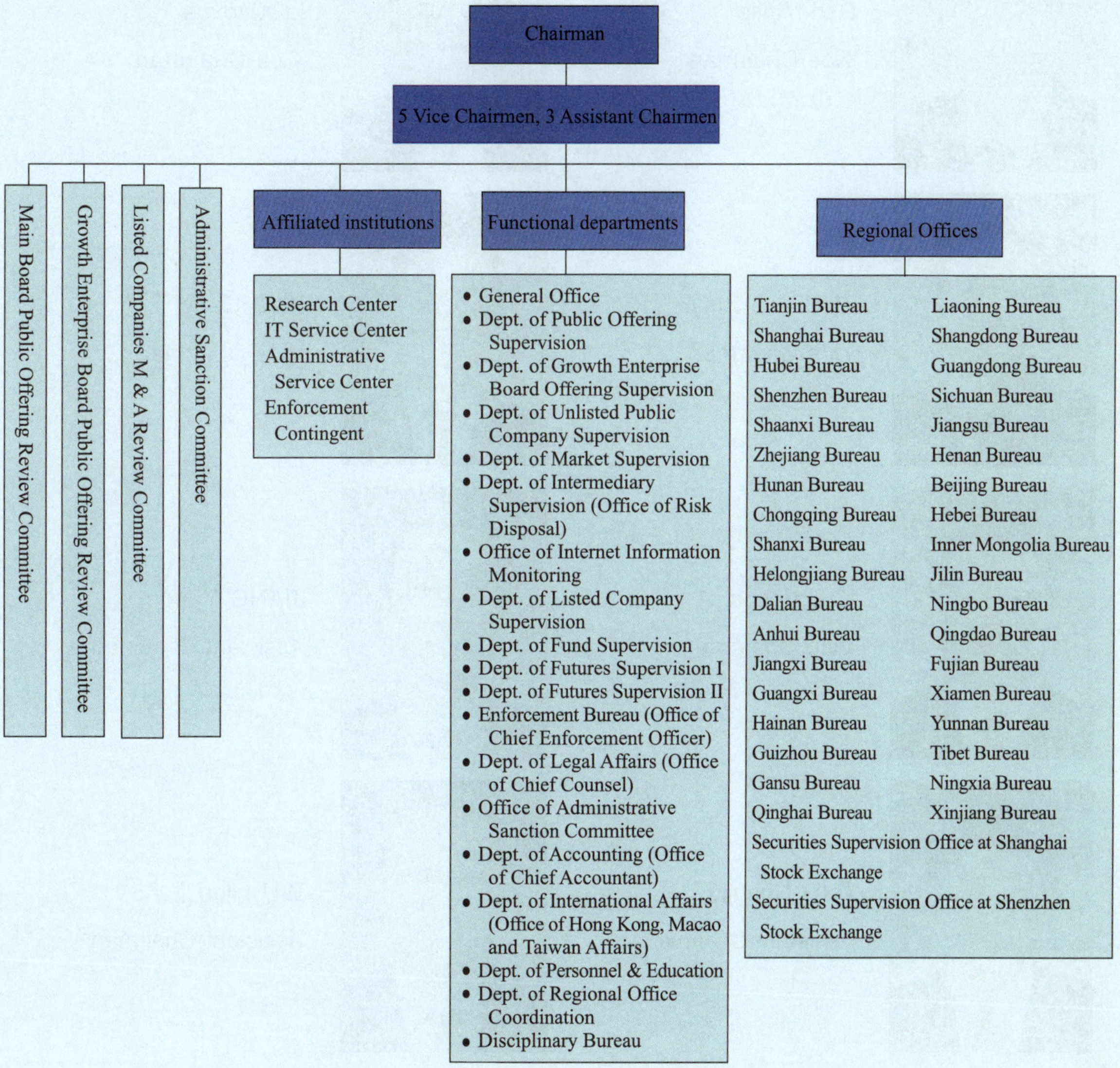


**Figure 1-1 CSRC Organization Chart**

## 1.1 Senior Management

SHANG Fulin

Chairman

GUI Minjie

Vice Chairman

LI Xiaoxue

Vice Chairman

ZHUANG Xinyi

Vice Chairman

YAO Gang

Vice Chairman

LIU Xinhua

Vice Chairman

JIANG Yang

Assistant Chairman

ZHU Congjiu

Assistant Chairman

WU Lijun

Assistant Chairman

## 1.2 International Advisory Council (IAC)

The International Advisory Council (IAC) of the CSRC was set up in June 2004 upon the approval of the State Council. The IAC is tasked with keeping CSRC up-to-date with the latest development and trends of overseas securities markets and advising the CSRC on how to further open up China's securities market and bolster its sound development. As an ad-hoc advisory body, the IAC is chaired by the CSRC Chairman and has one vice chairman. Members of the council include former senior executives of securities regulators in major international markets, industry leaders and luminaries from the academia. By the end of 2010, the IAC had comprised 13 members, including 12 from other jurisdictions. According to its *Terms of Reference*, IAC members from other jurisdictions shall serve a term of two years, which may be renewed by the Chairman.

### Chairman

Mr. SHANG Fulin
Chairman, CSRC

### Vice Chairman

Mrs. Laura M. CHA SBS, JP
Former Vice Chairman, CSRC
Former Vice Chairman, Securities and Futures Commission, Hong Kong (SFC)

### Members (in alphabetical order of family names)

Mr. Thaddeus T. BECZAK
Chairman, Latitude Capital Group
Former Member of Advisory Committee, Hong Kong SFC

Mr. Alan CAMERON
Former Chairman, Australian Securities and Investment Commission
Former Chairman, Executive Committee of IOSCO

Mr. Linin DAY
Former Chairman, Securities and Exchange Commission (presently known as Financial Supervisory Commission), Chinese Taipei

Mr. Peter J. DEY
Former Chairman, Ontario Securities Commission, Canada
Former Chairman, Morgan Stanley Canada Limited

Mr. William DONALDSON
Former Chairman, U.S. Securities and Exchange Commission
Former Chairman and CEO, New York Stock Exchange

Mr. Hasung JANG
Dean and Professor of Finance, Business Scholl of Korea University
Advisor, Financial Supervisory Commission, Korea

Mr. Anthony F. NEOH

Former Chief Advisor, CSRS

Former Chairman, Securities and Futures Commission of Hong Kong (SFC)

Mr. Michel PRADA

Former Chairman, Autorité des Marchés Financiers (A. M. F.), France

Former Chairman, Executive Committee of IOSCO

Former Chairman, Technical Committee of IOSCO

Mr. John L. THORNTON

Professor, Tsinghua University, China Director, HSBC Holdings plc

Former President and Co-Chief Operating Officer, Goldman Sachs Group. Inc.

Mr. John S. WADSWORTH, Tr.

Honorary Chairman, Morgan Stanley Asia Limited

Mr. Weiguo ZHANG

Full-Time Member, International Accounting Standards Board (IASB)

Former Chief Accountant, Director-General of Department of Accounting & Department of International Affairs, CSRC

## 1.3 Funding

All revenue and expenditure of the CSRC are included into the fiscal budget of the central government. That is, the supervision fees levied by the CSRC on securities and futures market participants are paid directly into the national Treasury, and expenditure of the CSRC is covered by budgetary appropriation.

## 1.4 Human Resources

By the end of 2010, the CSRC had employed 2,589 staff, of which 699 or 26.9% worked in the Beijing headquarters and the rest 1,890 or 73.1% in regional offices. The CSRC is staffed with highly educated young professionals with an average age of 34.6 years. In terms of education background, 95.2% of the staff held a bachelor's degree or above, among which 74.4% were based in the Beijing headquarters, including 18.9% that held a Ph. D. degree.

## 1.5 Statutory Regulatory Duties

**1.5.1 Article 179 of the *Securities Law*:** the CSRC shall perform the following functions in exercising regulation on the securities market:

- Formulating, according to law, rules and regulations concerning the supervision of the securities market and lawfully exercising its power of approval or authorization;
- Supervising, according to law, offering, listing, trading, registration, depository, clearing and settlement of securities;
- Supervising, according to law, business activities of securities issuers, listed companies, securities companies, securities investment fund management companies, securities service providers, stock exchanges, securities

registration and clearing institutions;

- Formulating, according to law, qualification criteria and codes of conduct for securities practitioners, and supervising the implementation thereof;
- Supervising and inspecting, according to law, information disclosure in connection with securities offering, listing and trading;
- Guiding and supervising activities of the securities industry association according to law;
- Investigating and penalizing violations of laws and administrative regulations concerning supervision of the securities market; and
- Other duties prescribed by laws and administrative regulations.

The CSRC may establish cooperative mechanisms with securities regulators in other jurisdictions and conduct cross-border supervision and enforcement.

**1.5.2 Article 76 of the *Securities Investment Fund Law*:** the CSRC shall perform the following functions in exercising regulation on the securities investment fund market:

- Formulating, in accordance with law, rules and regulations on supervision of the activities of securities investment funds and exercising the power of approval or authorization;
- Handling registration of funds;
- Supervising and regulating the activities of securities investment funds by fund managers, fund custodians and other institutions, and investigating into and penalizing violations of laws and making the violations and penalties known to the public;
- Formulating professional qualifications and code of conduct for fund employees and supervising the implementation thereof;
- Supervising and inspecting disclosure of fund-related information;
- Providing guidance to and supervising the activities of fund association; and
- Other duties prescribed by laws and administrative regulations.

**1.5.3 Article 50 of the *Regulations on Administration of Futures Trading*:** the CSRC shall perform the following functions in exercising regulation on the futures market:

- Formulating rules and regulations for supervision of the futures market and exercising the power of examination and approval in accordance with law;
- Supervising and regulating the listing, trading, clearing and delivery of futures products and other relevant activities;
- Supervising and regulating the business activities of futures exchanges, futures companies and other agencies dealing with futures businesses' non-futures-company clearing members, monitoring institutions of the safekeeping of futures margins, depository banks of futures margins and delivery warehouses;
- Formulating qualification criteria and management measures for the employees of futures business and supervising the implementation thereof;
- Supervising and inspecting the information

disclosure of futures trading;

- Providing guidance to and supervising the activities of the futures industry association;
- Investigating and penalizing violations of the laws and administrative regulations on supervision and regulation of the futures market;
- Carrying out international exchanges and cooperation on the supervision and regulation of futures market; and
- Other duties prescribed by laws and administrative regulations.

## 1.6 Statutory Regulatory Measures

**1.6.1 Article 180 of the *Securities Law*:** the CSRC in the discharge of its statutory duties regarding supervision and regulation of the securities market shall have the right to take the following measures:

- Carring out on-site inspections on securities issuers, listed companies, securities companies, securities investment fund management companies, securities service providers, stock exchanges and securities registration and clearing institutions;
- Entering the site where a suspected illegal act has been committed to investigate and obtain evidence;
- Questioning the parties concerned and any entity or individual involved in the matter under investigation, and requiring them to provide explanations in respect of the matter under investigation;
- Checking and making copies of property rights registrations and communication records among other data in connection with the event under investigation;
- Checking and making copies of the securities trading records, records of securities registrations and transfers, financial and accounting information and other relevant documents and materials of the parties concerned and any entity or individual involved in the event under investigation, and sealing up documents or materials likely to be transferred, concealed or destroyed;
- Examining the capital accounts, securities accounts and bank accounts of the parties concerned and any entity or individual involved in the event under investigation, and if there is evidence to substantiate signs of transfer or concealment of illegal funds, securities and other assets related in the case have been or may be transferred or concealed or key evidence has been or may be concealed, forged or destroyed, freezing or sealing up the accounts upon due approval of the CSRC senior leaders; and
- Restricting, upon due approval of the CSRC senior leaders, securities trading of the parties concerned for the purpose of investigating major illegal securities activities, such as market manipulation and insider trading, for a period of up to 15 trading days, which may be extended by another 15 trading days as required in complicated cases.

**1.6.2 Article 77 of the *Securities Investment Fund Law*:** the CSRC in the discharge of its statutory duties regarding supervision and regulation of the securities investment fund market shall have the right to take the following measures:

- Entering the premises where illegal activities took place in order to conduct investigation and collect evidence;
- Questioning the parties concerned and any entity or individual involved in the matter under investigation, and requiring them to provide explanations in respect of the matter under investigation;
- Checking and making copies of the records of securities transactions, records of securities registrations and transfers, financial and accounting information and other related documents and information of the parties concerned and any entity or individual involved in the matter under investigation, and sealing up the documents and information which are likely to be transferred or concealed;
- Checking the capital accounts, securities accounts or fund accounts of the parties concerned and any entity or individual involved in the matter under investigation, and where there is evidence to show signs of transfer or concealment of illegal funds and securities, applying to a judicial authority for freezing the accounts in question; and
- Any other measure prescribed by laws and administrative regulations.

**1.6.3 Article 51 of the *Regulations on Administration of Futures Trading*:** the CSRC in the discharge of its statutory duties regarding supervision and regulation of the futures market shall have the right to take the following measures:

- Conducting on-site inspections of futures exchanges, futures companies as well as futures business institutions, non-futures-company clearing members, monitoring institutions for the safekeeping of futures margins and delivery warehouses;
- Entering the premises where suspected illegal activities took place in order to conduct investigation and collect evidence;
- Questioning the parties and any entity or individual involved in the matter under investigation, and requiring them to provide explanations in respect of the matter under investigation;
- Checking and making copies of such materials as registration of property rights which are related to the matter under investigation;
- Checking and making copies of the futures trading records and financial and accounting data of the parties and of the entity or individuals involved in the matter under investigation, as well as other relevant documents and materials; and sealing up the documents or materials which are likely to be transferred, concealed, or destroyed;
- Inquiring about the margins accounts and the bank accounts of the entities involved in the matter under investigation;

- Restricting, upon due approval of the CSRC senior leaders, futures trading of the parties concerned for the purpose of investigating major illegal activities, such as market manipulation and insider trading, for a period of 15 trading days at most, which may be extended to 30 trading days as required in complicated cases;
- Any other measure prescribed by laws or administrative regulations.

## 1.7 Regulatory Framework

China adopts a sector-based regulation model for its financial industry, with securities, banking, insurance and trust sectors under separate supervision by the CSRC, China Banking Regulatory Commission (CBRC) and China Insurance Regulatory Commission (CIRC) respectively.

As authorized by the State Council, the CSRC performs centralized regulation on the nation's securities and futures markets. The CSRC headquarters is tasked with formulating, revising and amending laws and regulations on the securities and futures markets; making market development plans; granting approval for some major items; guiding and coordinating efforts in risk management; organizing the investigation of and sanction against major market abuses as well as guiding, inspecting, overseeing and coordinating supervision efforts nationwide. The regional offices are responsible for front-line regulation within the provincial-level jurisdictions by focusing on the following three aspects: 1) to gain a deeper understanding of the local market and identify and address risks therein; 2) to exercise ongoing supervision through both on-site and off-site inspections and to reinforce market infrastructure to promote compliance of market participants; and 3) to crack down, as directed by the headquarters, on market abuses in the securities and futures sectors and to protect investors' interests.

Constituting as an important part of the regulatory framework, the self-regulatory organizations (SROs) supplements greatly the efforts of the CSRC. By far, the SROs in China include securities and futures exchanges, the Securities Association of China (SAC), China Futures Association (CFA), China Securities Depository & Clearing Corporation Limited (SD&C), China Securities Investor Protection Funds Corporation Limited (SIPF) and China Futures Margin Monitoring Center Corporation Limited (CFMMC), which conduct self-regulation and front-line supervision over securities trading activities of their members or listed companies.

# 2. Overview of China's Capital Market[①] in 2010



① This Annual Report does not cover the securities markets in Hong Kong SAR, Macau SAR and Taiwan Province of China.

The reform and opening up campaign, since its commencement in the late 1970s, has been the major driving force behind the evolution of China's capital market. In 1990, the Shanghai Stock Exchange and the Shenzhen Stock Exchange were established, marking the formation of a national capital market. In the following 20 years, the fledgling market has enjoyed rapid growth in tandem with the incremental development of China's market economy. With market size steadily expanding, institutional mechanisms continuously improving, financial institutions becoming more competitive and investors more sophisticated, China's capital market has developed into a market place whose legal system, trading rules and regulatory framework are increasingly aligned with international standards.

There are two stock exchanges (Shanghai Stock Exchange(SHSE) and Shenzhen Stock Exchange (SZSE)), three commodity futures exchanges (Dalian Commodity Exchange, Shanghai Futures Exchange and Zhengzhou Commodity Exchange) and one financial futures exchange (China Financial Futures Exchange). China is committed to building a multi-tiered securities market which consists of a main board (including the Small and Medium Enterprise Board), Growth Enterprise Board (GEB) and Stock Transfer Agent System (an over-the-counter share transfer system). By far, the main board, the GEB and the stock transfer agent system are operating smoothly.

At present, securities products available in China include stocks, bonds, securities investment funds, warrants and commodity futures. Stocks are divided into A-shares, B-shares and H-shares while bonds are divided into T-bonds, financial bonds, corporate bonds, enterprise bonds, convertible bonds and asset-backed securities. Methods of bond trading include spot trading and repo trading.

---------------------------- Glossary 1 ----------------------------

**A-shares:** RMB-denominated ordinary shares issued by PRC-incorporated companies and traded on the Shanghai and Shenzhen Stock Exchanges. Trading of A-shares is restricted to investors from Mainland of China who are either institutions or individuals.

**B-share:** RMB-denominated shares issued by PRC-incorporated joint stock companies and traded on the Shanghai Stock Exchange and Shenzhen Stock Exchange. B-shares are subscribed to and traded in foreign currencies.

**H-shares:** Literally refers to shares issued by PRC-incorporated companies and listed on the Hong Kong market. It also refers to shares listed on other overseas markets such as US, UK and Singapore, etc.

## 2.1 Equity Offering

### 2.1.1 A-shares

Proceeds raised in China's domestic equity market in 2010 hit RMB 1,027.521 billion through the issuance of A-share stocks, bonds and warrants by 531 companies (See Figure 2-1). The figure included RMB 488.258 billion from A-share initial public offerings (IPOs) by 347 companies (the size of which ranked first in the world), RMB 217.268 billion from private placement by 116 listed companies, RMB 37.715 billion from public follow-on offerings by 10 listed companies and RMB 143.822 billion from rights issues by 18 listed companies, and RMB 8.428 billion from exercise of warrants by 7 listed companies. Moreover, 8 listed companies raised RMB 71.73 billion through issuance of convertible bonds or warrant bonds; 25 listed companies raised RMB 60.3 billion by issuing corporate bonds.

In 2010, 117 companies made their IPOs and got listed on the GEB, raising RMB 96.341 billion in total (See Figure 2-2).

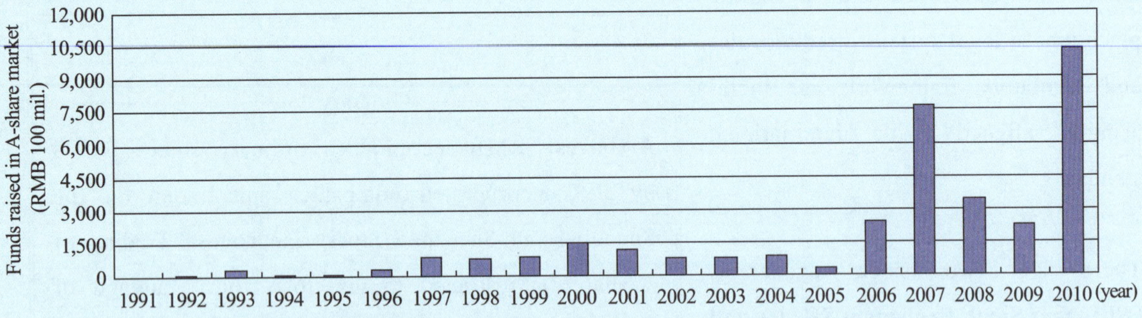


Figure 2-1 Annual Proceeds from the A-share market (1991 to 2010)

Funds raised in A-share market (RMB 100 mil.)

Notes: 1. The proceeds from the A-share Market here refer to the capital raised in A-share Market by means of IPO, follow-on offerings and rights issues.

2. Source: CSRC.

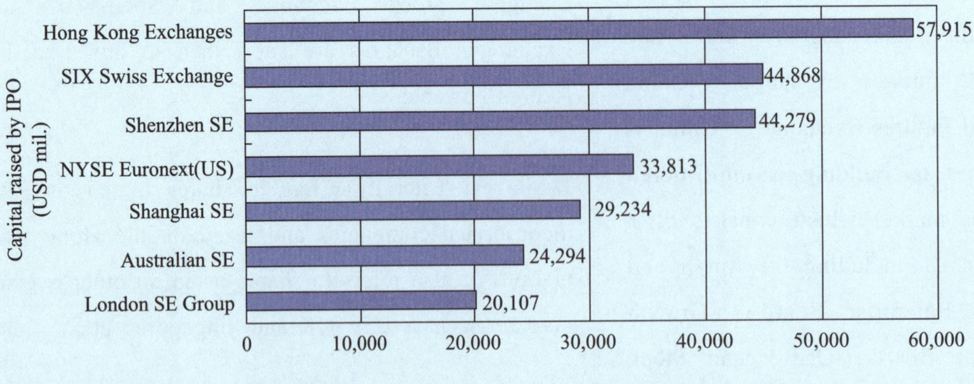


Figure 2-2 IPO Proceeds in 2010 by Exchange

Notes: 1. IPO Proceeds here are calculated according to the status of the companies.

2. Source: World Federation of Exchanges (WFE).

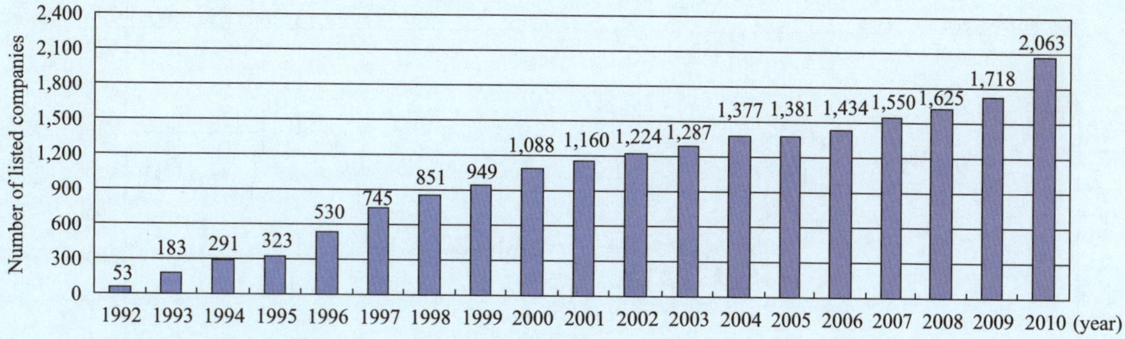


Figure 2-3 The Number of Listed Companies (1992 - 2010)

Source: CSRC.

### 2. 1. 2 H-shares

H-share companies raised a total of USD 35. 38 billion through overseas offerings in 2010, an increase of 125% from USD 15. 714 billion in 2009. Of the USD 35. 38 billion, USD 17. 75 billion and USD 17. 63 billion came from IPOs and follow-on offerings respectively.

By the end of 2010, a total of 166 domestically incorporated Chinese companies had been listed in overseas markets, raising USD 163. 16 billion. Of the 166 companies, 128 were listed on the HKEx main board (including 10 cross-listings in New York, 4 in London, and 1 in New York and London), 35 on the HKEx GEM and 3 in Singapore. As of 2010, a total of 67 H-share companies had also issued A-shares in the Chinese mainland.

## 2. 2 Equity Market

China's equity market climbed up after a rather dismal beginning in 2010. Turnover in equity market experienced a moderate increase when compared with that of 2009. The CSI 300 Index opened the year at 3, 592. 47 points and closed at 3, 128. 26 (See Figure 2 - 4) with a decrease of 12. 51% compared with the figure at the end of 2009. The Shanghai Composite Index opened the year at 3, 289. 75 points and decreased 14. 31% to end the year at 2, 808. 08 points. The Shenzhen Composite Index opened the year at 1, 207. 33 points and went up 7. 45% to finish the year at 1, 290. 87 points. Total equity turnover value and average daily turnover value in 2010 were RMB 54. 56 trillion and RMB 225. 468 billion respectively, up 1. 80% and 2. 64% from 2009 (See Figure 2 - 5). The stamp duty collected from stock trading from January through December in 2010 totaled RMB 54. 564 billion, up 1. 80% from the previous year.

China's equity market has gained solid growth momentum from the effective implementation of the stimulus package, introduced by the Central Government to address the financial crisis. With stable and healthy operation, the equity market has been expanding steadily and functioning

Figure 2-4　CSI 300 Index in 2010

Source: Wind.

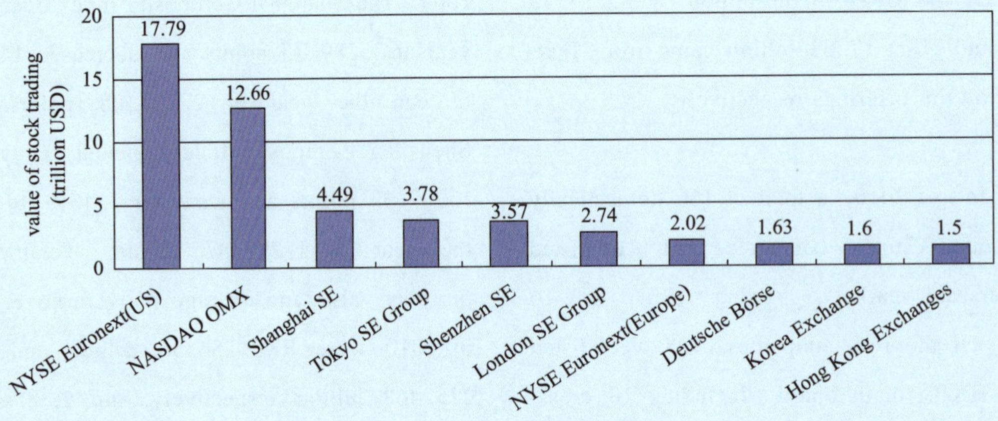


Figure 2-5　Equity Turnover Value in 2010 by Exchange

Source: World Federation of Exchanges (WFE).

better, which made due contribution to the country's steady and rapid economic development. As of 2010, there were 2,063 companies listed on the Shanghai Stock Exchange and the Shenzhen Stock Exchange, and the total market capitalization and free-float capitalization reached RMB 26.54 trillion(66.7% of the GDP of fiscal year of 2010) and RMB 19.31 trillion respectively, representing an increase of 8.81% and 27.67% from the end of 2009. While reviewing the performance of 2010, what deserves a special mention is the buoyant growth of the SME board and the GEB whose market capitalization arrived at RMB 3,536.461 billion and RMB 710.396 billion respectively (see Figure 2-6 and Figure 2-7).

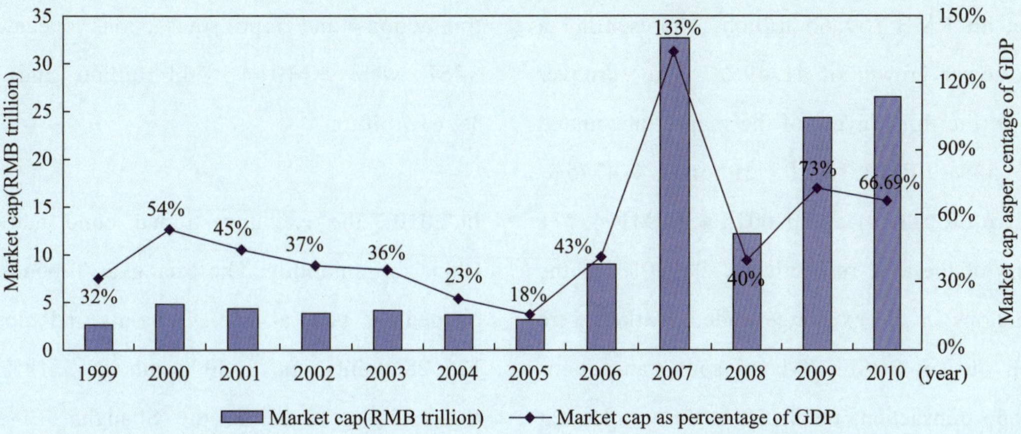


Figure 2-6 Market Capitalization and as a Percentage of GDP (1999 - 2010)

Source: Wind.

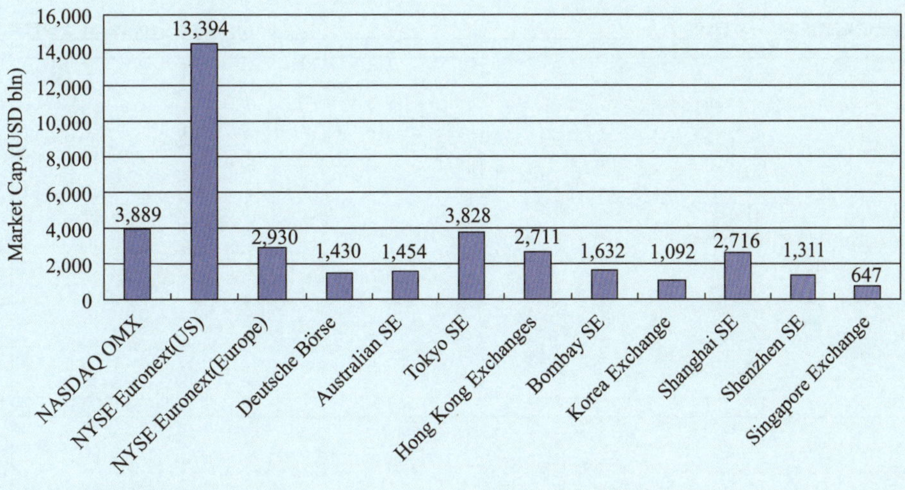


Figure 2-7 Market Capitalization by Exchange (by the end of 2010)

Source: World Federation of Exchanges (WFE).

## 2.3 Exchange-traded Bond Market[①]

China's bond market comprises an inter-bank market, an exchange-traded market and a commercial bank OTC market. The outstanding balance of China's bond market reached RMB 19.72 trillion at the end of 2010, 10.93% up from one year earlier. Tradable bonds on these three types of market were worth RMB 18.88 trillion, RMB 670 billion and RMB 170 billion respectively, accounting for 95.72%, 3.41% and 0.87% of all bonds outstanding.

In 2010, the total turnover value of China's bond

① Source: Shanghai SE, Shenzhen SE & www.chinabond.com.cn.

market hit RMB 169.66 trillion, representing a year-on-year growth of 41.49%. The turnover value of the three layers of the market accounted for 95.52% (RMB 162.05 trillion), 4.4775% (RMB 7.60 trillion) and 0.0025% (RMB 4.171 billion) of the total respectively. 98.30% of the transactions in the exchange-traded market were carried out on SHSE. T-bond spot transactions and repo transactions on SHSE in the whole year of 2010 reached RMB 470.794 billion and RMB 7,001.197 billion respectively. T-bond spot transactions and repo transactions executed on SZSE were RMB 93.543 billion and RMB 35.616 billion.

In 2010, the exchange-traded bond market in China ran smoothly. The Shanghai T-bond Index opened the year at 122.39 points and closed at 126.28 points, up 3.89 points or 3.18% (See Figure 2 - 8); while the Shanghai Enterprise Bond Index opened at 133.61 points and closed at 143.45 points, rising 9.84 points or 7.36%.

Figure 2-8 Shanghai T-Bond Index in 2010

Source: Wind.

## 2.4 Warrant Market

At the end of 2010, there was still one call warrant that was still outstanding warrant. In 2010, the turn-over value of the warrant market amounted to RMB 1.50 trillion, 72.06% down from that of 2009. The average daily turnover value in 2010 was RMB 6.193 billion, lower than the RMB 21.986 billion of 2009. Total market capitalization dropped to RMB 1.451 billion from RMB 20.927 billion at the end of 2009.

## 2.5 Futures Market

Listing of new futures varieties progressed at a steady pace. In addition to the 23 commodity futures products, the first financial futures product-contract on CSI 300 Stock Index Futuresgot listed and traded on China Financial Futures Exchange (CFFEX) on April 16, 2010, adding the total futures varieties in China to 24 (Futures Products Traded in China see Table 2-1).

**Table 2-1 Futures Products Traded in China**

| Exchange | Futures Products |
|---|---|
| Shanghai Futures Exchange | Copper, aluminum, natural rubber, fuel oil, zinc, gold, steel rebar, steel wire rod |
| Zhengzhou Commodity Exchange | Hard white wheat, strong gluten wheat, cotton, white sugar, PTA, rapeseed oil, early long-grain non-glutinous rice |
| Dalian Commodity Exchange | Soybean No. 1, soybean No. 2, corn, soybean meal, soybean oil, LLDPE, RBD palm oil and PVC |
| China Financial Futures Exchange | CSI 300 Stock Index Futures |

Source: Websites of the four futures exchanges in China.

In 2010, despite the complex economic situation internationally and domestically, the commodity futures market in China maintained its upside momentum. Turnover through the whole year reached 1.57 billion lots in volume and RMB 154.6 trillion in value, representing a year-on-year growth of 45.25% and 136.85% respectively. 1.52 billion lots of commodity futures were traded with a turnover value of RMB 113.49 trillion, an increase of 40.99% in volume and 73.92% in value respectively, and 460 million lots of stock index futures were traded with a turnover value of RMB 41.7 trillion. The trading volume of commodity futures in China exceeded half of the world's total in 2010, reinforcing China's position as the largest commodity futures market across the globe.

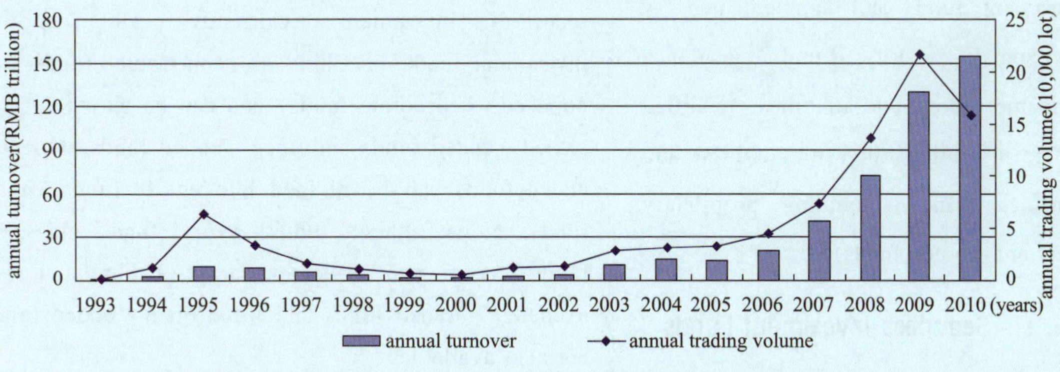


Figure 2-9 Turnover Value and Trading Volume of China's Futures Market (1993-2010)

Source: CSRC.

## 2. 6 Institutional Investors

The past few years have witnessed a tremendous growth in the number of securities investors. China's capital market has become an important platform for the public to manage their wealth. At the end of 2010, investor accounts totaled 189 million, an increase of 17. 086 million or 9. 96% compared with that at the end of 2009. The number of institutional investor accounts amounted to 642, 000, while individual investor accounts were over 188 million. Shares held by institutional investor accounts made up nearly 70. 9% of the total free-float market capitalization.

Expanding the institutional investor pool has been one of the key tasks for the CSRC in its efforts to reform and develop China's capital market. The steady growth of the market in the past few years has nurtured a consortium of institutional investors, which are led by securities investment funds and supplemented by the Social Security Fund, insurance companies, corporate annuities, qualified foreign institutional investors (QFIIs) and securities firms (including proprietary funds and pooled funds).

### 2. 6. 1 Securities Investment Funds

By the end of 2010, 63 fund management companies had been set up, managing 704 securities investment funds with a total net asset value (NAV) of RMB 2. 52 trillion, RMB 156. 5 billion or 5. 85% less than that at the beginning of the year, representing 13. 2% (see Figure 2 - 10) of the combined free-float market capitalization of the Shanghai and Shenzhen markets. The NAV of money market funds and bond funds accounted for 11. 4% that of all funds. At the end of 2010, equity investments by securities investment funds was RMB 1. 79 trillion, accounting for 9. 4% of the combined free-float market capitalization of the Shanghai and Shenzhen markets.

---------------------------- Glossary 2 ----------------------------

**Securities investment funds** in China are established through a process whereby proceeds are raised through a public offering of fund units and held under the custody of a fund custodian. The proceeds raised are managed by fund management companies on behalf of fund unit holders. It is an asset portfolio approach to securities investment. Currently, all securities investment funds in China are contractual funds (as opposed to corporate funds) and can be classified into closed - ended funds and open - ended funds. Open - ended funds can be divided into equity funds, bond funds, money market funds, hybrid funds and QFII funds according to investment target. Umbrella funds, exchange - traded funds and listed open - ended funds are also available.

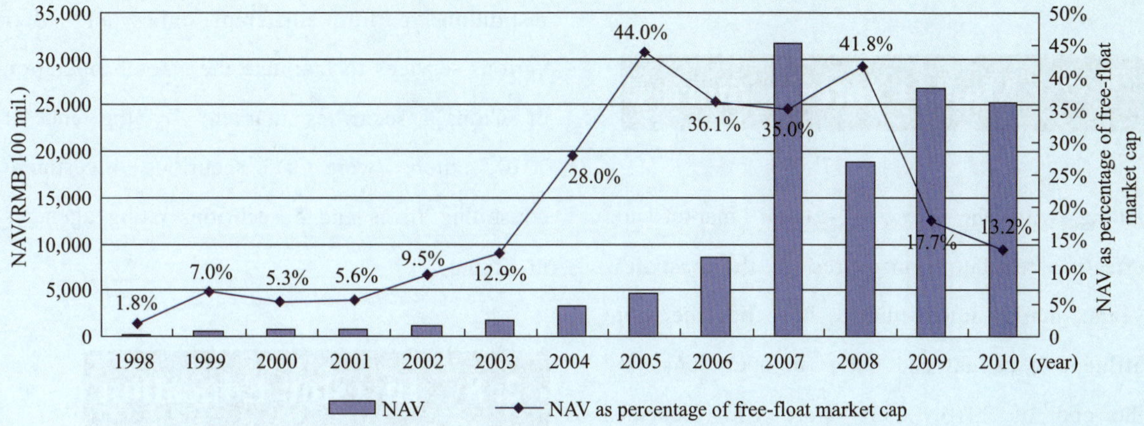


Figure 2-10 NAV of Securities Investment Funds and as a Percentage of free-float market capitalization (1999 - 2010)

Source: CSRC.

## 2. 6. 2 QFIIs

By the end of 2010, 106 foreign institutions(see Figure 2 - 11) had obtained the QFII licenses and got approved investment quotas of USD 19. 72 billion. 12 new foreign institutions and USD 3. 05 billion more investment quotas were approved compared with the beginning of the year. QFIIs' total assets amounted to RMB 297. 1 billion, among which RMB 265. 8 billion or 89. 5% was securities assets. Equity investments by QFIIs accounted for 1. 4% of the combined free-float market capitalization of A-share market.

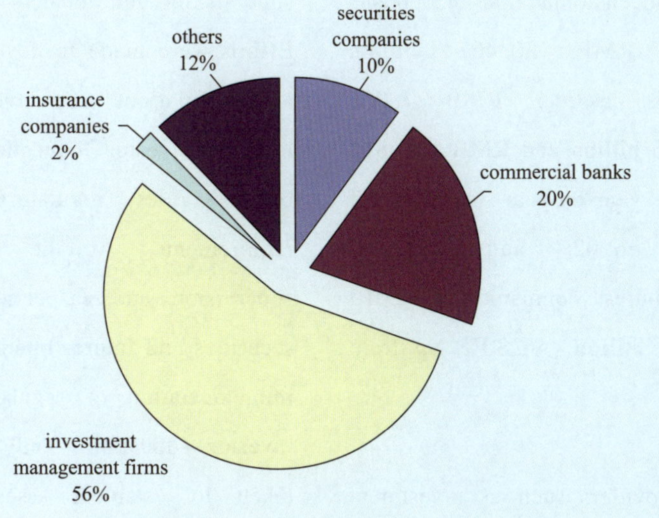


Figure 2-11 Breakdown of QFIIs

Source: CSRC.

## 2.7 Market Intermediaries

Along with the growing capital market and effective regulatory measures in the past few years, market intermediaries have become more affluent in capital and better in operations. By the end of 2010, there were 106 securities companies in the Chinese mainland, with total assets of RMB 1,966.5 billion, net assets of RMB 566.4 billion and net capital of RMB 431.9 billion respectively. Annual accumulated operating revenue reached RMB 191.1 billion, while accumulated net profit stood at RMB 77.6 billion.

By the end of 2010, 164 futures companies had been set up, among which only one was not under normal operation. Their total assets, net assets, net capital and customer margin deposits were respectively RMB 30.407 billion (excluding customers' assets), RMB 27.012 billion, RMB 25.126 billion and RMB 161.814 billion, representing year-on-year increases of 51.23%, 50.54%, 56.02% and 60.81%. Total profits of futures companies in 2010 reached RMB 3.419 billion, 46.30% up from the previous year.

Securities service providers such as investment and financial consulting firms, credit rating agencies, accounting firms and asset appraisal firms must obtain licenses from the CSRC before launching any securities-related services. These institutions perform different duties and offer various services to facilitate the smooth operation of China's securities market. By the end of 2010, there were 91 securities investment consulting firms and 5 securities rating agencies in China.

## 2.8 Investor Education

The CSRC attaches great importance to investor education, and reiterates it as essential to protect the legitimate rights and interests of investors, to strengthen the capital market infrastructure and to promote smooth operation and sound growth of the capital market. In 2010, the following activities were carried out to further this mission in particular.

Investor education was incorporated into regular supervision and dealers' routine operations. Efforts were made to develop and improve laws and regulations on investor education, and include investor education into the relevant business rules, regulatory and self-disciplinary requirements. At the same time, stronger supervision and inspection were imposed on securities and futures operators in relation to their implementation of regulatory requirements for investor education, and active measures were taken to establish assessment and incentive mechanisms for investor education.

Publicity campaigns were launched on stock index futures, margin trading and short selling as well as other new products and business. In order to make investors informed of relevant rules and risks, the CSRC initiated the efforts on investor suitability system and education on stock index futures and margin trading and short selling businesses. The purpose was to enable investors to have an objective understanding, make rationale investments and ensure smooth kick-off and safe operations of these new products and business.

Contents and approaches of investor education were greatly enriched by organizing a variety of activities, such as large-scale campaigns on financial knowledge dissemination, face-to-face investor education activities, the "first to learn and then to serve" competition for top investor educators, etc.. Investor education program winning social popularity included the TV series "Dancing Candlestick", the cartoon movie "Case Study on Investment Risks" and the documentary " Blue Dream " and so on. According to statistics, in 2010, China's securities and futures sectors organized 280,000 investor education activities, submitted and distributed nearly 60 million copies of materials and sent 5 billion text messages. The number of the direct recipients of all these activities stood at 16 million, and the expenditures totaled nearly RMB 700 million.

# 3. Major Supervisory Policies and Measures in 2010

China faced the most complicated economic situation in the past year ever since the beginning of the new century. Under the concept of scientific development, the CSRC resolutely implemented the stimulus package to address repercussions of the financial crisis onto the capital market. In spite of the challenges, the CSRC was focused on the overall development trends and opportunities, and committed to stepping up the reform and innovation, enhancing the market infrastructure, developing and improving market-based systems, and strengthening supervisory effectiveness. As a result, the market performed in a stable and sound fashion, and market functions were well exercised, which contributed to the national efforts to ensure stable and relatively fast economic growth.

On Oct. 11, 2010, Mr. Zhuang Xinyi, Vice Chairman of the CSRC, delivered a speech at the launching meeting of the third - term M&A Review and Approval Committee.

## 3.1 Capital Market: Serving the Transformation of Economic Growth Mode

To support the priorities of the national economic development, the CSRC has been devoted to improving the capital market structure to meet diverse investment and financing needs, fully exercise market functions and optimize resources allocation, thereby fulfilling the State's macro-control requirements and promoting the transformation of economic growth mode and economic restructuring.

### 3.1.1 Actively Promoting Mergers and Acquisitions (M&As)

◆ **Formulating a set of ten measures to promote and perfect M&As in the capital market**. While translating into practice the *Opinions on Promoting Enterprise M&As* issued by the State Council (State Council Document No. 27, 2010), the CSRC prioritized M&As activities that were in line with state industrial policies and were conducive to industrial integration and restructuring and promoted market-led M&As by streamlining review and approval procedures, increasing transparency and enhancing the responsibilities and functions of intermediaries. A set of ten measures was formulated for this purpose on the basis of in-depth research, extensive consultations and holistic argumentation: 1) to marshal more resources from the capital market to support M&As activities by expanding the financing channels and regulating and guiding market participants in engaging in M&A of listed companies; 2) to support listed companies' efforts in innovating ways of M&As; 3) to promote partly restructured listed companies to become wholly listed and to solve the long-rooted problems of horizontal competition and related-

On Oct. 29th, 2010, Mr. Zhu Congjiu, Assistant Chairman of the CSRC, attended the launching meeting of the Expert Advisory Committee of the GEB.

party transactions; 4) to standardize and guide backdoor listing activities; 5) to further improve related rules, regulations and supporting policies and perfect market-based pricing mechanisms; 6) to facilitate the establishment of a comprehensive system for preventing insider trading in order to effectively guard against and crack down on such market abuse; 7) to further improve the work on suspension and resumption of trading and information disclosure and to strengthen supervisory measures on abnormal stock price volatility; 8) to strengthen the responsibilities and functions of intermediaries and improve the efficiency and quality of their performance; 9) to standardize and improve the administrative review and approval procedures and improve the arrangements for the Review and Approval Committee and the Expert Advisory Committee on M & As; and 10) To further improve the external environment for M & As of listed companies.

◆ **Supporting the State's real estate policy initiatives and publishing policies on real estate M&As in a timely manner**. In response to the State Council's macro control policies for the real estate sector, the CSRC temporarily suspended accepting M&A applications from real estate developers and established mechanisms with the Ministry of Land and Resources under the State Council for joint review and supervision and information sharing. The CSRC has started to tranfer the review of the real estate M & A cases (involving 24 companies) to the Ministry of Land and Resources and maintained real-time communication with the Ministry with regard to the matter.

◆ **Improving the institutional arrangements of the M & A Review and Approval Committee and fully exercising the role of the Expert Advisory Committee**. The CSRC formulated *Opinions on Strengthening the Supervision and Administration of Members of M & A Review and Approval Committee (Trial)* and comprehensively revised *Work Procedures of Review and Approval Committee for M & A of Listed Companies, Rules for the Work of M & A Review and Approval Committee,* and *Rules and Regulations for the Work of Expert Advisory Committee for M & As,* which helped establish the institutional arrangements for the M & A Review and Approval Committee. At the end of November 2010, the CSRC organized members of the two committees for the first time to pay return visits to listed companies and learned about their fulfillment of M & A commitments, execution of the review proposals as well as their development after M & As were concluded. The procedures for recommending current committee members to be retained and electing new members were completed, so were the procedures for social publicity and internal and external reviews for these members. Members were elected for third term M & A Review and Approval Committee.

◆ **Strengthening Reviews of Administrative Licenses for M & As**. In 2010, the CSRC held 42 meetings of M & A Review and Approval Committee, at which 49 M & A applications were reviewed, with 46 being approved conditionally, and 44 major asset restructuring cases involving RMB 18. 62 billion were reviewed and authorized.

### 3. 1. 2 Developing the GEB to Support the Growth of Emerging Industries of Strategic Importance

◆ **Steadily expanding the size of the GEB**. Since its inception, market participants were quite enthusiastic about this board and they entered into this market in good order. By the end of 2010, the CSRC had received and processed 396 applications for listing on the GEB and called 135 meetings of the Issuance Review Committee at which 242 enterprises were reviewed, and 202 of them got passed; 153 enterprises were listed on the GEB, raising RMB 11. 675 billion in total, or averaged RMB 763 million for each.

◆ **Articulating the priorities of the GEB**. In conformity with the State's requirements of transforming the growth mode and developing emerging industries of strategic importance, the CSRC, on the basis of extensive market research and consultations, issued *Guidelines on Further Improving Activities of Recommending Stock Offering on Growth Enterprise Board* in March 2010, which spells out the priorities and directions for the GEB in the current phase, and requires sponsors to recommend enterprises that fall within the State's strategic emerging industry category, such as those dealing with new energy, new materials, information, biology and new medicine, environmental protection and energy saving, astronautics and aerospace, ocean, advanced manufacturing and high-tech services, as well as others that are independent innovators and have high growth potentials. In order to forge closer communication and cooperation between the regulator and the science and technology community, the CSRC established a GEB Expert Advisory Committee in October 2010, hiring 15 experts from the fields of science and technology and intellectual property rights to sit on this Committee. As of 2010, among the 153 companies listed on the GEB, 84. 97% had businesses in environmental protection and energy saving, electronic information, advanced manufacturing, biomedicine, new energy, and new materials, and 90. 85% fell in to the high-tech industry category.

### 3. 1. 3 Steadily Promoting the Building of the OTC Market

In 2010, based on the pilot program of share transfer of non-listed joint stock companies in the Zhongguancun Science Park, the CSRC steadily promoted the establishment of a centrally regulated OTC market by starting with the initial phase of public share transfer of non-listed companies in national high-tech parks.

### 3.1.4 Advancing the Development of the Bond Market

While steadily developing equity financing, the CSRC continued to vigorously develop the bond market by fully exercising the role of corporate bonds in the expansion of direct financing and pushing forward coordinated development between the equity market and the bond market.

◆ Assessing corporate bonds pilot programs. The CSRC conducted in-depth, comprehensive surveys and analyses on these pilot programs. Built on such effort, the CSRC explored ways of regulatory reform for corporate bonds issuance so as to pave a foundation for the subsequent institutional changes. The CSRC reviewed and approved the issuance of corporate bonds totaling RMB 164.110 billion since it promulgated *Trial Measures on the Issuance of Corporate Bonds.*

◆ Exploring ways to develop interconnected bond markets that are under centralized regulation. 2010 saw substantive progress in allowing listed commercial banks to participate in exchange-traded bond market. The CSRC, the People's Bank of China (PBOC) and the CBRC had reached consensus on the trading systems, bond varieties, settlement facilities and supervisory cooperation, and devised pilot programs to this end. On October 27, the three authorities jointly issued *Notice on Issues Related to the Pilot Programs of Listed Commercial Banks Trading Bond on Stock Exchanges*, holding responsible the Shanghai Stock Exchange, the Shenzhen Stock Exchange, the Securities Depository and Clearing Corporation Limited (SDC) and China Government Securities Depository, Trust and Clearing Co., Ltd. (CDC) for executing related businesses. Such programs helped build basis for companies to raise funds from multiple channels and further improve the external environment for corporate bonds.

## 3.2 Market Reform and Innovation: Advancing despite Global Financial Crisis

In response to the changes in the economic and financial situation at home and abroad and to the internal requirements for market development, the CSRC introduced a series of major reforms to enhance market functions and perfect market operational mechanisms at a time when the macro economy had a remarkable turnaround and when the market enjoyed relative stability.

### 3.2.1 Introducing Stock Index Futures and Improving Capital Market Operational Mechanisms

The introduction of stock index futures stood as a strategic move to deepen the capital market

On April, 16th, 2010, Mr. Liu Xinhua, Vice Chairman of the CSRC, attended the launching ceremony of the stock index futures.

fundamentals. On January 8, 2010, the State Council approved in principle the launching of stock index futures. The CSRC then dedicated a leadership group and an office to take charge of preparations, so as to ensure smooth launching and safe operation, tighten screws on risk control, guide investors for orderly participation and unleash the market's functions gradually, rather than seek after high trading volume and large number of participants. Specifically, the CSRC approved and published stock index futures contracts, various rules and the investor suitability system; established and implemented the regulatory coordination mechanisms between futures market and spot market in order to curb cross-market risks; released guidelines on the participation of securities companies and fund companies in stock index futures; organized activities and on-spot supervision on the account opening and strictly implemented the investor suitability system; and conducted in-depth investor education and publicity activities in order to create a sound environment for trading stock index futures contracts. On April 8, 2010, stock index futures contracts were successfully launched, and on April 16, trading of stock index futures contracts debuted on the China Financial Futures Exchange.

Since then, the trading in general has been stable, and the aim of "smooth launching and safe operation" was fulfilled. Account opening activities have been in a good order; investors have been rational in trading. Price levels have been reasonable; the correlation between futures prices and spot market prices has been sound, similar to that in overseas matured markets. Contracts have been delivered successfully, and the delivery volume has maintained relatively small in size, not incurring any maturity effect. The stock index futures market has an increasingly pronounced role in serving the stock market. Special institutional investors, such as securities companies and special clients of fund management companies, legal person clients and natural person clients have begun to use the stock index futures as a tool for hedging and risk management; the function of price discovery was well-exercised in the volatility of the stock market.

### 3.2.2 Launching Pilot Programs of Margin Trading and Short Selling

Pilot programs of margin trading and short selling were expanded on a step-by-step basis. A total of 25 securities companies were authorized in three different times to engage in this particular business. Trading activities were carried out successfully with rising trading volume and smooth settlement system, and the market responded quite positively to this pilot program. For regulatory departments concerned, they were charged with specific duties to conduct on-going supervision, and were required to tighten follow-on routine supervision and improve regulatory coordination. Besides, they enhanced on-site inspections, developed prudently the risk control indicators, and urged pilot companies to strengthen investor education and suitability management by setting high threshold for clients. A Task Force On Securities Financial Companies was set up to prepare the establishment of securities financial companies and the introduction of refinancing business. The task force has contemplated the proposals of how to introduce the refinancing business and the rules on how to manage it thereafter. Additionally, the task force developed and tested relevant IT systems for this new business.

### 3.2.3 Deepening Reform of New Issue System

In June 2009, the CSRC set off a new round of reform on new issue system on a step-by-step basis, and introduced four measures in the first phase. Since then, the issuance of new shares has been in good order and the objectives of the first phase reform have been met. Specifically, the prices of new shares became more market-based; the amount of frozen funds dropped significantly; the number of individual investors in new shares was on the rise; the price increases of new shares on the first trading day were lowered dramatically, and price differentials between the primary and secondary markets narrowed considerably; and market participants became increasingly aware of their responsibilities and obligations and clear about their

On May 4th, 2010, the launching meeting of the 12th Review and Approval Committee for Main Board Issuance

status in the market. As widely embraced as it was, the market-based reform on new issue system were evolving into a market consensus, providing necessary conditions for the follow-on reform initiatives. Based on intensive research and consultations as well as the general reform blueprint, the CSRC released *Guidelines on Deepening Reform of New Issue System* on October 11, 2010, which became effective as of November 1, 2010.

In the second phase, the reform initiatives were designed to reach the following targets: continue to perfect the restriction mechanisms on quotes and shares placement; increase the number of shares distributed to individual institutions in the issuance of new shares by small and medium sized companies; enhance the responsibilities of price setters, and promote more cautious and truthful quotes; expand the scope of institutions participating in price inquiries and allow the principal underwriter to recommend a given number of long standing, qualified institutional investors with relatively high price setting capabilities for participating in off-line price inquiries and distribution of shares; increase the transparency of pricing information, urge securities underwriters and institutional investors to be discreet and self-disciplined in setting prices or making price inquiries, and further instill in the public the concept of value investment; and perfect the reallocation and issuance termination mechanisms and urge the issuers and their main underwriters to be more responsible and flexible in designing sound underwriting processes and effectively managing underwriting risks.

On July 21st, 2010, Mr. Gui Minjie, Vice Chairman of the CSRC, addressed the meeting for commending the outstanding investigators between 2008 and 2009.

## 3.3 Addressing Regulatory Hot-Button Issues and Cracking Down on Insider Trading

As a free-float market is being formed, the market functions are further exercised and as M & A activities of listed companies are thriving, the cases of insider trading using listed companies' M & A information are also on the rise and stand out as a regulatory hot-button issue. In response, the CSRC promptly designated the prevention and combating of insider trading as a priority for the year of 2010. Under the principle of "concerted regulation, combination of prevention and combating and comprehensive prevention", the

CSRC enhanced institutional arrangements and the development of operational mechanisms, made general arrangements and acted swiftly, thereby effectively preventing and combating insider trading activities.

◆ **Cracking-down on the roots**. The CSRC worked to perfect the systems of information disclosure on abnormal stock price volatility and trading suspension and resumption, and tightened controls on trading anomaly by checking trading activities once there was any irregularity, suspending them once there was any suspicious abuse and terminating them once there was abuse. Besides, the CSRC also strengthened interconnections between monitoring and investigating on irregular trading activities and review and approval of M & A applications. The CSRC advanced the registration of persons with access to listed companies' inside information, focused on monitoring abnormal stock price volatility in secondary market and addressed it in a timely manner.

◆ **Building a comprehensive control system**. Insider trading is difficult to detect as it involves various participants, takes various forms and is conducted by hidden means. With the introduction of stock index futures, insider trading becomes even more complicated and harder to detect. Approved by the State Council, the CSRC, together with Ministry of Public Security, Ministry of Supervision, State-owned Assets Supervision and Administration Commission of the State Council, and the Bureau for the Prevention of Corruption, established comprehensive mechanisms to prevent and control insider trading, so as to maintain a good market order, protect investors' lawful rights and interests and therefore promote a stable and sound capital market. Through field researches and consultations, the five authorities jointly drafted *Opinions on Preventing and Combating Insider trading in the Capital Market*, which were implemented as of November 16, 2010 with the approval of the State Council. The *Opinions* spells out a series of steps to jointly crack down upon insider trading, including rewards for reporting insider trading activities, confidentiality regulations for inside information, registration of persons with access to inside information, perfecting the information disclosure and trading suspension and resumption systems for listed companies, and improving performance appraisal systems.

◆ **Taking targeted moves to fight against insider trading**. Monitoring and analysis of irregular trading activities were strengthened, clues leading to the discovery of insider trading were identified early, and insider trading cases were filed in a timely manner; organization and coordination of securities and futures supervisory resources were enhanced to identify and address insider trading cases; the coordination between the filing, investigation, and trying of insider trading cases was strengthened, cooperation with public security and judiciary authorities was emphasized, and persecution for criminal liability was more stringently carried out; hence, a synergy for fighting insider trading was formed.

A number of major insider trading cases, including the Zhongshan Public Utilities Group Co., Ltd. and Xinjiang Tianshan Wool Tex Stock Co., Ltd. were swiftly dealt with. The year 2010 saw informal investigation of 87 cases, filing and investigation of 52 cases, imposing of administrative penalty of 9 cases, and the transfer of 15 cases to public security organs.

◆ **Conducting educational compaign to prevent insider trading**. The CSRC conducted extensive education compaign on the prevention of insider trading through specialized seminars, training and lectures. On the one hand, the CSRC launched through the securities exchanges a series of publicity and educational programs, including the interpretation of laws and regulations and analysis of typical cases. On the other hand, the Securities Association of China and the regional offices provided systematic training to securities professionals, listed companies or companies planned to be listed and their controlling shareholders explained the articles of laws and regulations through specific cases and improved market participants' awareness of observing the laws.

## 3.4 Enhancing Compliance of Market Participants

The CSRC implemented relevant laws and regulations strictly to improve the compliance of market participants. In order to meet the requirements for market development, the CSRC took effective measures to improve the environment for competition and thus facilitated the expansion of market participants.

### 3.4.1 Strengthening Supervision on of Listed Companies

The supervision of listed companies in a free float market is challenging and complicated. The CSRC swiftly investigated into and dealt with a number of cases involving information disclosure violating laws or regulations through innovative supervisory mechanisms, including interactive supervision on information disclosure and abnormal stock price volatility, and rapid response to questions from the media, and risk-oriented, on-spot reviews of annual reports. The specialized activities as part of day-to-day supervision have been widely carried out, with the promulgation *of Opinions on Preventing and Combating Insider trading in the Capital Market.* Supervision on the GEB is becoming matured along with improving supervisory arrangements and better-understood potential problems.

◆ **Implementing the mechanism of interactive supervision on information disclosure and abnormal stock price volatility and the mechanism of rapid response to questions from the media**. Since the non-tradable share reform, there has been stronger motive to make gains through the secondary market by taking advantage of information disclosure, hence increasing correlation between information disclosure and abnormal stock price volatility. To address this issue, the CSRC took innovative approaches to enhance regulatory acuity and effectiveness. Where abnormal stock price volatility took place, the CSRC would require its regional offices and exchanges to check about the registered persons with access to inside information, verify trading activities in the secondary market, and where appropriate report the cases to the Department of Market Supervision or the Enforcement Bureau within the CSRC headquarters. At the same time, the CSRC paid great attention to dealing with major cases. The CSRC guided regional offices and exchanges in taking effective steps to crack a number of cases, including Dongxin Electrical Carbon Co., Ltd.(* special treatment), Henan Lotus Gourmet Power Inc., Fujian Furi Electronics Co., Ltd. (* special treatment), Beijing Dalong Weiye Real Estate Development Co., Ltd., and Zijin Mining Group Co., Ltd. Supervisory risks were thus disposed of through appropriate and effective measures.

◆ **Establishing risk-oriented on-spot supervisory systems by using annual reports as important tools.** The Shanghai Stock Exchange and the Shenzhen Stock Exchange reviewed the 2009 annual reports of 1,774 listed companies and inquired about the problems discovered therein or consulted with the CSRC's regional offices for investigation. Based on such reviews, the regional offices conducted on-site inspections in 349 companies which were newly listed companies, reorganized companies, companies making huge losses or sharp volatility in performance, or companies receiving negative media coverage, complaints or facing the risk of being delisted. Wherever problems were discovered in operations, information disclosure, appropriation of funds, financial management, or the performance of intermediaries, the regional offices took such steps as interviewing the parties concerned and filing and investigation. As of November 10, the regional offices had cumulatively conducted 1,300 on-site inspections (involving 947 companies) and issued 551 supervisory letters (involving 434 companies), 148 letters of rectification (involving 123 companies) and 55 letters of warning (involving 44 companies). The exchanges cumulatively issued 873 letters of inquiry and 426 letters of concern (involving 309 companies), announced criticism for 49 companies and publicly condemned 14 companies.

◆ **Addressing horizontal competition, reducing related-party transactions, and increasing independence of listed companies gradually.** The lingering issues of horizontal competition and related-party transactions have undermined the independence of listed companies, and made it harder to safeguard the lawful interests of the shareholders, especially minority shareholders. As a result, they have hindered the development of listed companies for a long time. In 2010, CSRC carried out themed activities to tackle the two legacy issues, thereby furthering the three-year corporate governance efforts. In accordance with its priorities set out at the beginning of the year, the CSRC organized exchanges and regional offices to take stock of listed companies' related-party transactions and to have each of them work out a solution. A total of 335 listed companies were engaged in horizontal competition and related-party transactions. On the basis of case-by-case analysis, 136 companies (40% of the total) were singled out. Twenty of them have carried out their solutions, 77 are forging solutions, and the remaining 49 are expected to put up solutions within the year.

◆ **Perfecting comprehensive regulatory systems to create a sound environment for supervision on listed companies.** By taking advantage of comprehensive regulatory systems, the CSRC reported cases for synergy in seeking out solutions for horizontal competition and related-party transactions in state-controlled companies, especially enterprise groups under the central government to State-owned Assets Supervision and Administration Commission of the State Council, Ministry of Finance and State Administration of Science, Technology and Industry for Defense. The CSRC has worked with enterprise groups under the central government, including State Grid, Sinopec, Sinoma (China National Materials Group), China Guodian, and China Huaneng Group to develop solutions for the horizontal competition issue between these groups and their subordinate listed companies. Besides, the CSRC perfected the long term mechanisms for supervisory cooperation to conduct joint training, researches and supervision on a regular basis. The CSRC, in conjunction with State-owned Assets Supervision and Administration Commission of the State Council and Shenzhen and Shanghai Stock Exchanges, conducted five sessions of training to 400 persons from 11 enterprise groups under the central government and their 73 subordinate listed companies. Additionally, the CSRC carried out researches on 200 listed companies of 46 enterprise groups under the central government, identifying 71 problems concerning controlling shareholders and *de facto* controllers of these companies.

On Dec. 16th, 2010, Mr. Li Xiaoxue, Vice Chairman of the CSRC, delivered a speech at the CSRC Meeting on Accoungting Supervision.

◆ **Implementing classified supervision, focusing on the supervision of listed companies on the GEB.** The institutional framework for information disclosure by listed companies on the GEB has taken initial shape, with the promulgation of *Contents and Formats of Quarterly Reports of Listed Companies on the Growth Enterprise Board* and *Contents and Formats of Semi-annual Reports of Listed Companies on the Growth Enterprise Board.* In order to increase the effectiveness of supervision on information disclosure, the CSRC tightened regulatory requirements for information disclosure in semi-annual and annual reports published for the first time by companies, studying and reporting in a timely manner prominent problems including inconsistency of and accelerated volatility in performance. In day-to-day supervision, the CSRC, considering the characteristics and risks of listed companies on the GEB, guided regional offices in conducting comprehensive on-spot reviews on these companies and undertook extended reviews of the on-going supervisions carried out by the sponsors. The CSRC focused supervision on reduction of shares held by senior management, fundraising, performance volatility, M & As, and risk factors, continuously assessed supervisory effectiveness, and introduced innovative supervisory measures. In order to further increase these companies' awareness of standardized operations, the CSRC conducted two sessions of training to 58 newly listed companies on the GEB involving 350 persons, including chairmen, general managers, secretaries to chairmen, controlling shareholders and *de facto* controllers, and sponsor representatives.

◆ **Tightening supervision on the implementation of accounting standards and financial information disclosure requirements, to improve financial information quality of listed companies**. The CSRC acquired a comprehensive, accurate understanding of listed companies' accounting practices, continuously followed developments in international accounting supervision, and resolved in a timely manner issues concerning accounting and financial information disclosure of listed companies. The CSRC strengthened communication and coordination among regulatory organizations and unified accounting supervisory standards by resolving specific accounting issues and compiling *Solutions to Issues Concerning Supervision on Implementing Enterprise Accounting Standards by Listed Companies*.

### 3.4.2 Promoting Standardized Operations of Securities Companies

◆ **Formulating regulations and policies on securities companies' participation in stock index futures trading and strengthening on-going supervision after the introduction of stock index futures**. The CSRC formulated and issued *Guidelines on Participation of Securities Companies in Stock Index Futures*, designed to ensure that securities companies, on the basis of their risk management capabilities, participate in stock index futures trading in an orderly manner through their proprietary business and asset management business. The CSRC urged securities companies to make preparations in institutional arrangements, personnel systems and risk management, and diligently reviewed application submitted by securities companies for participation in stock index futures trading. The CSRC strengthened on-going supervision, prepared and published specialized supervisory statements, and followed and analyzed in a timely manner the developments of securities companies' proprietary business and asset management business in stock index futures trading.

◆ **Perfecting securities companies' risk mana-**

**gement systems and compliance management mechanisms**. The CSRC improved a net-capital based risk management system in securities companies and encouraged these companies to carry out stress tests. Apart from that, the CSRC strengthened securities companies' risk management for new varieties of business by including new business into the system of risk control indicators, established mechanisms to adjust dynamically risk control indicators for related business or products as well as supervisory requirements, and explored the introduction of the macro prudent regulation system and counter-cyclical adjustment mechanisms. Inspired by the effectiveness of stress tests of banks both at home and abroad, the CSRC guided Securities Association of China (SAC) in formulating *Guidelines on Stress Test by Securities Companies (Trial)* in order to improve stress test across the industry. The CSRC urged securities companies to accelerate the development of the Chinese Wall, strengthen compliance in critical areas like marketing of brokerage business, development of new products and new business, and other key areas and processes and guided them in making effective assessments on compliance in accordance with regulations. The CSRC required securities companies engaging in multiple businesses to establish and perfect the Chinese Wall within the year, and guided the SAC in formulating and publishing *Guidelines on the Chinese Wall System of Securities Companies*.

♦ **Improving the classified and differentiated regulatory system by supporting qualified securities companies to get listed and encouraging securities companies to establish Group Company and specialized operations**. First, the CSRC further improved the classified supervisory system for securities companies based upon their risk management capabilities and institutionalized the effective practices of classified assessments from the previous three years. The CSRC disclosed to the public the results of classified assessments, thus improving the transparency of the regulatory work on securities companies. Under the principle of differentiated treatment or "supporting the superior and restricting the inferior", in day-to-day supervision, the CSRC provided guidance to securities companies in undertaking differentiated, specialized operations so as to improve competitiveness. Second, the CSRC worked simultaneously on supporting securities companies to get listed and strengthening supervision on those already listed. The CSRC supported competitive securities companies of better management and stable profitability to make IPOs. Three securities companies, namely Huatai Securities, Xingye Securities and Shanxi Securities, made IPOs this year. To date, there have been 15 listed securities companies, accounting for more than 40% of the net assets and net capital of securities companies nationwide. The CSRC amended and implemented *Provisions on Strengthening Supervision of Listed Securities Companies* and related guidelines in order to improve information management system and registration system of persons with access to inside information, and standardize systems for receiving visits and posttrading communication. Third, the CSRC encouraged securities companies to optimize the development mode on the basis of market needs and their management capabilities, expand business scope, increase securities outlets, develop new products, and increase capital. It authorized eleven securities companies to expand the scope of business, approved 61 securities companies to set up 314 outlets, and newly approved 81 pooled wealth management plans. Assets under management of securities companies increased by 58. 3 RMB billion. 15 securities companies were approved to increase registered capital by 13 RMB billion. Also, the CSRC supported the establishment of specialized subsidiaries and proprietary subsidiaries and encouraged securities companies to hold shares of other financial institutions on a trial basis. For instance, Orient Securities Co. Ltd. and Guotai Junan Securities Co. Ltd. were approved to establish asset management subsidiaries in Shanghai. Nine securities companies were approved to establish subsidiaries for pilot programs of proprietary business ( currently 31 securities companies nationwide own proprietary subsidiaries) . The proprietary subsidiaries of three securities companies were approved to manage industrial funds established with the approval of local governments. The proprietary subsidiary of one securities company had a pilot program on equity investment funds. In addition, the CSRC supported Huatai Securities and CICC's pilot programs of holding shares of commercial banks and trust companies.

◆ **Improving the regulatory system for securities brokerage business, standardizing the securities outlets and the marketing of securities brokerage business, and improving customer service.** First, the CSRC strengthened building of the system for third party custody of clients' funds and basically completed the amendments *of Measures for the Management of Funds for Clients' Trading and Settlement* and the drafting of supporting documents. The CSRC formulated and implemented *Provisions on Reinforcing Administration of Securities Brokerage Business*, which comprehensively standardizes client management, customer service, personnel management, management of securities outlets, and management of technical systems. Second, the CSRC worked to sort out and resolve long-rooted problems in securities brokerage activities by carrying out specialized supervision on brokerage business management and urging securities companies to dismiss unqualified sales persons within the year. Third, the CSRC urged securities companies to standardize the operations of their outlets. This effort was accomplished across the securities industry, with all outlets violating rules and regulations being closed and the reviews of outlets' applications for relocation of business being terminated. Fourth, the CSRC strengthened management on customer service and commissions management in securities trading by guiding SAC in formulating and releasing *Circular on Further Strengthening Management of Customer Service and Commissions at Securities Companies.* It provided guidance to securities companies in increasing strategic inputs, strengthening management on commissions, standardizing the practice of collecting commissions, and preventing vicious competition from affecting the sound development of the industry.

◆ **Keeping on building the system for assessing and analyzing securities trading accidents and the system for monitoring and analyzing the treatment of complaint letters and visits at securities companies**. First, the CSRC continuously improved the system for assessing and analyzing securities trading accidents and conscientiously reported, addressed, assessed and analyzed information security accidents at securities companies. To date, the CSRC has addressed 36 such accidents, thereby guaranteeing normal trading activities as much as possible. Second, the CSRC established and improved the system for monitoring and analyzing the treatment of complaint letters and visits and explored regulatory countermeasures against problems discovered. At the same time, the CSRC conducted reviews on related internal control mechanisms of securities companies and urged them to make improvements. It analyzed the emerging trends in non-compliant behaviors of securities companies and explored regulatory countermeasures. It assessed the effectiveness of existing regulatory policies and measures and continuously improved supervision on market intermediaries.

◆ **Improving the standardization of reporting and disclosure of information by urging securities companies to perfect internal information management system and strengthening statistical analysis of information reported and disclosed by securities companies**. The CSRC further classified the contents of information reported by securities companies and improved the system for securities companies to report information through Supervisory Information System for Intermediaries. It urged securities companies to clearly define the procedures of review, transmission and reporting of business and financial information as well as the responsibilities and functions of related personnel in order to ensure information flows were compliant, efficient and accurate. It urged securities companies to further improve the system of secretaries to the board of directors and define their responsibilities so that they fulfill their role of information reporting and disclosing. It verified the quality of information reported and disclosed by securities companies through both on-spot and off-spot supervision.

◆ **Publicizing review and approval processes for administrative licenses, improving review and approval mechanisms, assessing and adjusting administrative licenses, and amending review and approval regulations.** First, the CSRC publicized not only review and approval conditions, criteria, and processes and application requirements but also final decisions. Second, the CSRC further optimized the review and approval mechanisms and processes. It amended *Mechanisms and Processes for the Review and Approval of Administrative License Applications*, added one work meeting every week for receiving applications and created mechanisms for the discussion of major difficult problems discovered in the review and approval processes. Third, the CSRC assessed and adjusted administrative licenses. In response to changes in the market environment, industrial conditions and day-to-day supervision, the CSRC assessed the implementation of administrative licenses, formulated *Planning on the Adjustment of Administrative Licenses of Securities Institutions*, planned to cancel three categories of administrative licenses, and authorized regional offices to review five categories of administrative licenses. Fourth, the CSRC amended regulations to accommodate new circumstances and issues. It amended *Guidelines on Review and Approval of Administrative License Applications of Securities Companies: No. 10—Capital Increases, Expansion of Shares, and Equity Changes*, therefore providing for the shareholding of securities companiesin equity investment funds in the form of limited partnership. It amended *Guidelines on Review and Approval of Administrative License Applications of Securities Companies: No. 2—Applicability of Article 51 of Measures on the Supervision of Professional Qualifications for Chairmen, Supervisors, and Senior Management at Securities Companies*, and amended *Guidelines on Review and Approval of Administrative License Applications of Securities Companies: No. 11—Regulations on the Professional Qualifications for Chairmen, Supervisors, and Senior Management at Securities Companies.* As a result, professional qualifications of chairmen and general managers and the issue of holding concurrent posts by senior management were provided for.

◆ **Implementing policies on the securities industry's opening up to the outside world, exploring policies and supporting measures on cross-border operations by securities companies and their overseas subsidiaries**. First, the CSRC attached great importance to the review and approval of the establishment of securities joint ventures and securities companies' overseas subsidiaries. It approved the establishment of three securities joint ventures and authorized four securities companies to establish wholly owned subsidiaries in Hong Kong. Second, the CSRC further improved the regulatory system for foreign investors to hold shares in securities companies, strengthened guidance on securities joint ventures, and urged securities companies to enhance internal management and risk controls of their overseas subsidiaries. Third, the CSRC actively participated in the China-U. S. Strategic & Economic Dialogue, the *Economic Cooperation Framework Agreement* between the two sides of the Taiwan Strait, and supplementary agreements to *Closer Economic Partnership Arrangement (CEPA)* between the Chinese Mainland and Hong Kong, and translated into practice the results from these dialogues and agreements. Fourth, in pursuance of supplementary agreement No. 6, the CSRC further formulated requirements for the establishment of securities investment and consulting joint ventures in Guangdong by securities companies from Hong Kong and those from the Mainland, including the conditions, review and approval procedures and regulatory requirements, and strengthened policy guidance on related securities companies. Fifth, the CSRC explored policies and measures to support securities companies and their overseas subsidiaries to participate in the programs of qualified foreign institutional investors ( QFII ) and qualified domestic institutional investors ( QDII), and in the business of cross-border investment banking and financial advising services. It also made attempts at developing policies and measures on allowing securities companies to raise RMB funds in Hong Kong to invest securities business in the Chinese Mainland.

♦ **Establishing basic systems for securities investment consulting and promoting standardized operations of securities rating agencies**. First, the CSRC formulated and issued *Tentative Rules on Securities-Related Advisory Service* and *Tentative Rules on Publication of Securities Research Reports*, which were designed to stipulate the basic form of securities investment consulting business and standards for such firms engaging in investment and consulting services and publishing research reports, improve securities companies' research capabilities, and foster the development of securities investment consulting professionals. Second, the CSRC conducted day-to-day supervision and annual reviews on securities investment and consulting institutions and increased penalties on non-compliant behaviors. Five securities investment institutions failed to pass the 2010 annual reviews. Third, the CSRC strengthened supervision on major events at securities investment consulting firms, such as shareholder changes and change of domicile, defined requirements for using software and terminal equipments to provide securities investment consulting services, and guided business integration among these firms. Fourth, the CSRC kept track of regulatory reforms of overseas securities rating agencies, and explored policies and measures on how to standardize the development of domestic securities rating agencies. Fifth, the CSRC continued to improve the regulatory mechanisms at securities rating agencies, which combined administrative supervision, industrial self-regulation and internal self-discipline, organized on-spot reviews on securities investment consulting firms, guided the SAC in establishing Securities Rating Committee to promote the establishment of professional securities rating standards.

♦ **Registering great progress in strengthening the fight against non-compliant behavior**. To date, six mechanisms for tackling non-compliant conducts have been established, which are as follows: media monitoring, handling complaint letters and visits, investigation of cases, investor education, information reporting and analysis, and supervisory division and cooperation. In 2010, 108 radio and TV programs on securities and advertisements in this regard were suspended, dealing with 62 unqualified institutions and 90 persons participating in those programs. The various parties within the regulatory system jointly closed 498 illegal websites, dealt with 4,052 pieces of information regarding illegal online securities trading activities, transferred 572 suspicious clues and 70 suspected cases to public security authorities, coordinated with public security authorities in cracking 69 suspected cases, and arrested 780 criminal suspects. The CSRC organized 40, 158 investor education activities undertaken by securities institutions, and sent out more than 132.74 million text messages warning against illegal securities trading activities. A total of 927 complaints about suspected cases were dealt with; the number of complaint letters and visits declined by nearly 70% from the initial period of the fight. A firm foundation was thus laid for routinizing such efforts.

### 3.4.3 Promoting Innovative Development of Securities Investment Funds

◆ **Persisting in market-oriented reform, improving review and approval efficiency, and further increasing administrative transparency**. The CSRC implemented and continuously improved the system of classified reviews of securities investment fund products. Fund management companies, in light of the market development and their own capabilities, applied for multiple products and funds simultaneously. Therefore, the market has played its due role in allocating resources. At the same time, the CSRC improved the transparency of the reviews of applications for fund products by publicizing these reviews, so that the applicants kept informed of the review progress and could prepare for the issuance.

◆ **Making breakthroughs in experimenting with third party payment for funds' online sales and settlement**. Having undergone the pilot phase, the Shanghai Huifu Data Service Company, Minsheng Bank, and Huaxia Fund officially launched cooperation in May 2010. Five months later, ten more fund management companies were added as their partners. CUUPAY (Credit Universal Union Pay) entered into a partnership with China International Fund Management Co., Ltd. to start this business, under the supervision of Shanghai Pudong Development Bank. The involvement of banks in online sales business of fund management companies will help reduce system connection costs and improve the efficiency of inter-bank settlement in the short run and reduce settlement costs of online sales in the long run, thereby leaving room for profitability of fund investment consulting across the industry.

◆ **Issuing *Guidelines on Guaranteed Funds* to create favorable conditions for the development of guaranteed fund business**. The Guidelines stipulates the requirements for guaranteed funds, qualifications of guarantors, and guarantee processes, thus laying a solid foundation for standardized development of guaranteed funds.

◆ **Strengthening support for innovation, and continuously introducing innovative businesses and products**. The CSRC offered prioritized review and approval system for innovative funds, and perfected specific supporting measures. As of 2010, nine funds were recognized as being innovative products. Due to massive subscription, certain innovative products were placed on a pro rata basis, which met investors' wealth management needs. The CSRC issued *Guidelines on Participation of Securities Investment Funds in Stock Index Futures Trading*, drafted *Detailed Guidelines on Accounting Standards for Securities Investment Funds' Investment in Stock Index Futures*, defining ways of investment, risk control policies and accounting methods. The CSRC explored the rules on the participation of funds in securities margin trading, creating the conditions for product innovation. The CSRC also expounded on implementing proposal for cross-market and cross-border exchange-traded funds (ETFs), and amended specific operational standards. The CSRC steadily promoted researches on real estate investment trust funds (REITs) and made recommendations for developing REIT products of social housing and promoting pilot programs on commercial REITs.

#### 3.4.4 Standardizing Operations of Securities Service Institutions

◆ In 2010, CSRC continued to strengthen supervision on accounting firms and asset appraisal institutions. It conducted on-spot inspections of 16 accounting firms and 7 asset appraisal institutions, and adopted regulatory measures against 11 out of the 17 inspected firms. In the same year, the CSRC and the Ministry of Finance reviewed the 54 accounting firms and 69 asset appraisal institutions for their eligibility in dealing with securities and futures-related business, and publicized the review results. Having reviewed the applications by 10 asset appraisal institutions, the CSRC granted licenses to three applicants to engage in securities and futures business.

◆ In 2010, the CSRC continued to promote electronic information disclosure based on XBRL. The website for electronic information disclosure by securities investment funds (www.fund.csrc.gov.cn) was up and run and achieved real time, centralized electronic disclosure of more than 700 funds. At the same time, the CSRC successfully promoted the IPO system project, and the template of annual report by listed companies was put into use in the reporting systems in the Shanghai Stock Exchange and the Shenzhen Stock Exchange.

## 3.5 Improving Securities Legal Framework and Market Transparency

The CSRC vigorously promoted the building of legal framework for the capital market, severely cracked down on illegal activities, and continuously improved information transparency.

◆ Strengthening linkages between the legal system of the capital market with the credit systems of different ministries. In pursuit of market oriented development, the CSRC actively promoted law makers to amend *Law on Securities Investment Funds* and *Regulations on the Administration of Futures Trading*, and amended the drafts of *Regulations on the Supervision and Administration of Listed Companies* and *Regulations on Securities Investor Protection Fund*. It promoted the Supreme People's Procuratorate and the

Ministry of Public Security to jointly issue *Regulations on the Standards for the Filing and Prosecution of Criminal Cases under the Jurisdiction of Public Security Authorities (II)*, and perfected the standards for the prosecution of criminal acts in securities and futures industries. In 2010, the CSRC formulated and amended three sets of regulations, 40 normative documents, and annulled 36 sets of regulations and normative documents, making these laws and regulations more scientific, rational and operable. Significant progress was made in the building of interactive credit information systems between the ministries, by materializing the interconnection of the credit database of the capital market with the credit systems of the PBOC.

◆ In 2010, pursuant to *Administrative Licensing Law*, *Regulations of China Securities Regulatory Commission on the Implementation Procedures for Administrative Licenses (Trial)* and other regulations, the CSRC steadily promoted the work of reviewing administrative license applications by compiling laws and regulations in this regard and amended administrative license management systems. The CSRC received 2,308 administrative license applications, of which 2,175 were formally accepted and 2,281 received replies; reviews of 184 were terminated, 25 were not accepted, and 59 were withdrawn before being reviewed. Altogether the CSRC received 12,000 persons consulting on administrative licenses.

◆ In 2010, in accordance with *Regulations on Government Information Disclosure* and *Measures of China Securities Regulatory Commission on Disclosure of Securities and Futures Supervisory and Administrative Information (Trial)*, the CSRC disclosed in a timely manner regulatory information under the category required for full disclosure, and processed information disclosure applications by law and on schedule. The CSRC disclosed for the first time the results of classified appraisals on securities companies and the progress in the review and approval of administrative license applications from securities and futures companies and funds. The CSRC strengthened institutional building by amending *Guidelines of China Securities Regulatory Commission on Application-based Disclosures.* 7,935 pieces of regulatory information were disclosed, of which 3,100 were from CSRC headquarters and 4,835 were from CSRC regional offices. The CSRC headquarters handled five applications for regulatory information disclosure and replied to all of them.

◆ Acting on the principles of "proactive guidance, active response, close cooperation and promoting development jointly", the CSRC incorporated the media and public opinions into the basic institutional building for the capital market in order to increase the transparency and openness of regulatory work. It held one news briefing every week, strengthened publicity and guidance on major reforms, policies and investigation and law enforcement, released information on policies, responded to questions, doubts and hot issues on the market, and solicited opinions from

On Sep. 30th, 2010, Mr. Wu LiJun, Assistant Chairman, attended a press conference of the CSRC.

the society on its website before introducing major regulatory reforms and moves. In 2010, the CSRC held 51 news releases/briefings and received more than 2,000 journalists for interviews. In conjunction with General Administration of Press and Publication, the CSRC issued regulations on strengthening administration of the publication of securities and futures information in newspapers and magazines, and promoted the General Administration of Radio and TV to strengthen administration on securities and futures TV programs, in order to standardize information transmission in the capital market.

## 3.6 Strengthening Regulation on Futures Market and Better Exercising its Functions

In 2010, in accordance with the requirements of "laying a solid foundation, developing mechanisms, strengthening supervision, preventing risks, and serving the real economy", the CSRC dedicated to improve the futures market system, steadily promote innovation, enhance its capabilities to better serve the national economy, and accelerate the transition from quantitative expansion to quality-oriented growth in futures market.

### 3.6.1 Strengthening Market Supervision and Warding Off Systemic Risks

The CSRC initiated and constantly consolidated the weekly meeting arrangement for market performance analysis and held seminars on regulation of the futures exchanges, periodically conducted comprehensive analysis and assessments on futures market performance, designed working plans based on market development, and urged futures exchanges to strengthen risk prevention and advance institutional development. The CSRC urged futures exchanges to implement annual reviews on delivery warehouses and further improve the methods and processes for these reviews; it guided futures exchanges in perfecting the layout of delivery warehouses and the processes for their supervision and gradually establishing the system of backup warehouses. The CSRC strictly monitored the performance of stock index futures market to ensure its stability. The CSRC completed the design of assessment methods for the performance of the futures exchanges, lifting the supervision and performance assessment on the futures market to a higher level. In the wake of the National Day Holiday, the futures market saw hiking price, expanding trading volume but also rising systemic risks. The

CSRC issued notices to the futures exchanges, provided on-spot guidance, and urged them to upgradc risk prevention plan, in order to maintain market stability. The CSRC strengthened supervision on deposit monitoring centers and provided them with guidance, and urged futures exchanges to accelerate development of monitoring systems.

On Aug. 8th, 2010, Mr. Jiang Yang, Assistant Chairman of the CSRC, addressed the International Seminar on Futures Market Regulation

### 3.6.2 Strengthening Laws and Regulations, Standardizing and Systemizing Market Supervision

After widely soliciting opinions from the futures exchanges, regional offices and futures companies, the CSRC actively promoted the introduction of *the Futures Law* and the amending of *Regulations on the Administration of Futures Trading*. The CSRC strengthened communication and coordination with judicial authorities to further improve judicial interpretations regarding futures laws and regualtions, establish the designated jurisdication system, i. e. cases resulting from the execution of futures exchanges' duties are subject to the local court of the jurisdiction where the exchange is located, and the judicial protection system for settlement guarantee funds, thus providing judicial support for the stable development of the futures market. On the basis of extensive researches and consultations from various parties, the CSRC introduced nine sets of guidelines on regulation of futures exchanges, covering futures trading, settlement, supervision, revision of rules and regulations, product innovation, and unusual trading activities and market fluctuation. In an effort to implement "forceful supervision", the CSRC enhanced institutional arrangements, clarified responsibilities and procedures. Under the guidance of the CSRC, monitoring centers, futures exchanges and software companies kicked off the cleaning up of accounts, and set up criteria for violations and unlawful conducts in futures market. Furthermore, the regulatory responsibilities of the CSRC and futures exchanges were clearly defined and so were the supervisory procedures.

### 3.6.3 Zeroing in on Existing Futures Varieties and Enabling the Market to Play Its Role

After building up the assessment framework for futures varieties, the CSRC organized exchanges to assess listed futures products, so as to offer grounds for the improvement of concerning regulations. Given that certain trading rules and regulations were not consistent with market development, the CSRC encouraged futures exchanges to amend their charters, trading rules and futures contracts, and strengthened risk prevention and controls. In order to ensure that the futures market fully exercised its functions, the CSRC provided guidance to exchanges in the design of futures products, with the purpose of curbing excessive speculation and facilitating hedging. Drawing on the philosophy of the real industry, the CSRC also required the exchanges to intensify risk control and improve transparency of hedging. The CSRC organized futures exchanges to conduct researches on the warehouse settlement system, especially that in the U. S. futures market, focusing on exploring measures to decrease conflicts of interest and guard against market risks.

### 3. 6. 4 Integrating Research Forces to Conduct Forward-looking Researches

The CSRC established a research group for the futures market during the 12th Five-year Plan Period, which integrated research forces to focus on the five key areas including opening up of the futures market, institutional investors, commodity index trading, development of analytic system for the futures market, and low-carbon economy. The CSRC strengthened the collection and analysis of futures market information, the infrastructure for research, and started to build up database for market research.

### 3. 6. 5 Strengthening Regulatory Framework, Standardizing the Development of Futures Companies, and Further Developing the Functions of Futures Market

◆ **Amending classified supervision rules.** Since its implementation, *Regulations on Classified Supervision of Futures Companies (Trial)* have played a significant role in promoting healthy development of futures companies and making the futures market better serve the national economy. Between 2009 and 2010, the futures market witnessed significant changes, in this context, classified supervision, as an innovative regulatory approach, needed to be explored and optimized in time. Thus, in 2010, the CSRC actively put forward the amending of classified supervision in the futures market.

◆ **Studies on the appropriateness of the net-capital-based regulatory system.** Given the changes in the futures market, the CSRC strengthened assessments on futures companies' current net-capital-based regulatory system, closely followed adjustments made in such regulatory systems of related industries both at home and abroad, and conducted in-depth studies on issues raised by market participants. The CSRC assessed in a timely manner the appropriateness of futures companies' current systems to ensure that they adapted and supported the rapid market development, and at the same time effectively prevented risks and improved market efficiency.

◆ **Exploring methods to improve the implementation of protection fund.** In accordance with regulations, including *Tentative Measures on the Administration of Futures Investor Protection Fund*, the CSRC formulated specific methods for the payment of futures investor protection fund by futures exchanges and futures companies. In March, the CSRC issued *Regulations on Payment of Futures Investor Protection Fund by Futures Exchanges and Futures Companies*, thereby formally launching the preparations for futures investor protection fund and establishing the long term mechanism for futures investors' protection. All these provided strong moves for improving the risk management mechanism in the futures industry, protecting investors' interests and maintaining stable, sound development of the futures market.

◆ **Improving futures companies' compliance levels**. The CSRC continuously strengthened day-to-day supervision on futures companies. It enhanced net capital monitoring through off-spot supervision and tackled key issues through on-spot supervision. At the same time, the CSRC standardized review and approval procedures for the establishment of operational offices by futures companies, and promoted balanced development within the industry. The CSRC paid particular attention to the development of information technologies by guiding the China Futures Association in undertaking reviews and assessments on information technologies of futures companies nationwide, building up reporting mechanism for unexpected network and information security hazards in futures companies, and exploring policies for the establishing of recovery system for futures companies. The CSRC amended the operational rules for classified assessments, and organized the second round of classified assessments in 164 futures companies nationwide. In accordance with the law, it is the CSRC's mandate to review applications for administrative approval, and review the qualifications of futures companies for financial futures underwriting, the qualifications of securities companies for intermediary business, and the qualifications of futures companies' chief risk officers. It guided regional offices in conducting reviews on the qualifications of futures companies' chairmen, supervisors, and senior managers. The CSRC also actively promoted investor education, to better educate the investor about rules, regulations, risks and the nature about the futures industry as well as the functions and characteristics of stock index futures through media and other means. The CSRC strengthened risk prevention and control, and urged regional offices to address risk factors uncovered in day-to-day supervision.

◆ **Promoting Futures Companies' Intermediary Functions to Better Serve Economic Development**. In 2010, the CSRC actively uplifted futures companies' intermediary functions, steadily pushed forward the futures industry's innovation and opening up, accelerated futures companies' piloting program of investment consulting services, explored ways of promoting futures companies' piloting program of client assets management, and promoted the opening up of the futures industry by focusing on the development of overseas agencies.

# 4. Opening-up of the Market and Cross-border Regulatory Cooperation

Opening up to the outside world has been a key driving force for the development of China's capital market. China has fulfilled all its commitments regarding opening up its securities sector and has initiated a spate of measures to facilitate the opening-up of the market. The CSRC has always been promoting opening-up in a proactive manner with a progressive and mutually-beneficial approach. Drawing on the experiences and best practices of other markets, the CSRC has been continuously and proactively improving its policies and measures to open up China's securities sector to achieve constant, sound and safe growth of the securities market while ensuring the steady market operation and safeguarding the financial safety of the nation.

## 4.1 Financial Sector Assessment Program

The Financial Sector Assessment Program (FSAP) is an assessment framework jointly proposed by the IMF and the World Bank in 1999, with a purpose to strengthen the assessment and testing of financial vulnerability of their member jurisdictions, reduce the chances of financial crisis outbreaks and promote financial reform and development around the world. So far, the FSAP has become a widely accepted framework for assessing financial stability in the international community, and leaders from China promised twice at two G20 summits to carry out the program in China.

China officially launched its first FSAP in August 2009, which was implemented under the leadership of the PBOC. The CSRC took the initiative to coordinate in all relevant tasks, mainly including: Self-assessment of *IOSCO Objectives and Principles of Securities Regulation*, self-assessment of China's securities settlement systems against the *RSSS* jointly proposed by the CPSS and IOSCO. In addition, the CSRC participated in the on-site assessment of FSAP in China conducted in 2010. The preliminary assessment results showed a convergence of the Chinese capital market with the IOSCO regulatory standards, as the assessment group fully acknowledged the effectiveness of China's regulation on its capital market.

On March 17th, 2010, Mr. Yao Gang, Vice Chairman of the CSRC, addressed the Meeting for Finalizing the FSAP Assessment Report.

Currently, the CSRC under the unified arrangement of the PBOC is going on with the follow-up work of the FSAP.

## 4.2 Steady Development of Overseas Financing and the International Board

### 4.2.1 Steady development of overseas financing

Overseas listing provides an important channel for

China to attract foreign investment. The CSRC will continue to encourage qualified domestic companies to go public abroad through the implementation of *Several Opinions of the State Council on Further Utilizing Foreign Capital.* The CSRC urges the revision of laws and regulations relevant to overseas listing to improve the ongoing regulatory systems and cross-border regulatory cooperation mechanisms for domestic companies listed overseas, and encourages these companies to build platforms for going global and conduct cross-border investment, mergers and acquisitions so as to optimize resource allocation for better international competitiveness.

#### 4. 2. 2 Strengthening communication and coordination with the concerning authorities to explore proper institutional arrangements for foreign companies to get listed on Chinese market

On April 29, 2009, the State Council promulgated the *Opinions on Promoting the Development of Shanghai's Modern Service Industry and Advanced Manufacturing Industry, and Promoting the Construction of Shanghai International Financial Centre and International Shipping Centre*, proposing the plan to "encourage qualified foreign enterprises listed on Chinese market at a proper timing". This is also an achievement resulted from Sino-US Strategic and Economic Dialogue and Sino-UK Economic and Financial Dialogue. Entitling qualified foreign companies to issue stocks in RMB within the Chinese territory is a complicated and systematic project involving a number of major issues concerning legislation, accounting and investor protection. The CSRC has set up a task force on this matter to fully study the relevant laws and regulations, strengthen communication and coordination with cocnerning authorities, search for proper institutional arrangements and formulate corresponding management measures and rules based on research results. Up to now, significant progress has been made and consensus has been reached on many issues among the parties concerned, but there remains a lot of work to do. In its next move, the CSRC will continue to do a good job in addressing technical issues, though there is not yet a timetable for the introduction of related regulations and rules.

## 4. 3 Cooperation with Hong Kong, Macao and Taiwan Securities Markets

### 4. 3. 1 Hong Kong and Macao

In line with the Mainland and Hong Kong Closer Economic Partnership Arrangement (CEPA) and its supplements, the following opening-up measures have been implemented:

- From January 1, 2004 on, Hong Kong Exchanges and Clearing Limited (HKEx) has been permitted to set up an office in Beijing, accompanied by simplified procedures for licensed professionals from Hong Kong and

Macao SARs applying for securities and futures practitioner qualifications in the Chinese mainland, who only need to take training and pass exams on legal knowledge in the mainland and no longer need to take any exams on professional knowledge.

- From January 1, 2005 on, qualified intermediaries from Hong Kong and Macao SARs have been allowed to hold up to 49% equity stake in futures brokerage companies in the mainland.

- From January 1, 2006 on, qualified mainland securities companies participating in innovation pilot programs have been allowed to set up subsidiaries in Hong Kong in accordance with relevant regulations. Qualified mainland futures companies have been permitted to launch futures business in Hong Kong, including setting up branches in Hong Kong.

- From January 1, 2008 on, qualified mainland fund management companies have been allowed to set up branches in Hong Kong to start business. The time limit for those branches to complete the registration procedures is extended from six months to one year.

- From October 1, 2009 on, qualified securities companies from Hong Kong and Macao SARs have been allowed to establish joint venture securities investment consulting firms in Guangdong Province with domestic securities companies that are qualified to set up subsidiaries. The joint venture firm is operated as a subsidiary of the domestic securities company and is specialized on providing securities investment consulting services. In the joint venture, securities company from Hong Kong or Macao can hold up to one third of the total stake. The mainland and Hong Kong are carrying out research on introducing H-share ETF to the mainland.

- From January 1, 2011 on, support has been given to Hong Kong subsidiaries of qualified mainland futures companies for their legal operation in Hong Kong SAR. The mainland and Hong Kong are cooperating closer in terms of financial services and product development, with the timely launch of cross-border ETF investing in Hong Kong stocks.

- By the end of 2010, the CSRC had approved 3 Hong Kong-based intermediaries to hold equity stake in mainland futures companies. In addition, 18 mainland securities companies, 6 mainland futures companies and 10 mainland fund management companies had been approved to set up branches in Hong Kong. (See Table 8——Table 10 for name lists.)

### 4.3.2 Taiwan

Under the framework of the *Cross-Strait Financial Cooperation Agreement*, on November 16, 2009, the CSRC signed the *Memorandum of Understanding Regarding Cross-Strait Regulatory Cooperation on Securities and Futures* with the financial regulator of Chinese Taipei, which entered into force on January 16, 2010, marking the inception of the mechanism for cross-strait securities and futures regulatory cooperation, and laying a basis for the cooperation between the securities and futures markets of both sides. In 2010, the CSRC took an active part in the negotiation on the *Economic Cooperation Framework Agreement* (ECFA), making three commitments on opening-up in the ECFA Early Harvest List:

◆ Appropriate incentives shall be provided for eligible Taiwan-funded financial institutions to apply for QFII status in Chinese Mainland;

◆ Taiwan Stock Exchange and Taiwan Futures Exchange shall be included as soon as possible in the exchange list of QDIIs permitted to invest in financial derivatives in Chinese Mainland;

◆ Simplifying procedures for licensed professionals from Chinese Taipei to apply for securities and futures practitioner qualifications in Chinese mainland.

## 4.4 International Exchange and Cross-border Regulatory Cooperation

### 4.4.1 Active participation in multilateral and bilateral consultations and dialogues as well as the international financial regulatory reform

◆ **Bilateral MOUs.** Signing bilateral memoranda of understanding (MOU) is one of the major means for the CSRC to strengthen regulatory cooperation with its international counterparts, and one of the preconditions for foreign financial institutions to participate in China's capital market, such as setting up joint venture securities companies, joint venture fund management companies or applying for QFII status. In 2010, the CSRC signed *MOU Regarding Securities and Futures Regulatory Cooperation*, respectively in January with MFSA in Valletta, in May with Kuwait Stock Exchange Committee in Kuwait City and in December with SECP in Islamabad. As of 2010, the CSRC had signed 48 MOUs with regulators in 44 jurisdictions (see Table 11 for details).

◆ **Involvement in the international financial regulatory reform under the G20 and FSB mechanisms.** The outbreak of the financial crisis highlighted the significance of G20 and FSB mechanisms and their increasing impacts on the international financial system and the international financial regulatory reform. In this context, the CSRC attached great importance to and actively participate in the G20 Summits in Seoul and Toronto, contributing its insights and recommendations. At the same time, the CSRC organized the authorities concerned to implement the arrangements regarding the G20 and the FSB related issues and to engage in the mutual assessment of the G20 macroeconomic policies, FSB allowance policy assessment, risk disclosure assessment and other two assessments, providing comments and suggestions on improving the assessment content and mechanism, in an effort to promote and accelerate the international financial regulatory reform.

◆ **Dedication to bilateral dialogue mechanisms, including Sino-US Strategic and Economic Dialogue ( S&ED ), the Sino-UK Economic and Financial Dialogue and Sino-Japan High-level Economic Dialogue**. With the economic and financial globalization, in particular the increasing demand for a joint response to the latest global financial crisis, cooperation and exchange in the securities sector has become increasingly important. Apart from highly involving in the third round of the above-mentioned bilateral dialogues, the CSRC has also participated in bilateral dialogues with EU, Korea, Russia, India and Kazakhstan to enhance bilateral cooperation and exchanges with overseas counterparts.

◆ **Engagement in the WTO trade policy review, the FTA negotiations, consultation on IMF Article IV, China's sovereign rating by Moody and other related work**. The CSRC actively participated in WTO trade policy review, answering questions raised by other members regarding China's securities and futures sector, offering advice and suggestions for negotiation rules concerning the Doha Round of trade in services, sending representatives to attend the related meetings of agencies under the WTO Council for Trade in Services, as well as engaging in the work regarding the FTA negotiations, consultation on IMF Article IV, China's sovereign rating by Moody and the APEC Unilateral Action Plan. In addition, it also maintained contact and cooperation with regional and international organizations including OECD and ADB.

◆ **Participation in IOSCO initiatives**. As a global forum for securities regulators and the international securities standard-setter, IOSCO issued a series of reports and policies to tackle the financial crisis, standing as a key force in the world's response to the crisis. Since it joined IOSCO in 1995, the CSRC has gained the membership of all important committees under IOSCO, including the Executive Committee, the Technical Committee, the Emerging Markets Committee, the Asia-Pacific Regional Committee, etc. , with its efforts acknowledged by all IOSCO members. In 2010, the CSRC continued to actively engage in various IOSCO events, including attending IOSCO meetings, sending staff to take part in the research activities of various IOSCO committees and Task Forces ( such as Task Forces on Strategic Direction and Systematic Risk under the Executive Committee, Task Forces on Regulatory Cooperation, Energy and CPSS Assessment under the Technical Committee, etc. ), drafting and revising the relevant reports, and giving feedback to a variety of questionnaires, and so on. At the annual meeting held in June 2010 in Montreal, the CSRC was once again selected as a member of IOSCO Executive Committee by over 100 IOSCO members, while CSRC Chairman Shang Fulin was elected as the sole Vice Chairman of IOSCO Executive Committee on his third consecutive term. The CSRC will continue to firmly support the IOSCO to play a greater role in properly addressing the global crisis, monitoring and guarding against systemic risks, promoting regulation and integrity across securities markets, maintaining financial stability and protecting investors.

On July 6th, Chairman Shang Fulin Signed the Side Letter of the MOU with Chairman Jochen Sanio of BaFin.

### 4.4.3 Cross-border Regulatory Cooperation

◆ **Cross-border law enforcement assistance**. Under the framework of bilateral MOUs on regulatory cooperation and IOSCO MMOU, the CSRC provides cross-border enforcement assistance to overseas securities regulators, which facilitated the performance of the respective supervisory mandates, enhanced enforcement efficiency, protected investors' legal interests and maintained the stability and development of the markets. In 2010, the CSRC received 33 requests from overseas regulators for enforcement assistance, and 16 cases were settled; one assistance request was sent to overseas regulators from the CSRC.

◆ **Other cooperation**. In the context of accelerated integration of global financial markets, there has been an increase of cross-border regulatory cooperation. In 2010, the CSRC cooperated with the GIZ to jointly implement the *Sino-German Technical Cooperation Project for the Protection of Securities Investors*. In July of the same year, the CSRC and the BaFin signed a MOU Side Letter for Technical Cooperation within the framework of the Sino-German project. At present, the CSRC is actively discussing with the securities regulators and the competent authorities in quite a few jurisdictions about the possibility of setting up cross-border regulatory cooperation mechanisms concerning accounting and auditing regulation, regulation of credit rating agencies and many other fields.

# Appendices

# Appendix 1 List of Key Facts of China's Securities Market during 2010

## A1.1 Department Rules Promulgated by CSRC

◆ ***Procedures for Administrative Reviews of China Securities Regulatory Commission***

(May 4th, 2010, CSRC Decree No. 67)

◆ ***Implementing Rules for Anti-Money Laundering Measures in Securities and Futures Industries***

(September 1st, 2010, CSRC Decree No. 68)

◆ ***Decision on Amending the Procedures for Administration of Securities Issuance and Underwriting***

(October 11th, 2010, CSRC Decree No. 69)

## A1.2 Important Regulatory Documents Promulgated by CSRC

◆ *Compilation Rules for Information Disclosure by Companies Offering Securities to the Public No. 15——General Provisions on Financial Statements* (amended in 2010)

(Jan 11th, 2010, CSRC Announcement [2010] No. 1)

◆ *Compilation Rules for Information Disclosure by Companies Offering Securities to the Public No. 9——Calculation and Disclosure of Return on Assets and Earnings per Share* (amended in 2010)

(Jan 11th, 2010, CSRC Announcement [2010] No. 2)

◆ *Guidance on Pilot Projects on Margin Trading by Securities Companies*

(Jan 22nd, 2010, CSRC Announcement [2010] No. 3)

◆ *Provisions on Establishing Suitability System for Stock Index Futures Investors (Tentative)*

(Feb 5th, 2010, CSRC Announcement [2010] No. 4)

◆ *XBRL Template No. 3 for Information Disclosure by Securities Investment Funds-Annual Report and Semi-Annual Report*

(Feb 5th, 2010, CSRC Announcement [2010] No. 5)

◆ *Provisions on Matters Relating to Payment of Contribution to the Futures Investor Safeguard Fund by Futures Exchanges and Futures Companies* (Mar 15th, 2010, CSRC Announcement [2010] No. 7)

◆ *Guidelines on Further Improving Activities of Recommending Stock Offering on GEB*

(Mar 19th, 2010, CSRC Announcement [2010] No. 8)

◆ *Compilation Rules for Information Disclosure by Companies Offering Securities to the Public No. 20——Contents and Formats of Quarterly Report by Companies Listed on GEB*

(Mar 29th, 2010, CSRC Announcement [2010] No. 10)

◆ *Provisions on Reinforcing Administration of Securities Brokerage Service*

(Apr 1st, 2010, CSRC Announcement [2010] No. 11)

◆ *Procedures for On-site Inspection of Listed Companies*

(Apr 13th, 2010, CSRC Announcement [2010] No. 12)

◆ *Guidelines on Participation of Securities Investment Funds in Stock Index Futures Trading*

(Apr 21st, 2010, CSRC Announcement [2010] No. 13)

◆ *Guidelines on Participation of Securities Companies in Stock Index Futures Trading*

(Apr 21st, 2010, CSRC Announcement [2010] No. 14)

◆ *Decision on Abolition of Certain Rules and Regulations on Securities and Futures (9th batch)*

(May 7th, 2010, CSRC Announcement [2010] No. 16)

◆ *Decision on Amending Provisions on Regulation on Classification of Securities Companies*

(May 14th, 2010, CSRC Announcement [2010] No. 17)

◆ *Announcement of China Securities Regulatory Commission*①

(Jun 4th, 2010, CSRC Announcement [2010] No. 18)

◆ *Compilation Rules for Information Disclosure by Companies Offering Securities Publicly No. 31——Contents and Formats of Interim Report by Companies Listed on GEB*

(Jun 29th, 2010, CSRC Announcement [2010] No. 19)

◆ *Decision on Amending Provisions on Strengthening Supervision of Listed Securities Companies*

(Jun 30th, 2010, CSRC Announcement [2010] No. 20)

◆ *Article 46 of Tentative Procedures for Administration of Offshore Securities Investment by Qualified Domestic Institutional Investors-Opinions on Application to Specific Client Asset Management Activities Conducted by Securities*

---

① This announcement sets forth rates of CSRC administrative charges and related payment terms.

*Company in Connection with Offshore Securities Investments-Opinion No. 6 on Application of Securities and Futures Statutes*

(Aug 16th, 2010, CSRC Announcement [2010] No. 22)

◆ *Provisions on Borrowing Subordinated Debts by Securities Companies*

(Sep 1st, 2010, CSRC Announcement [2010] No. 23)

◆ *Notice on Issues Related to Pilot Projects on Participation of Listed Commercial Banks Trading Bond on Stock Exchanges*

(Sep 30th, 2010, Zheng Jian Fa [2010] No. 91)

◆ *Guidelines on Deepening the Reform of New Issue System*

(Oct 11th, 2010, CSRC Announcement [2010] No. 26)

◆ *Tentative Rules on Securities-related Advisory Service*

(Oct 12th, 2010, CSRC Announcement [2010] No. 27)

◆ *Tentative Rules on Publication of Securities Research Reports*

(Oct 12th, 2010, CSRC Announcement [2010] No. 28)

◆ *Rules on Law Firms' Practice in Securities Laws (Tentative)*

(Oct 20th, 2010, CSRC and Ministry of Justice, CSRC Announcement [2010] No. 33)

◆ *Detailed Rules on Law Firms' Practice in Securities Investment Fund Business (Tentative)*

(Oct 20th, 2010, CSRC and Ministry of Justice, CSRC Announcement [2010] No. 34)

◆ *Guidelines on Guaranteed Funds*

(Oct 26th, 2010, CSRC Announcement [2010] No. 30)

◆ *Provisions on Completing Addendum to Financial Advisor's Opinions on Merger and Acquisition and Restructuring of Listed Companies*

(Nov 18th, 2010, CSRC Announcement [2010] No. 31)

◆ *XBRL Template No. 4 for Information Disclosure by Securities Investment Funds-Announcement on Effectiveness of Fund Contracts and Eleven Types of Interim Announcements (Tentative)*

(Nov 18th, 2010, CSRC Announcement [2010] No. 32)

◆ *Decision on Abolition of Certain Rules and Regulations on Securities and Futures (10th batch)*

(Dec 26th, 2010, CSRC Announcement [2010] No. 36)

## A1. 3 Important Facts of China's Securities Market and Regulation

◆ On January 1st, 2010, the CSRC introduced the review of classification of all fund products and the public announcement on fund products' review progress. In 2010, the CSRC approved

154 funds in total, including 147 funds for which capital raising was fulfilled.

◆ On January 11th, 2010, the CSRC held a Spring Symposium on Building of Legal System for the Capital Market. Chairman Shang Fulin attended the symposium and delivered an important speech. He explicitly affirmed the outstanding achievements which were made in building legal system for the capital market, pointing out that the focus of legal system building was shifting from system construction to implementation of statutes. According to Chairman Shang Fulin, it is crucial to further strengthen the regulation on the capital market pursuant to laws, heighten the effectiveness and proactivity of the actions undertaken by various regulatory authorities.

◆ The National Working Conference of Securities and Futures Regulators was held on January 13th, 2010. At this meeting, Chairman Shang Fulin presented a work report titled *Innovating and Persisting in the Sound Development of the capital market.*

◆ On March 15th, 2010, the CSRC published, in the form of an announcement, the *Provisions on Matters Relating to Payment of Contribution to the Futures Investor Protection Fund by Futures Exchanges and Futures Companies.* This publication represents an official start of fund raising for the Futures Investor Safeguard Fund.

◆ On March 19th, 2010, the CSRC published the *Guidelines on Further Improving Activities of Recommending Stock Offering on GEB*, steering sponsors to recommend, in priority, enterprises from and in connection with new industries in line with national strategic direction and enterprises having autonomous innovative capabilities or high potential for growth from other areas.

◆ On March 31st, 2010, the CSRC initiated pilot projects on margin trading by securities companies.

◆ On April 8th, 2010, stock index futures were officially launched. On April 16, Shanghai-Shenzhen 300 Stock Index Futures were officially listed on China Financial Futures Exchange for trading.

◆ On April 2010, the CSRC presented to the Financial Sector Assessment Program (FSAP) team a 320, 000-word self-assessment report based on IOSCO (International Organization of Securities Commission) Principles. The FSAP assessor prepared a report named *China's Compliance with Standards and Criteria: IOSCO Securities Market Assessment* based on the on-site interviews performed from May to August 2010, and produced preliminary assessment findings on the CSRC's compliance with IOSCO Principles on November 28, 2010.

◆ On April 26th, 2010, the Ministry of Finance, the CSRC, National Audit Office, China Banking Regulatory Commission and China Insurance Regulatory Commission jointly published a complete set of guidelines for corporate internal control. As from January 1st, 2011, the guidelines will first apply to companies which are concurrently listed in China and overseas, and commencing from January 1st, 2012 the scope of application will be extended to companies listed on the main board of Shanghai Stock Exchange or Shenzhen Stock Exchange.

◆ On May 18th, 2010, the Supreme People's Procuratorate and Ministry of Public Security jointly issued the *Regulations II of the Supreme People's Procuratorate and Ministry of Public Security on Standards for Filing and Prosecuting Criminal Cases Which Fall under the Jurisdiction of Public Security Organizations*, providing for criteria of filing and prosecution of 86 types of criminal cases under the jurisdiction of economic crime investigation department of public security authorities and further clarifying standards of filing and prosecuting cases involving alleged insider trading, unauthorized disclosure of insider information and manipulation of securities and futures market.

◆ In July 2010, the CSRC officially launched an *ad-hoc* project of combat against rampant insider trading in the capital market.

◆ On July 15th, 2010, Agricultural Bank of China (SSE Code: 601288) launched its IPO on Shanghai Stock Exchange. The RMB 68.5 billion thus raised made it the largest IPO transaction of A-share market in history. Upon completion of this transaction, all of China's "big four" large-scale commercial banks fulfilled transformation into joint-stock banks and listing on A-share market.

◆ On October 11th, 2010, the CSRC issued the *Guidelines on Deepening the Reform of New Issue System*, officially initiating the phase II reform in the issue of new shares. The *Guidelines* took effect on November 1st, 2010.

◆ On November 3rd, 2010, Taikang Life Insurance Company listed its subordinated debt with fixed term on the Electronic Platform for Fixed Income Securities of Shanghai Stock Exchange for trading. This is the first insurance-related bond of its kind listed on a Chinese stock exchange.

◆ On November 17th, 2010, the General Office of the State Council issued the *Circular for Forwarding the Notice on Combating and Preventing against Insider Trading in the Capital Market issued by the CSRC and other relevant authorities* (Guo Ban Fa [2010] No. 55), putting in place overall arrangements and deployment for combating and prevention against insider trading pursuant to laws. Aimed at maintaining order in the capital market and protecting investor's lawful rights and interests, this initiative is of great significance to the sound development of the capital market.

◆ On December 6th, 2010, Bank of Communications effected 3 bond transactions in the call auction trading system of Shanghai Stock

Exchange. This event marked the return of commercial banks to stock exchanges' bond market after their exit 13 years ago.

◆ On December 7th, 2010, 12 large-scale local accounting firms were authorized to provide auditing services to mainland companies listed in Hong Kong ( H-share companies ), using mainland's auditing standards. This constituted a milestone toward intensified exchange and cooperation between mainland and Hong Kong accounting professionals.

◆ On December 12th, 2010, the Exhibition of Twenty Years' Achievements of Chinese Capital Market was kicked off in Beijing. Mr. Wang Qishan, a member of the Political Bureau of the CPC Central Committee and the Chinese Vice Premier of the State Council, attended the opening ceremony and visited the exhibition.

◆ On December 16th, 2010, *Report on Status of Governance of Chinese Listed Companies* was presented at the Asian Roundtable on Corporate Governance. The report was the CSRC's first self-assessment on governance of Chinese listed companies in accordance with the framework of governance principles developed by OECD. CSRC Chariman Mr. Shang Fulin contributed a foreword to the *Report*.

# Appendix 2 Key Aspects of the Securities Regulatory System

## A2. 1 Legal Framework for Securities

The rule of law is the foundation for the healthy development ofcapital market. In recent years, China has been attaching great importance to the construction of market infrastructure, especially the development of a sound underlying statutory framework. Such efforts contribute greatly to the healthy and stable development of the capital market. The current securities legal framework consists of three levels:

**Level 1 Laws.** Laws are developed by the National People's Congress or its Standing Committee. Except where otherwise required by the *Constitution of the PRC*, the *Securities Law of the PRC* (hereinafter referred to as the "*Securities Law*") constitutes the highest legal authority. The three prevailing securities statutes include the *Securities Law*, the *Company Law of the PRC* (hereinafter referred to as the "*Company Law*") and the *Securities Investment Fund Law of the PRC* (hereinafter referred to as the "*Securities Investment Fund Law*").

♦ The *Securities Law* is formulated to regulate securities issuance and trading, protect investors' legitimate rights and interests, maintain economic order and public interests of the society and promote the development of the socialist market economy. Provisions are set forth therein regarding issuance, trading and listing of securities① and relevant information disclosure, listed company's acquisition, prohibited transactions, stock exchanges, securities companies and services providers, securities registration and clearing institutions, Securities Association of China and China Securities Regulatory Commission as well as legal liabilities resulting from violations of the law.

♦ The *Company Law* is formulated to regulate the organization and activities of companies, protect the legitimate rights and interests of companies, shareholders and creditors, maintain

① The *Securities Law* is applicable to the issuing and trading of stocks, corporate bonds and other securities issued in China as lawfully recognized by the State Council as well as the listing and trading of government bonds and securities investment fund units. It is also prescribed in the *Securities Law* that the measures for the administration of the issuing and trading of securities derivatives shall be stipulated by the State Council pursuant to the principles of the *Securities Law*.

social and economic order and promote the development of the socialist market economy. Provisions are set forth therein regarding the incorporation, merger, spinoff, capital increase and decrease, corporate governance and organizational structure, transfer of shares, share issuance of companies limited by shares, qualifications and obligations of corporate directors, supervisors and executives as well as legal liabilities resulting from violations of the law. A listed company is a joint stock company with its shares listed and traded on a stock exchange. Investors purchasing the shares and corporate bonds issued by a listed company should exercise their rights and perform their obligations in accordance with the *Company Law*.

◆ The *Securities Investment Fund Law* is formulated to regulate the activities of securities investment funds, protect the legitimate rights and interests of investors and parties involved and promote the healthy development of securities investment funds and the securities market. Provisions are set forth therein regarding the fund management companies, fund custodian banks, raising, operation and information disclosure of funds, the rights of fund unit holders and their exercise as well as the legal liabilities resulting from violations of the law.

**Level 2 Administrative Regulations.** Administrative regulations are developed by the State Council, China's highest administrative authority, in line with the *Constitution* and other laws. Administrative regulations are subordinate to the laws in terms of legal authority. 18 effective securities-related administrative regulations and normative documents① are in effect. Among these regulations and instruments, the *Regulations on Administration of Futures Trading* promulgated on March 6th, 2007 is an overall amendment to the *Tentative Regulations on Administration of Futures Trading,* 1999 and is designed to regulate the trading activities in connection with commodity futures and financial futures and to protect the lawful rights and interests of parties to futures trading and the public interests; the *Regulations on Supervision and Administration of Securities Companies* and the *Regulations on Disposition of Risks of Securities Companies* issued by the State Council on April 23rd, 2008 have provided a strong legal protection for the healthy development of the securities industry and the sound growth of the capital market with a view to preserving the legitimate rights and interests of investors and setting up well-designed operating standards and regulatory rules for securities companies.

**Level 3 CSRC Rules and Normative Documents.** Various rules and normative documents were developed by CSRC in accordance with the laws and administrative regulations. These rules and normative documents are subordinate to the laws and the administrative regulations. Currently, there are 62 CSRC rules, including the *Measures for the Administration of the Issuance of Securities*

---

① Normative documents refer to documents with general legal force which have been issued by the State Council and its General Office in a form other than State Council's decrees.

*by Listed Companies*, the *Measures for the Administration of Initial Public Offering and Listing of Stocks*, the *Measures for the Administration of Information Disclosure of Listed Companies*, the *Measures for the Administration of Substantial Assets Reorganization of Listed Companies*, the *Provisions on the Procedures for the Securities and Futures Rulemaking*, etc. In total, 389 guidance documents relating to securities and futures are in effect.

The 3-tier securities regulations are interconnected and constitute an integral legal framework, with each lower level of rules serving as a necessary supplement to the laws and regulations at a higher level. Altogether, they form an integrated legal system for China's securities and futures market. This system covers securities offering, securities and futures trading, securities and futures operators and service providers, listed companies, information disclosure, institutional investors and the corresponding systems of supervision, management and legal accountability.

In addition, the *Real Right Law*, the *Criminal Law*, the *Enterprise Insolvency Law*, the *Anti-money Laundering Law*, the *Law on the State-owned Assets of Enterprises* and judicial interpretations such as *Certain Provisions of the Supreme People's Court on Trying Cases on Civil Compensation Arising from Fraudulent Statement in Securities Market* and the *Circular of the Supreme People's Court on Relevant Issues concerning the Freeze, Transfer and Deduction of Securities Trading Settlement Funds* are closely related to the capital market. They create a sound external legal environment for the healthy and stable development and efficient operation of the capital market. In the course of supervising and administering the securities and futures market, the CSRC also complies with the *Legislation Law*, the *Administrative Authorization Law*, the *Administrative Sanction Law*, the *Administrative Review Law* and other relevant laws.

## A2. 2 Supervision of Securities Offering and Listing

### A2. 2. 1 Key Regulatory Rules for Domestic Offerings

Financial instruments traded on China's securities market include stocks, bonds, securities investment funds and warrants. In accordance with the *Securities Law*, the *Company Law* and other relevant laws and regulations, initial public offerings, public issuance of corporate bonds, new issues of stock and issuance of convertible bonds by listed companies require the authorization by the CSRC, while the issuance of treasury bonds, financial bonds and corporate bonds requires the authorization by other relevant government authorities. The listing and trading of stocks, convertible bonds, debentures, treasury bonds, financial bonds and corporate bonds require the authorization and supervision of the exchanges.

### A2. 2. 1. 1 Authorization System for Domestic Securities Offering

China's capital market emerged and developed during China's transition from a planned economy to today's market economy. Therefore, the characteristics of the times were inevitably carved into the then offering system. Constrained by various factors as well as the market context, the early stage of the capital market saw an approval system with strong administrative intervention in terms of securities offering administration. After March 2001, the previous administrative approval system was abolished, and a new offering authorization system was adopted: the issuer shall apply for an offering and shall be recommended by its sponsor to the CSRC, who will perform a preliminary compliance review on the application materials, which will then be submitted to the Public Offering Review Committee for review. Any permission for an offering is subject to final authorization by the CSRC. This authorization system emphasizes not only information disclosure, but also certain substantial qualifications of the applicant, such as profitability and corporate governance level. The keys of the new authorization system lie in the regulatory authorities' compliance review, reinforced intermediaries' responsibilities, tighter discipline on market participants and less administrative intervention in the offering.

### A2. 2. 1. 2 Sponsor System for Securities Offering and Listing

The CSRC issued the *Provisional Measures on the Sponsor System for Issuing and Listing of Securities* in December 2003, officially establishing the sponsor system. The *Securities Law* amended in October 2005 formally established this system in the form of law. In October 2008, the CSRC further improved the sponsor system with the amended *Measures for the Administration of Sponsorship Concerning Securities Offering and Listing* (hereinafter referred to as the "*Sponsorship Measures*"), laying a foundation for prospective transition from the authorization system to the registration system in terms of securities offering. In May 2009, according to the arrangements made for the development of the Growth Enterprise Board, taking into consideration the characteristics of startup companies and their unique requirements for sponsorship and the objectives of giving a better play to the function of the sponsorship system and strengthening market discipline and risk control, the *Sponsorship Measures* was revised so that the responsibilities of sponsors and their representatives for listings on the GEB were reinforced. The revised *Sponsorship Measures* became effective on June 14th, 2009.

Under the sponsor system, sponsors and their representatives shall recommend and coach securities issuers, examine the truthfulness, accuracy and completeness of the issuer's offering-related documents through due diligence, and assist the issuer to establish a stringent information disclosure system. Specifically, the sponsor system stipulates the following: 1) a company must be recommended by a sponsor for the purpose of issuing shares or convertible bonds: the CSRC and securities exchanges only accept those filings supported by a sponsor's recommendation; 2) sponsors and their representatives shall conduct due diligence over the applicant's filings and information disclosure. Sponsors and their representatives are jointly and severally liable for the truthfulness, accuracy and completeness of the applicants' filings; 3) sponsors are obligated to supervise the issuers they recommend on an on-going basis after the IPO and are liable for any non-compliance of the issuers during the stipulated ongoing supervision period; 4) sponsors shall establish a complete internal management system, an internal control system and a working paper filing system; and 5) the CSRC carries out on-going oversight over sponsors and their representatives.

The sponsor system focuses on two concurrent requirements for public offering: the issuer must be recommended by a sponsor, and sponsoring tasks must be delegated to qualified sponsor representatives. In this way, the respective duties of the sponsor and the sponsor representatives are clearly identified.

#### A2. 2. 1. 3 System of Public Offering Review Committee

The arrangement of Public Offering Review Committee ("Review Committee") forms an integral part of the securities offering authorization system. In accordance with the *Securities Law*, the *Measures for the Public Offering Review Committee of the CSRC* (hereinafter referred to as the "*Review Committee Measures*") and the related detailed rules, the key roles of the Review Committee are to review the compliance of stock offering applications with applicable conditions in accordance with the provisions of relevant laws, administrative regulations and the CSRC rules; to review documents and opinions issued by securities service providers such as sponsors, accounting firms, law firms and asset appraisal firms and their staff; to review the preliminary review reports issued by relevant functional departments of the CSRC; and to provide comments on stock offering applications. In May 2009, the *Review Committee Measures* was revised in view of setting up a separate review committee adapted to the specific needs of the GEB, taking into consideration the substantial differences of the latter from the main board in terms of offering qualifications, information disclosure, and on-going oversight since the majority of the participants to the GEB are companies with innovative capabilities and high growth potential.

The Review Committees consist of professionals fromthe CSRC and external experts engaged by the CSRC. Some of the experts are full-time members. The Main Board Review Committee is composed of 25 members, of whom 5 are from the CSRC and 20 from outside. The Review Committee for the Growth Enterprise Board has 35 members, of whom 5 are from the CSRC, and 30 from outside. The Review Committee votes independently on stock offering applications by open ballot and issues review opinions; the

CSRC makes the final decision on whether or not to authorize stock offering applications in accordance with relevant statutory conditions and proceedings.

The Review Committees have two sets of meeting procedures: general procedure and special procedure. An applicant for a public offering of stocks or other securities acknowledged by the CSRC, such as convertible bonds (CBs), shall follow the general procedure. According to the general procedure, 5 days prior to the committee's meeting, those committee members who are invited to attend the meeting shall be notified of relevant materials delivered by applicants. The issuer list, committee meeting time and list of committee members will be published on the CSRC website. Under the general procedure, each review will be conducted by a total of 7 members, and decision-making shall be subject to a minimum of 5 affirmative votes of the members. The CSRC will publish the voting result on its website. A listed company applying for a nonpublic offering of stocks, corporate bonds or other securities acknowledged by the CSRC shall follow the special procedure. Under the special procedure, committee members who are invited to attend the meeting shall be notified of relevant materials delivered by the issuer prior to the committee's meeting. Each review will be conducted by a total of 5 members and decision-making will be subject to a minimum of 3 affirmative votes of the members. The CSRC will not publish the issuer list, meeting time, list of committee members invited to attend the meeting and the result of voting on its website.

Under the Review Committee system, the committee members play a role of expert and their responsibilities of review have been reinforced. With its transparency being constantly improved, its function of expert strengthened, and the responsibilities of review emphasized, the Review Committee system has played a positive role inpromoting the principles of openness, fairness and equitableness and the proper admission of listed companies.

#### A2.2.1.4 Price Inquiry System

The IPO pricing in China is evolving from an administrative price-setting approach to a market-oriented approach. The price inquiry system for A-share IPO was introduced in January 2005 on a trial basis, thus establishing a market-oriented pricing mechanism. In September 2006, the CSRC issued the *Procedures for Administration of Securities Issuance and Underwriting* based on the experiences of the successful trial implementation to consolidate the IPO price inquiry system. In October, 2010, the CSRC deployed phase II reform concerning new issue system in order to further improve the system of new issue and intensify market disciplinary mechanism. In 2010, the CSRC revised the *Procedures for Administration of Securities Issuance and Underwriting*, and the amended *Procedures for Administration of Securities Issuance and Underwriting* took effect on November 1, 2010.

Under the price inquiry system, the IPO price is determined based on the results of a price inquiry conducted by the issuer and the lead underwriter with specialized institutional investors, including qualified fund management companies, securities companies, insurance companies, finance companies, trust companies, QFIIs, as well as institutional investors having a strong price-setting power and tending to make long-term investments, which are recommended by the lead underwriter at its discretion. The price inquiry process consists of two phases: in Phase I, the lead underwriter carries out a preliminarily inquiry with specialized institutional investors, who provide in turn their feedbacks regarding the valuation of the stock object of the issuance via a special electronic offer platform. Based on these feedbacks, the issuer and the lead underwriter will decide and publish the IPO price range. In Phase II, the final IPO price is set based on the accumulated bids submitted by specialized institutional investors. Indeed, specialized institutional investors subscribe to a certain number of shares at the bid prices quoted within the specified IPO price range and offering size, and remit the subscription money to an account designated by the lead underwriter. The issuer and the lead underwriter determine the final IPO price based on the bids and other relevant factors. Where a bid price is above the actual IPO price, the bidder acquires an allotment of shares at the offering price in accordance with the established share distribution principle, and the balance of the money paid will be refunded.

### A2. 2. 1. 5 IPO and Listing on the Main Board

Article 13 of the *Company Law* as amended in October 2005 stipulates the basic requirements for an IPO on the mainland Chinese market as follows: 1) having a complete and well-operated organization; 2) continuous profitability and sound financial condition; 3) no fraudulent statement in its financial statements over the past 3 years and no other major breach of laws; and 4) meeting any other requirements as prescribed by the securities regulatory authorities under the State Council.

The *Measures for the Administration of Initial Public Offering and Listing of Stocks* promulgated in May 2006 by the CSRC as well as the subsequent supporting rules set up the standards for the conditions, procedures and information disclosure to be complied with by companies launching IPO of A-shares. An IPO issuer must meet the following requirements:

♦ **Issuer Qualification:** An issuer is a joint stock company established and existing pursuant to laws, and whose business has been in operation for at least 3 years unless otherwise approved by the State Council. Its registered capital has been paid up in full. The production and operation of an issuer must comply with relevant provisions of the laws, administrative regulations and its Articles of Association, and the state's domestic industrial policies. In the past 3 years, there has been no major change in the issuer's main business, directors of the board and executives, and the *de facto* control person. The issuer's equity structure must be clearly defined.

◆ **Independency:** An issuer is independent from its controlling shareholder, *de facto* control person or any other enterprise under its control in terms of personnel, finance and business. The integrity of its assets is intact.

◆ **Standardized Operation:** An issuer has established and improved such organs or systems as the shareholder's assembly, board of directors, board of supervisors, independent directors, and a secretary for the board of directors in accordance with laws. The relevant organizations and persons are capable of performing their functions and duties pursuant to laws. The directors, supervisors and executives of an issuer shall meet the qualification requirements for holding their positions as such under relevant laws, administrative regulations and rules. An issuer shall not have any records of substantial violation of laws or regulations in the past 36 months. An issuer's Articles of Association have clearly defined the authority for approving external guarantees as well as relevant deliberation procedures. An issuer has a stringent fund management system.

◆ **Finance and Accounting:** An issuer shall have quality assets, a reasonable structure of assets and liabilities, strong profitability and normal cash flows. An issuer shall have an effective internal control in all substantial aspects, for which an attestation report on internal control shall be produced by a Chinese certified accountant without reserve. The issuer shall possess basic accounting norms and an audit report issued by Chinese certified accountants without reserve. In addition, an issuer must meet the following financial indicator requirements: 1) having positive net profits in the immediately preceding three fiscal years that exceed RMB 30 million in aggregate, the net profits being calculated on the basis of the lower of the net profits before and after deduction of non-recurring profits and losses; 2) having over RMB 50 million in aggregate of net cash flows from business operations in the past three fiscal years, or having over RMB 300 million in aggregate of business revenues in the immediately preceding three fiscal years; 3) having no less than RMB 30 million of share capital before the offering; 4) having no more than 20% of the net assets in the form of intangible assets as at the end of the immediately preceding reporting period (after deduction of land use rights, aqua-culture rights and mining rights, etc.); and 5) having no losses that have not been recovered as of the end of the immediately preceding reporting period. An issuer shall pay taxes according to law, its business achievements shall not heavily depend on tax preferences. An issuer shall not have risk of incurring major debts or be involved with any major contingencies such as guaranty, litigation and arbitration that may impact its ongoing business operations. An issuer shall not be under any circumstance where its on-going profitability is affected.

◆ **Utilization of Offering Proceeds:** Offering proceeds shall be used for well-defined purposes relating to the main business of the issuer in principle. The amount of offering proceeds and proceeds investments shall be in line with the current production and operation scale, financial conditions, technology sophistication and management capabilities of the issuers. Projects funded by offering proceeds shall comply with the industrial policies of the State and laws and regulations governing investment management, environmental protection, land management, etc. Boards of directors of issuers shall properly analyze the feasibility of the proceeds investment projects, and ensure that such investment projects have positive market prospects and profitability, so as to effectively prevent investment risks and maximize the efficiency of proceeds investments. Proceeds investment projects shall not compete with issuers within the same industries and shall not have an adverse material impact on the independence of issuers. Issuers shall establish dedicated deposit systems for offering proceeds. The offering proceeds shall be deposited into dedicated accounts determined by boards of directors.

#### A2. 2. 1. 6 IPO and Listing on the Growth Enterprise Board

In March 2009, the CSRC promulgated the *Tentative Measures for the Administration of Initial Public Offering and Listing on the Growth Enterprise Board* (hereinafter referred to as the "*Tentative Measures*"). As an important part of the multi-tiered capital market system, the GEB aims at promoting the development of innovative enterprises and other types of companies with high growth potential.

The GEB differs from the Main Board significantly in stock offering qualifications in terms of finance and accounting. According to the *Tentative Measures*, a company launching an IPO on the GEB shall satisfy the following conditions: 1) being profitable for the past two consecutive years with a net profit of no less than RMB ten million and the profitability is constantly increasing; or being profitable in the past year with a net profit of no less than RMB five million and an annual business revenue of no less than RMB fifty million, and a growth of the business revenue for the past two years of no less than 30%. The net profit is calculated based on profit before or after deduction of non-recurrent earnings or losses, whichever is lower; 2) the net assets at the end of the immediately preceding reporting period is no less than RMB twenty million, and there is no uncovered loss; and 3) the post-IPO equity is no less than RMB thirty million. An issuer shall pay taxes according to law, its business achievements shall not heavily depend on tax preferences. An issuer shall not have risk of incurring major debts or be involved with any major contingencies such as guaranty, litigation and arbitration that may impact its ongoing business operations. An issuer shall be able to generate profits constantly. An issuer shall not incur any of the following situations: 1) the business model and the types and assortment of products and services have or will encounter significant changes, which will exert material adverse effect on the issuer's ability to generate on-going profits; 2) the status of the issuer in the industry or the operation environment of the issuer's industry has or will encounter significant changes, which will exert material adverse effect on the issuer's ability to generate ongoing profit; 3) the issuer suffers from risks of significant adverse change with respect to access to or utilization of important assets and technologies such as trademarks, patents, proprietary technologies and franchises; 4) the issuer's turnover or net profit in the past year were heavily reliant on affiliated parties or clients with significant uncertainties; 5) net profit of the past year of the issuer predominantly comes from investment returns which are off consolidated financial statements; and 6) other situations that may exert significant adverse effect on the issuer's ongoing profitability.

In March 2010, the CSRC issued the *Guidelines on Further Improving Activities of Recommending Stock Offering on GEB*, stating that sponsors should recommend, in priority, enterprises from new industries in line with national strategic direction, especially those operating in the fields of new energies and materials, information, biology and new pharmaceuticals, energy saving and environmental protection, aerospace, marine, advanced manufacturing and high-tech services, as well as enterprises having innovative capabilities or high potential for growth from other areas. When recommending enterprises from the following industries, sponsors should carefully verify and show that the enterprises are eligible for listing on GEB and describe the demonstration process and conclusions in the sponsor's report and recommendation letter. In particular, the sponsor should prove that the prospective issuer has prominent innovative autonomous capabilities in terms of technologies and business models and that their technologies or business models can facilitate the industry's structural adjustment and technological upgrading: 1) textiles and clothing; 2) public utilities like electric power, gas and water; 3) development and operation of real estates and civil engineering and construction; 4) transportation; 5) liquors, food and beverages; 6) finance; 7) general services; 8) industries with redundant production capacities and projects that are clearly restricted by national policies.

The CSRC will arrange experts to evaluate whether the sponsor's demonstrations are justified and will determine whether the enterprise's application should be accepted or rejected based on such consideration. The evaluation results and number of acceptances/rejections will be used to measure the practicing competences and level of diligence of sponsors and their representatives.

#### A2.2.1.7 Subsequent Offerings by Listed Companies

Subsequent offering by listed companies generally refers to capital raising activities of domestically listed companies on the domestic securities market subsequent to their IPOs. Currently, listed companies may conduct subsequent offerings via follow-on offerings, rights issue, private placements and issuance of convertible bonds, convertible bonds with detachable warrants and corporate bonds. Moreover, domestically-incorporated joint stock companies that issue foreign currency denominated shares on the overseas markets may offer corporate bonds in domestic securities markets. The shareholders of such companies may apply for the issuance of convertible bonds. The CSRC standardized the offering conditions and procedures and information disclosure requirements for subsequent offering activities by promulgating the *Measures for the Administration of the Issuance of Securities by Listed Companies*, the *Measures for Pilot Projects for Corporate Bonds Offering*, the *Trial Provisions for the Offering of Exchangeable Bonds by Shareholders of Listed Companies* and related supporting rules.

Listed companies can implement subsequent offering plans only when they satisfy certain requirements on earnings, net assets and other indicators:

◆ **Follow-on Offering**. Listed companies seeking to issue shares to the public ("Follow-on offering") should satisfy the following requirements: 1) the weighted average return on net assets for the past three fiscal years shall be not less than 6%, the net profits being calculated on the basis of the lower of the net profits before and after deduction of non-recurring profits and losses; 2) with the exception of financial companies, the listed company shall have no tradable financial assets, financial assets readily for sale, outstanding loans to an external borrower or financial investments such as entrusted wealth management in large amounts; 3) the offering price shall be no less than the average stock price of the previous 20 trading days or the average price of the trading day immediately preceding publication of the prospectus.

◆ **Rights Issue**. Listed companies seeking to place shares to original shareholders should satisfy the following requirements: 1) the number of shares to be placed shall not exceed 30% of the total issued share capital before placement; 2) the controlling shareholder should publicly commit to the number of shares to which it will subscribe to prior to the general meeting of shareholders; 3) consignment sale should be used as required by the *Securities Law*; 4) if the controlling shareholder fails to perform its commitment to subscribe to the shares placed to it, or if the number of shares subscribed to by the original shareholders does not reach 70% of the number of shares purported to be placed to it upon expiration of the term of consignment sale, the issuer shall refund the subscription money plus interests as calculated based on the bank deposit rate applicable to the same maturity to the shareholders who have subscribed to the shares placed to them.

◆ **Private Placement**. Listed companies can carry out non-public offering or private placement to specific investors. A listed company which intends to undertake private placement should meet the following requirements: 1) the issuing price shall be not less than 90% of the average price of twenty trading dates preceding the pricing reference date; 2) shares issued shall have a locked-up period of 12 months commencing from the closing date of placement; for shares subscribed by controlling shareholders, *de facto* control persons and the enterprises controlled by them, the lock-up period is 36 months; 3) any placement will result in a change of control of the listed company will be subject to the CSRC's other related requirements. The number of investors of private placement should not exceed 10 persons. In the event that the investors are overseas strategic investors, the placement should be approved in advance by related authorities under the State Council.

◆ **Convertible Bonds (CBs)**. Listed companies seeking to publicly offer CBs should satisfy the following requirements: 1) the weighted average return on net assets for the past 3 fiscal years shall be not less than 6%, the net profits being calculated on the basis of the lower of the net profits before and after deduction of non-recurring profits and losses; 2) after completion of the issuance, the total value of the outstanding bonds will not exceed 40% of the issuer's net assets as of the end of the previous reporting period; 3) the average annual distributable profit for the past 3 fiscal years shall be not less than the annual interest accruing on the corporate bonds to be issued. CBs must be issued with a maturity of not less than one year but not exceeding six years.

◆ **Warrant Bonds (WBs):** WBs are convertible bonds with warrants which can be traded separately from the debt security. Listed companies seeking to offer WBs should satisfy the following requirements in addition to the abovementioned conditions for issuing CBs: 1) audited net assets as of the end of the previous reporting period are not less than RMB 1.5 billion; 2) average annual distributable profit realized for the past 3 fiscal years shall be not less than the annual interest accruing on the corporate bonds to be issued; 3) the average net cash flow generated by operating activities for the past 3 fiscal years shall be not less than the annual interest accruing on the bonds to be issued, or the weighted average net return on asset for the past 3 fiscal years is not lower than 6%, the net profits being calculated on the basis of the lower of the net profits before and after deduction of non-recurring profits and losses; and 4) after completion of the issuance, the total value of the outstanding bonds will not exceed 40% of the issuer's net assets as of the end of the previous reporting period; and the expected total proceeds after exercise of all the attached warrants shall not exceed the bond value to be offered. WBs must be issued with a maturity of not less than one year.

◆ **Corporate Bonds:** Domestic companies listed on Shanghai Stock Exchange (SSE), Shenzhen Stock Exchange (SZSE) or overseas, i. e. A-share, H-share and B-share companies, are all entitled to apply for offering of corporate bonds. Listed companies seeking to publicly offer corporate bonds shall satisfy the following requirements: 1) the average annual distributable profit for the past three fiscal years shall be not less than the annual interest accruing on the corporate bonds to be issued; 2) the aggregate amount of outstanding corporate bonds of the company after the issuance shall not exceed 40% of the net asset value as of the end of the immediately preceding reporting period. The aggregate amount of outstanding corporate bonds of financial companies shall be calculated pursuant to relevant provisions as separately stipulated for financial companies; and 3) the bond shall enjoy a good bond credit rating according to the credit rating result published by a credit rating agency. Corporate bonds must be issued with a maturity of not less than one year yet without a maximum term.

◆ **Exchangeable Bonds (EBs):** EBs refers to the corporate bonds issued by a shareholder of a listed company pursuant to law which can be exchanged for the shares of the listed company held by such shareholder under agreed conditions and within a specific term. Though the aforementioned exchangeable bonds are not issued by the listed company concerned, they are administered as subsequent offerings. Any shareholder of a listed company seeking to publicly offer exchangeable bonds shall satisfy the following requirements: 1) the company net asset value as of the immediately preceding reporting period shall be no less than RMB 300 million; 2) the average annual distributable profit for the past three fiscal years shall be not less than the annual interest accruing on the corporate bonds to be issued; 3) the aggregate value of outstanding corporate bonds of the company after the issuance shall not exceed 40% of the net asset value as of the immediately preceding reporting period; 4) the value of the issuance shall not exceed 70% of the market value of the stock to be exchanged as calculated based on the average price of the said stock of the 20 trading days preceding the publication of the prospectus, and the stock to be exchanged shall be provided as a collateral for the corporate bonds object of the issuance; 5) the company shall enjoy a good bond credit rating according to the credit rating result published by a credit rating agency; and EBs must be issued with a maturity of not less than one year but not exceeding six years.

In addition, listed company whose stock is to be exchanged shall comply with the following provisions: 1) thenet asset value as of the immediately preceding reporting period of this listed company shall be not less than RMB 1.5 billion in value, or the weighted average net return on assets for the past three fiscal years shall not be under 6%, the weighted average net return on assets being calculated on the basis of the lower of the net profits before or after deduction of non-recurring profits and losses; 2) the stock to be exchanged shall be shares not restricted for sale at the moment when the application for issuance is made, and the transfer of these shares by the shareholder during the stipulated exchanging period shall not violate the commitments made by the shareholder to the listed company or to other shareholders; and 3) before the issuance of exchangeable corporate bonds, the stock object of exchange shall not have been attached, sequestered or frozen or otherwise restricted in terms of property rights, shall be free from ownership disputes, and shall not fall into any other circumstances under which such stock are not be permitted to be assigned or are provided as a security in accordance with the law.

In a public offering of CBs, WBs, corporate bonds and EBs by the shareholders of a listed company, the interest rate is to be determined by the issuer after consultation with the lead underwriter in compliance with related provisions of the State. Meanwhile, a credit rating by a qualified credit rating agency accredited by the CSRC must be sought at the time of the bond issuance. The selected credit rating agency should publish a follow-up rating report at least on an annual basis during the tenor of the bonds.

### A2. 2. 2 Overseas Offering and Listing

Article 238 of the *Securities Law* stipulates that domestic enterprises seeking to directly or indirectly offer or list their securities on an overseas market must obtain approvals from the securities regulatory authority under the State Council. Specifically, two kinds of overseas offerings by domestic companies are possible:

◆ Joint stock companies incorporated in the Chinese mainland issuing foreign currency denominated shares for listing on an overseas market: stock offerings by such companies are subject to authorization by the CSRC. The related rules and regulations include the *Special Provisions of the State Council on Joint Stock Limited Companies Seeking Issuing Shares and Listing Overseas* (State Council Decree No. 160), the *Mandatory Provisions to Be Incorporated to the Articles of Association of PRC Companies Seeking Listing Overseas*, the *Several Opinions on Further Enhancing the Information Disclosure by Overseas Listed Companies*, the *Circular on the Issues Concerning Companies Applying for Overseas Listing*, the *Guidelines on Approval of and Regulation on Enterprises in Mainland China Applying for Listing on the Hong Kong Growth Enterprise Market*, and the *Notice on the Centralized Registration and Custody of Non-overseas Listed Shares of Overseas Listed Companies*.

◆ Overseas listing of joint stock companies controlled by Chinese shareholders who have been incorporated outside Chinese Mainlan (red-chip companies): overseas listing of such companies on a case-by-case basis require either pre-listing authorization of the CSRC or post-listing filing with the CSRC. The related rules and regulations include the *Circular of the State Council on Further Strengthening the Administration of Overseas Stock Offering and Listing* and the *Regulations on the Acquisition of Chinese Enterprises by Foreign Investors*. With regard to the companies applying for an overseas IPO, the CSRC shall solicit comments from the relevant investment authority or other government authorities. If the relevant authorities have no objection, the CSRC will undertake review of the application documents pursuant to laws.

## A2. 3 Securities Trading, Clearing and Market Oversight

### A2. 3. 1 Securities Trading

Securities trading in China is organized according to a membership structure and conducted via a centralized transaction system. The Shanghai and Shenzhen Stock Exchanges provide centralized trading facilities, and investors participate in securities trading via member brokers of an exchange. Member brokers accept and execute the buying or selling orders of the clients in person or by means of telephone, self-operated terminals or Internet.

◆ **Types of Order**. The members of an exchange buy or sell securities through market or limit orders on behalf of the investors. A limit order refers to an order placed with a member broker to buy or sell the securities at the price set by the client or at a better price. A market order refers to an order placed with instruction on the amount of the security to be traded and not on the trading price, requesting a member broker to buy or sell the securities at the current market price.

◆ **Trading time**. The trading days of Shanghai and Shenzhen Stock Exchanges are Monday to Friday (except statutory holidays). Trading time is 9: 30am to 11: 30am and 13: 00pm to 15: 00pm (for block trades, trading time is extended to 15: 30pm). Each trading day opens at 9: 15am for call auction, which lasts until 9:25 am. Call auction refers to a bidding methodology whereby all the buying and selling orders accepted during a fixed period of time are matched simultaneously to arrive at a unique price for a stock. Continuous auction refers to a bidding methodology whereby buying and selling orders are continuously matched on an order-by-order basis.

◆ **Trading rules**. Transactions are matched according to the principles of price and time precedence. The principle of price priority means a buying order at higher price has priority over orders at lower prices. Accordingly, a selling order at a lower price takes priority over selling orders at higher prices. The principle of time priority means that to buy or selling orders at a given price, an earlier-placed order takes priority over an order placed later in time. After the selling and buying offers are matched by the exchange server, transactions are concluded. The transaction results are based on the clearing data issued by the registering and clearing entity designated by the securities exchanges.

◆ **Price limits system**. Shanghai and Shenzhen Stock Exchanges commenced to implement a 10% price range limit on stock and fund trading, and a 5% price range limit on ST and * ST stocks on December 16th, 1996. No price range limit is imposed on the first trading day for newly-issued stocks and close-ended funds on SSE. The price range limits are aimed at preventing sharp volatility in share prices, keeping securities market stable and protecting the interests of small and medium-sized investors.

◆ **Information publication**. On each trading day, the stock exchanges publish the trading information including real-time stock quotes, securities indices data, publicly available information concerning securities transactions and other trading information. During the opening call auction session, real-time quotations should include the following information: stock code, ticker symbol, previous closing price, opening reference price, matched volume and unmatched volume. During the continuous auction, real-time quotations should include the following information: stock code, ticker symbol, previous closing price, latest executed price, today's high, today's low, accumulated trading volume and trading value, the five real-time highest bid prices and their quantities, the five real-time lowest offer prices and their quantities and so on.

### A2. 3. 2 Securities Registration, Clearing and Settlement System

The Chinese securities market adopts a centralized registration, clearing and settlement system. All securities registration and clearing and settlement businesses are undertaken by the China Securities Depository & Clearing Corporation Limited ("SD&C"). The SD&C provides registration, custody, clearing and settlement and delivery services for the securities listed on the Shanghai and Shenzhen Stock Exchanges. To date, China has established a complete risk control system concerning registration and clearing of securities to effectively prevent systemic risks. The securities registration and clearing system has been running smoothly in a rapid growing securities market and has been handling large amounts of securities registrations and clearing.

> Glossary
>
> **ST and *ST:** Where financial and other abnormalities may lead to the delisting of a company, make it difficult for investors to evaluate the company's prospects or may have negative impact on investor interests, the securities exchange will assign a Special Treatment to such stocks (abbreviated as ST), including the issuance of a warning of delisting and other special arrangements. The word of "*ST" or "ST" is placed before the ticker symbol to differentiate these stocks from others.

◆ **Real name system for securities accounts**. Investors should apply to the securities registration and clearing institution or its authorized agencies for opening securities accounts. Investors should ensure that the information provided in connection with the application is true, accurate and complete. Investors are not allowed to let others use their securities accounts. At present, investors that are entitled to opening securities account include Chinese citizens, Chinese legal persons, Chinese partnerships, and other investors provided for in laws, administrative regulations and the CSRC rules.

◆ **Principle of Delivery versus Payment (DVP)**. Delivery versus payment refers to a delivery process between securities registration and clearing house and settlement participants in which securities will be delivered simultaneously with the payment of monies, and vice versa. Where multilateral netting is adopted, the clearing house acting as the central counterparty for settlement participants pursuant to business rules should handle settlements in adherence to the delivery versus payment principle, and adopt supporting measures like restricting short selling, full-amount margin, escrow accounts for client's funds for transaction settlement and settlement reserve funds to prevent settlement-related risks.

◆ **Netting settlement principle**. Currently, the vast majority of securities transactions on the securities exchanges in China are settled by multilateral netting settlement. The securities registration, clearing and settlement institutions seeking to adopt this settlement approach shall act as the central counterparty (CCP) of the settlement participants in accordance with the delivery versus payment principle, and shall handle the clearing and delivery on a participant-by-participant basis. Multilateral netting is adopted for most of the transactions effected by stock exchanges, which means that clearing houses make settlement on a participant-by-participant basis and calculate net amounts of receivables and payables via netting.

◆ **Settlement participant system**. To participate in the centralized clearing, settlement and delivery of securities, a securities company shall apply to a securities registration, clearing and clearing institution for the qualification of clearing and settlement participant, and conclude a clearing and settlement agreement with the institution to specify the rights and obligations of both parties. A securities company not qualified as a clearing and settlement participant shall conclude a clearing and settlement delegation agreement with a clearing and settlement participant, who shall undertake the centralized clearing and delivery of securities and monies on its behalf. The securities registration, clearing and clearing institution can effectively control settlement risks and safeguard the security of the settlement system by implementing an admission system for settlement participants and imposing requirements concerning risk control and financial indicators on these participants.

◆ **Two-tier settlement system**. A two-tier settlement system is adopted for securities settlement in China, where the securities registration and clearing and settlement institutions handle all the clearing, settlement and delivery of securities with settlement participants, which, in turn, handle clearing, settlement and delivery of securities with their clients.

### A2.3.3 Market Monitoring System

The CSRC, the CSRC regional offices and stock

exchanges are jointly responsible for the monitoring of securities market in China, focusing on cracking down insider trading, market manipulation and other violations of laws and regulations.

With a real-time monitoring system in place, SSE and SZSE are responsible for frontline monitoring of the securities market, in order to timely detect, investigate into and impose sanction on irregular transactions and report major offences to the CSRC for investigation and sanction. The CSRC is responsible for guiding the inspection work of the exchanges, detecting signs of irregularity in its daily monitoring work and taking measures to investigate into alleged insider trading and market manipulation or other violations or offences and to impose sanctions accordingly. The relevant CSRC departments shall analyze and study the reports submitted by the exchanges in combination with other information. In the event of alleged insider trading or market manipulation or other violations or offences, CSRC's investigation departments will be solicited to conduct further investigation.

## A2. 4 Supervision of Listed Companies

### A2. 4. 1 Information Disclosure by Listed Companies

The information disclosure system, also known as the public announcement or disclosure system, requires listed companies to disclose information concerning changes in their financial condition and their operating condition to the public pursuant to law so that the investors may have an adequate knowledge of the company's situations. This includes requirements for both pre-IPO disclosure and post-IPO continuous information disclosure. A holistic and multilevel information disclosure system has been built in China based on the *Securities Law*, the *Company Law*, the *Measures for the Administration of Information Disclosure of Listed Companies* and relevant supplementary normative documents. Drawing reference from international best practices, the disclosure standards feature a basic level of stringency and sophistication.

Contents of information disclosure required on listed companies can bedivided into three types: prospectus ( offering information ), regular reports and *ad hoc* reports.

**A2. 4. 1. 1 Prospectus**

Companies should publish a prospectus at the time of IPO and forsubsequent offerings. To ensure that investors acquire a comprehensive knowledge about an issuer through its prospectus, the CSRC has developed guidelines on the contents and formats of the prospectus for IPOs and subsequent offerings.

**A2. 4. 1. 2 Regular Reports**

Regular reports to be provided by listed companies consist of the annual report, semi-annual report and quarterly report:

◆ **Annual report**. Listed companies should disclose the annual report within four months of the end of the fiscal year. The annual report should contain at least the following: company profile, financial statements and description of operating performance, information on changes in equity capital, information on shareholders, directors, supervisors, executives and employees, description of corporate governance structure, results of general meeting of shareholders, report of the board of directors, report of the Board of Supervisors and information concerning major issues of the company. The financial statements included in the annual report should be audited by an accounting firm with a securities and futures businesses auditing license.

◆ **Semi-annual report**. Listed companies should disclose semi-annual reports within two months of the end of the first half of the fiscal year. Interim reports should at least contain the following information: company profile, information on changes in share capital and shareholdings of major shareholders, information on directors, supervisors, executives and employees, management discussion and analysis, information concerning major issues of the company and financial statements.

◆ **Quarterly report**. Listed companies should disclose quarterly reports within one month of the end of the first and third quarters of a fiscal year. Quarterly reports should disclose key financial data from the company and contain a management discussion and analysis section. The semi-annual reports and quarterly reports are not required to be audited by an accounting firm.

#### A2. 4. 1. 3 *Ad Hoc* Report

*Ad hoc* reports should be disclosed in a timely manner upon occurrence of a significant event which may have a substantial impact on a firm's securities and/or derivatives prices. The causes, current status and potential impact of such an event should be specified in the reports. A significant event corresponds to a substantial change in operating strategies or business scope, a decision regarding a major investment or major property purchase, execution of important contracts, significant losses incurred, change of directors or change of more than one-third of supervisors or managers, substantial change in the shareholdings or control rights of those shareholders who hold over 5% of the total shares or of the *de facto* control persons, decisions on capital decrease, merger, splitting, dissolution or filing for bankruptcy, and any investigation by the relevant authorities into alleged crimes.

### A2. 4. 2 Corporate Governance of Public Companies

The CSRC has issued a series of laws and regulations and has adopted a number of measures to promote better corporate governance and more transparency of listed companies. While a framework of corporate governance is taking shape, the concept of corporate governance is now widely recognized in China and the governance structures and level of compliance of listed companies have significantly improved.

The CSRC's regulatory requirements regarding listed companies' corporate governance are primarily reflected in the *Code of Corporate Governance for Listed Companies* (hereinafter referred to as "the *Code*") issued in January 2002. Based on the OECD corporate governance principles, and taking into account the particulars of the Chinese securities market, the *Code* specified the fundamental principles of corporate governance, methods to protect investors' interest, as well as the code of conduct and professional ethics for directors, supervisors and executives of listed companies. The *Code* requires that listed companies treat all shareholders equally, protect the interests of small and medium-sized investors with proxy voting and cumulative voting arrangements, remain independent from their parent companies and conduct related transactions fairly and transparently. The *Code* advocates shareholder activism and vigorous involvement of institutional investors.

#### A2. 4. 2. 1 Independent Directors

Pursuant to the *Code* and the *Guidance for Introducing Independent Directors System in Listed Companies*① (promulgated and implemented on August 16th, 2001), companies listed in China should establish the system of independent directors. Independent directors are to account for at least 1/3 of the membership of a company's board of directors and should include at least one accounting professional. Where compensation, audit, nomination and other committees are established under the Board, meetings of such committees shall be convened by an independent director and independent directors shall constitute a majority of such committee members. Independent directors shall provide independent opinions on substantial matters such as the nomination, appointment or removal of directors, appointment or removal of executives, compensation of directors and executives, substantial related transactions (with a value higher than RMB 3 million or 5% of the latest audited net asset value of the company) and other issues that may injure the interests of small and medium-sized shareholders in the opinion of the independent directors.

#### A2. 4. 2. 2 Equity Incentive Mechanism

In order to improve the capabilities of listed companies to prevent and defend against risks, ameliorate the operational and management efficiencies of listed companies and the long-term, sustainable development of Chinese capital market, the CSRC and Ministry of Finance and another three ministries/commissions jointly issued the *Basic Standards on Corporate Internal Control* and supporting guidelines. These standards and guidelines will first apply to companies which are concurrently listed in China and overseas as from January 1st, 2011, and the

---

① Please visit www.csrc.gov.cn/n575458/n776436/n804965/n3300690/n3300837/n3330750/3330844.html for the full text of the *Code of Corporate Governance for Listed Companies* and www.csrc.gov.cn/n575458/n575742/n2529771/256242.html for the full text of *Guidance for Introducing Independent Director System in listed Companies.*

application will be extended to companies listed on main board of Shanghai Stock Exchange or Shenzhen Stock Exchange as from January 1st, 2012, and to companies listed on small and medium-sized enterprise board and GEB at later times. The CSRC has been working hard towards overall implementation of corporate internal control guidelines across listed companies and has made the internal control of listed companies part of the CSRC's day-to-day oversight work in order to exercise effective external supervision over the establishment and operation of corporate control systems, and to intensify the effectiveness of internal control systems. All these endeavors aim to further improve the quality of information disclosure by listed companies.

### A2. 4. 3 Mergers, Acquisitions and Restructuring

#### A2. 4. 3. 1 Rules for Acquisition of Listed Companies

Acquisition of listed companies generally refers to the fact of acquiring or consolidating control of a listed company, which includes direct acquisition of shares of the listed companies by investors to become a majority shareholder and acquisition of control directly or indirectly in spite of the non-shareholder status of the acquirer. The main regulations governing acquisition of listed companies issued so far by the CSRC in accordance with the current *Company Law* are the *Measures on the Administration of Acquisition of Listed Companies* (hereinafter referred to as the "*Acquisition Measures*") and supporting rules.

◆ ***Measures on the Administration of Acquisition of Listed Companies* and relevant rules.** In September 2002, the CSRC issued the *Measures on the Administration of Acquisition of Listed Companies* and the *Measures for the Administration of the Information Disclosure on the Change in Shareholding of Listed Companies.* Although acquisition of listed companies and change in their equity have been effectively administered generally speaking after those measures became effective, deliberate attempts to circumvent regulation by transferring control power (such as by signing an equity escrow agreement that transfers voting rights in advance) are observed. The CSRC reacted to such irregularities promptly by issuing the *Notice Governing Issues Related to Transfer of De Facto Control of Listed Companies* in July 2004 to remedy the weaknesses identified in its regulation. The amendments to the *Company Law* and *Securities Law* in 2005 made explicit adjustment to the arrangements for the acquisition of listed companies. Responding to the new changes emerging in the market further to the non-tradable share reform, the CSRC issued amendments to the *Acquisition Measures* and relevant rules on July 31st, 2006, which came into effect on September 1st, 2006. The amended *Acquisition Measures* clearly reflects the lawmakers' willingness to encourage acquisition by listed companies. Under such amended *Acquisition Measures*, the tender offer can be made with respect to part in lieu of the entirety of the shares of the target company. Acquirers are allowed to pay an acquisition by securities instead of cash, so that the acquisition cost can be lowered and acquisition of listed companies boosted. Moreover, financial advisors are given a full play in *ex-ante* control and *ex-post* on-going coaching and supervision of acquirers; the authorization procedures of the CSRC are simplified; and the efficiency of market is improved. As a result, two fundamental changes have occurred in the CSRC's regulation on the acquisition of listed companies. First, the all-round tender offer system under the direct regulation of the CSRC has been replaced by a partial tender offer system overseen by financial advisors. Second, reliance on the CSRC's *ex-ante* regulation has evolved to a combination of pre- and post-acquisition regulation, the latter being emphasized. After the last quarter of 2007, for the purpose of maintaining market stability and further guiding and regulating acts of controlling shareholders of listed companies in connection with their stake increase, CSRC issued the Decision on the Revision of Article 63 of the Measures for the Administration of the Acquisition of Listed Companies on August 27th, 2008. According to the Decision, prior authorization is replaced by ex-post filing with the CSRC for the increase of a shareholder's equity share by no more than 2% through transactions on the secondary market concluded within 1 year from when its equity in a listed company reached 30% or more of the total issued shares of the listed company. This gives more flexibility to a majority shareholder seeking to increase its stake in a listed company.

♦ **Special provisions for state-owned shares transfer and acquisition by foreign investors.** Distinguished by the nature of the acquirer and the target shares, a listed company can be acquired by a foreign or domestic investor, and the target company may be owned by the State or private sector. The CSRC has issued specific rules or normative documents in time and made explicit the relevant regulation systems applicable to such acquisitions. In October 2001, CSRC, together with the former Ministry of Foreign Trade and Economic Cooperation, issued the *Opinions on the Issues Related to Foreign Investment in Listed Companies.* As acquisition by foreign investors is increasingly brisk, for the purpose of supporting the country's opening-up and other related industrial policies and better administering the acquisition by foreign investors, the CSRC promulgated the *Notice on Issues Related to the Transfer of State-owned and Legal-person Shares to Foreign Investors* together with the Ministry of Finance and the former Ministry of Foreign Trade and Economic Cooperation in November 2002, the *Measures for the Administration of Strategic Investment by Foreign Investors in Listed Companies* in December 2005 together with the Ministry of Commerce, State Administration of Taxation, State Administration of Industry and Commerce and State Administration of Foreign Exchange, and the *Provisions on Merging and Acquiring Domestic Enterprises by Foreign Investors* in August 2006 together with the Ministry of Commerce, State-owned Assets Supervision and Administration Commission (SASAC), State Administration of Taxation and State Administration of Industry and Commerce. In accordance with the above-mentioned provisions, any foreign investor must obtain approval from the Ministry of Commerce before effectuating strategic investment in or acquisition of a listed company; if acquisition of a listed company involves a matter which is subject to administrative licensing, filings shall be made to the CSRC for authorization according to law. On the other hand, in order to standardize activities related to the transfer of shares of a listed company to and from a state-owned entity after the non-tradable share reform, the CSRC and the SASAC jointly issued the *Tentative Measures for the Administration of State-owned Shareholders' Transfer of Shares of Listed Companies*, and the *Tentative Measures for the Administration of Identification Mark of State-owned Shareholders in Listed Companies* in June 2007. Under the above measures, transfer of shares through a trading system of stock exchange are subject to relevant timing and quantitative restrictions; transfer of shares by mutual agreement must go through legal procedures of information disclosure and open solicitation of transferees; and applications must be filed with the state-owned asset authority for approval.

#### A2. 4. 3. 2 Substantial Asset Restructuring by Listed Companies

In April 2008, in accordance with the *Securities Law* and the *Company Law*, the CSRC promulgated the *Measures for the Administration of Substantial Asset Restructuring by Listed Companies* ("*Restructuring Measures*"). Together with the *Measures for the Administration of the Acquisition of Listed Companies*, they constitute the basic institutional framework for M&A and restructuring of China's listed companies. Major points of the *Restructuring Measures* involve:

◆ Optimizing the financial calculation methodologies pertinent to substantial asset restructuring. The *Measures* provide that a transaction of value higher than 50% of a listed company's net asset value and exceeding RMB 50 million is deemed to be a substantial asset restructuring.

◆ Detailing the classification of asset transactions which constitute substantial asset restructuring, including purchase and sale of assets. A transaction involving assets of a controlled subsidiary of a listed company fall within the scope of regulation.

◆ Standardizing the listed companies' practice of paying assets bought from specific sellers by newly issued shares, so as to better administer and encourage market innovations.

◆ Defining a more proactive role to be played by the regulatory authorities according to the prudential supervision principle. With regard to those transactions which do not amount to a substantial asset restructuring but involve significant problems which may injure the lawful interests of the target listed company or its investors or which is viewed as an attempt to evade regulation, the CSRC is entitled to require the prospective acquirer to make supplementary disclosure or to suspend transaction.

#### A2. 4. 3. 3 Administration of Financial Advisory System

To regulate the activities of financial advisors in M&A and restructuring of listed companies and protect the lawful rights and interests of investors, on July 4th, 2008, the CSRC released the *Measures for the Administration of Financial Advisor Services for M&A and Restructuring of Listed Companies* (CSRC Decree No. 54, hereinafter the "*Measures for Financial Advisors*"), providing for the conditions that securities companies and investment consulting firms must fulfill and qualifications that relevant professionals must possess in order to be engaged in financial advisory services for M&A and restructuring of listed companies. In addition, the roles and working procedures of financial advisors and of their principals, the regulatory measures and penalties for malpractices, offences or violations of financial advisors and their principals in providing advisory services are also stipulated. Currently, according to the *Measures for Financial Advisors*, only securities companies, investment consulting firms and other qualified financial counseling institutions can provide financial advisory services.

The above *Measures* specify the responsibilities entailed in the financial advisory role, requiring financial advisors to perform 6 basic duties: providing due diligence, professional services, standardized operating coaching, professional opinions, coordination and continuous supervision. The *Measures* also identify working procedures and requirements for internal control. The provisions relating to due diligence system, review by internal audit service, internal report and inspection and full record-keeping of the working files are designed to ensure that financial advisors and their principals could effectively perform their duties. The internal audit service must be independent of the business departments of the financial advisor with a view to maintain independence, checks and balances mechanism and risk control.

## A2. 5 Supervision of Securities Companies

### A2. 5. 1 Business Licensure

In accordance with Article 125 of the *Securities Law*, securities companies may engage in part or all of the following securities business activities upon the CSRC approval: 1) securities brokerage; 2) securities investment consulting; 3) financial advisory service concerning securities trading and investment activities; 4) securities underwriting and sponsoring; 5) securities proprietary business; 6) securities asset management; and 7) other securities business activities, including foreign equity business, margin trading and short selling as well as management of overseas securities investment under a QDII scheme. Securities companies seeking to engage in any of the above-mentioned business activities must apply for a CSRC approval in accordance with relevant provisions of the *Securities Law*, the *Regulations on the Supervision and Administration of Securities Companies* and the *Interim Provisions on the Examination and Approval of Business Scope of Securities Companies.* In addition, Article 47 of the *Regulations on the Supervision and Administration of Securities Companies* stipulates that securities companies intending to make collective investment with the assets of more than one client or to invest the assets of clients in a specific product shall apply for a CSRC approval.

### A2. 5. 2 Regulation Differentiated According to the Classification of the Securities

On the basis of lessons drawn from the pilot programs of regulation on securities companies differentiated according to their classification in the past 2 years, CSRC issued the *Provisions on Regulation on Securities Companies Differentiated according to their Classification* ( hereinafter referred to as the "*Provisions*") in May 2009 and revised several clauses of the *Provisions* in 2010. Based on the risk management capabilities of the securities companies and in light of their competiti-veness and ongoing compliance status, the *Provisions* evaluates and classifies the securities companies into 5 classes and 11 grades: A ( AAA, AA, A), B ( BBB, BB, B), C (CCC, CC, C), D, and E.

The CSRC adopts differentiated regulatory policies with regard to different classes of securities companies in order to encourage the development of high-quality companies. Indeed, firstly, the classification will become a criterion based on which company's application for public offering or setting new business branches will be reviewed and based on which the eligibility to pilot projects of and priority in introduction of new businesses and products will be determined. Secondly, securities companies of various classes shall pay their contribution to the Investor Safeguard Fund in different percentages and are subject to different risk control indicators. Thirdly, regulation resources allocations and on-site/off-site inspection frequencies applied to securities companies will vary according to their respective classification.

The system of regulation differentiated according to classification started to gain achievements and has been generally appreciated by the industry. Firstly, the requirement that risks incurred by securities companies shall be controlled at a level tolerable considering the size of their net capital is incorporated to the relevant rules. This incorporation has provided quantitative standards and operational tools for dynamic monitoring, early warning and risk control. Secondly, the system renders the regulation work more targeted, appropriate and pro-active, and enables optimized allocation of regulatory resources. Thirdly, it serves as an incentive for securities companies, conditioning their business space, assessment and regulatory restrictions upon their day-to-day financial condition, risk control and compliance. Fourthly, such external regulatory requirements are to be translated by such securities companies into detailed standards to be applied to their various management functions and into specific measures designed for better internal risk control and management. Last but not least, the system enables a gradual development of innovative businesses and products under the principle of openness and fairness and with clearly-defined expectations, while keeping an eye on risk control over industry innovation.

### A2. 5. 3 Compliance Management

In July 2008, the CSRC promulgated the *Trial Provisions for the Compliance Management of Securities Companies*, requiring securities companies to develop a comprehensive internal system of compliance management, set up the post of Chief Compliance Officer and the Department of Compliance, to enhance the control measures taken before, during and after the operating and management activities object of compliance control, with a view to effectively preventing, timely detecting and rectifying any violation and improving the internal management system. The CSRC sees the effectiveness of compliance management as a critical measure of a securities company's performance, and will determine and impose sanctions to offences accordingly in order to motivate securities companies to self-discipline.

The requirement of compliance management facilitates internal control and helps to transform the regulatory model from one heavily dominated by administrative regulation to one that combines administrative regulation, industry self-regulation and securities companies' self-discipline with the objective to improve the self-management and level of compliance of securities companies.

### A2. 5. 4 Net-Capital-based Risk Monitoring and Early-warning

In July 2006, the CSRC issued the *Measures for the Administration of Risk Control Indicators of Securities Companies*, establishing a comprehensive risk control and supervision system based on net capital. The system has established mechanisms linking a securities company's business scope with its net capital adequacy ratio, the business size with its risk capital reserves, and the risk capital reserve with its level of net capital.

In June 2008, the CSRC promulgated the *Decision on Amending the Measures for the Administration of Risk Control Indicators of Securities Companies*, in which the calculation method of net capital was adjusted with full deduction of long-term assets, and the capital level of securities companies was raised. Meanwhile, the proportion of risk capital reserve in connection with related business activities was increased with the scope of calculation enlarged so as to keep abreast with the current changes on the market and in the sector. At the same time, securities companies are required to develop a sound dynamic mechanism to monitor risk control indicators and a pressure testing mechanism, in order to further improve their capabilities of risk monitoring, assessment and early warning. The revised *Measures* lead to better risk prevention of securities companies, encourage innovation and promote healthy development of the securities industry.

### A2. 5. 5 Third-party Custody System for Client Settlement Funds

Third-party custody is a new client settlement funds depository system designed and implemented in accordance with the requirements of the *Securities law* and the *Regulations on Supervision and Administration of Securities Companies.* In accordance with the applicable laws and regulations, "the clients' settlement funds shall be deposited with a commercial bank and be managed through accounts opened separately in the name of each client". Evolving from the original client funds depository system, the new depository system is designed to ensure the safety of client assets, prevent risks and encourage business innovation of securities companies.

The CSRC initiated a pilot program on the third-party depository system with selected securities companies in early 2004. An industry-wide roll-out of the system was done in July 2006 with improvements made at the beginning of 2006, drawing on the experiences of the pilot program. Under the third party custody, securities companies shall open special accounts to receive deposits of settlement funds from the clients with a number of commercial banks. The latter shall record changes in funds variations of each client, establish a detailed account of client funds, check the general and subsidiary ledgers and practice fully-closed bank-securities fund transfers to prevent misappropriation. As of the end of April 2008, the custody practice has been adopted by all Chinese securities companies. Since its adoption, clients' settlement funds have been effectively protected.

### A2. 5. 6 Information Reporting and Disclosure

Requirements regarding information disclosure by securities companies are as follows:

- **Information reporting**. Laws and regulations provide that securities companies should submit annual reports to the CSRC within 4 months after the end of the previous fiscal year, and monthly reports within 7 working days of the end of each month. An a*d hoc* report shall be submitted to the CSRC upon the actual or possible occurrence of a significant event affecting the operation, management, financial condition, performance in connection with a risk control indicator, or safety of clients' assets. The report shall specify the cause, current status and potential consequences of such an event, and measures purported to be taken as well.

- **Information disclosure system**. Securities companies are required to disclose basic and financial information. Currently, securities companies publish basic information through medial such as the website of the Securities Association of China, investor relations signboard at the branches or agencies of securities companies as well as through their own websites. Such information disclosure covers basic information about the company, business branches, newly-licensed products and information about executives of the company. Securities companies shall continually update such information. Securities companies shall disclose financial information on all relevant websites and such disclosure shall include an auditor's report with respect to the preceding fiscal year as well as audited financial statements and notes attached to the financial statements.

- **Review of audited annual reports**. Review of the audited annual report forms a key component of the regulator's off-site inspection and routine regulatory work in respect of securities companies. Regarding the auditing of annual report, the CSRC requires securities companies to provide audit evidences and relevant materials to accounting firms performing the auditing. The CSRC will ask securities companies to correct problems which may come to light in the course of the audit.

## A2. 6 Supervision of Securities Investment Funds

The CSRC's regulatory approach in connection with the securities investment funds, including their products, organization, employees and wealth management under special accounts, and the Qualified Foreign Institutional Investors (QFIIs), is reflected in Figure A1——"Fund Regulation Structure Chart". The current legal framework underlining the regulation on funds consists of 3 parts. The first part is the laws, represented by the *Securities Investment Fund Law*. The second is the ten sets of applicable regulations, including the *Measures for the Administration of Information Disclosure of Securities Investment Funds*, the *Measures for the Administration of Sales of Securities Investment Funds* and other regulations. The third part is composed of relevant supplementary normative documents, including the codes of corporate governance of fund management companies and their guidelines on internal control.

By applying the above regulatory framework, the CSRC has built a healthy, orderly and competitive environment and an effective checks and balances mechanism. Appropriate requirements have been set out for fund management organizational structure and their employees as well as for the admission of new fund products. Such framework promotes continual improvement of fund monitoring and sanctions on violations. The framework is designed to protect the lawful rights and interests of fund investors, prevent systematic risks and increase market transparency.

### A2. 6. 1 Regulation on Fund-associated Institutions

Institutions associated with securities investment funds include fund management companies, fund custodian banks and fund sales agencies.

#### A2. 6. 1. 1 Fund Management Companies

The *Securities Investment Fund Law* requires that funds must be managed by fund management companies. The incorporation, change in and dissolution of a fund management company require the approval of the CSRC. The CSRC shall oversee the compliance by fund management companies and their operating activities with requirements including but not limited to the following:

♦ In terms of information disclosure: a fund management company shall submit an annual report and annual evaluation report to the CSRC and the CSRC regional office having jurisdiction over it within 3 months of the end of the fund's fiscal year. The quarterly auditing report must be submitted within 15 days of the end of the reporting quarter. The annual auditing report must be submitted within 30 days of the end of the reporting year. An *Ad hoc* report shall be submitted when any of the events specified in Article 58 of the *Measures for the Administration of Securities Investment Funds* occurs, where the *ad hoc* report shall be filed to the CSRC and the CSRC regional office having jurisdiction over the fund management company suffering from the event within 5 days of occurrence thereof.

♦ In terms of corporate governance: first, fund management companies should be equipped with a sound independent director system. The board of directors should comprise at least 3 independent directors, accounting for no less than 1/3 of the directors. Second, the companies should establish a compliance system directed by the Chief Compliance Officer (CCO). CCOs of fund management companies should be engaged by and report to the Board of Directors. CCOs are responsible for supervising and ensuring compliance of fund management companies. Third, fund management companies should set up appropriate internal control systems to ensure the efficacy of internal control compliance and the lawful operation of the company.

#### A2.6.1.2 Fund Custodian Banks

The *Securities Investment Fund Law* requires that fund custodian functions be assumed by commercial banks, subject to authorization granted by the CSRC and China Banking Regulatory Commission (CBRC). The CSRC and the CBRC oversee and administer the fund custody operations of commercial banks in tandem pursuant to law. Any commercial bank applying for fund custodian qualification should satisfy the following criteria:

♦ The net asset shall reach the level of RMB 2 billion at the end of each of the past 3 fiscal years and the capital adequacy ratio shall meet the relevant regulatory requirement.

♦ Having a dedicated fund custodian department independent from other business departments.

♦ The senior managers holding office in the fund custodian department shall meet all statutory conditions and at least 5 staff members shall be assigned to perform the work of fund settlement, accounting, investment supervision, information disclosure and internal audit and monitoring. Such staff members shall be qualified for practicing in the fund industry.

♦ Possessing appropriate means to keep fund assets secure and to maintain efficient clearing and delivery.

◆ Possessing a fixed workplace that is equipped with independent security monitoring system and custodian business technology system, including network system, application system, safety and security system and data backup system.

◆ Having a proper internal auditing and monitoring system and risk control system.

◆ Having no record of serious violation or offense in the past 3 years.

◆ Meeting all other conditions provided by laws, administrative regulations and other requirements of the CSRC and the CBRC.

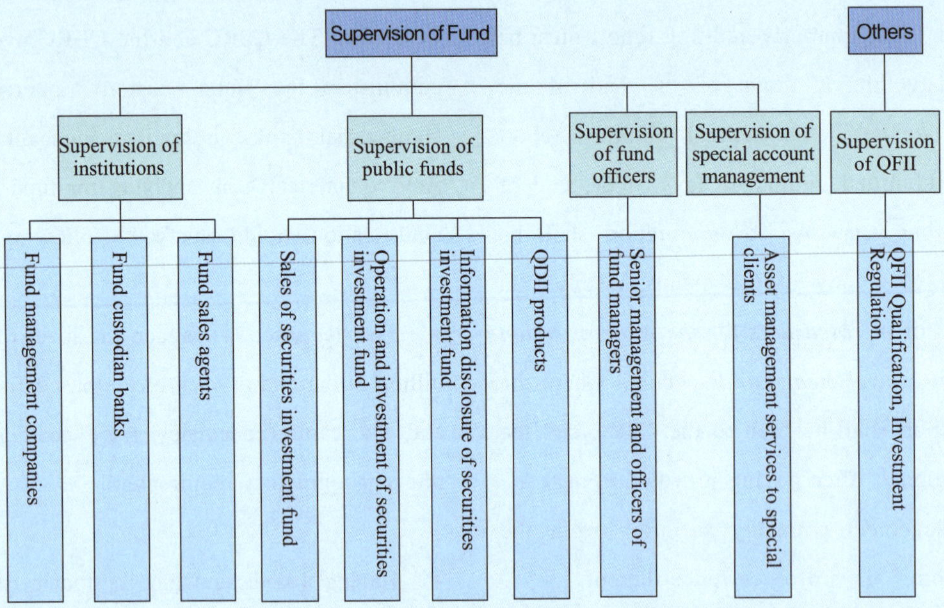


Figure A1 Fund Supervision Structure Chart

*Source: CSRC.*

### A2. 6. 1. 3 Fund Sales Agencies

While fund management companies are responsible for the sales of fund products, they can delegate fund product distribution to qualified institutions. Commercial banks, securities companies, securities investment consulting firms, specialized fund sales agencies and other authorized institutions may apply to the CSRC for fund selling license. Marketing materials prepared by fund management companies and fund sales agencies must first be reviewed by the fund's CCOs who shall produce a compliance opinion letter and file the same with the CSRC for record.

## A2. 6. 2 Securities Investment Fund Products

### A2. 6. 2. 1 Operation of Securities Investment Funds

Fund management companies seeking to establish securities investment funds must apply to the CSRC for approval. Any fund shall refrain from any of the following practices in the course of operation:

◆ The market value of shares held of any individual company exceeds 10% of the fund's net asset value.

◆ The securities of a company held by different funds managed by the same fund management company exceeds in aggregate 10% of such company's total issued securities.

◆ When using its assets to subscribe to a stock offering, the amount of the bid quoted by the fund exceeds its total assets, or the quantity of the share subscription exceeds the total number of shares to be issued in the offering.

◆ Terms on scope of investment, investment strategy and percentage provided in the fund contract are violated; and

◆ Any other circumstances prohibited by the CSRC.

Securities investment funds that are structured entirely according to the constitution of the relevant index are exempt from the ratio limits stated in the first two paragraphs above.

#### A2. 6. 2. 2 Information Disclosure in Connection with Securities Investment Funds

Fund information disclosure obligors include fund management companies, fund custodians, fund unit holders who are in charge of convening the general meeting of all fund unit holders, and any other natural or legal persons and entities as set forth by laws, administrative regulations and the CSRC rules. Information disclosure must be done within the required timeframe on designated national newspapers and websites of the fund management companies and fund custodians obliged to make the disclosure. Public disclosure must be done in such a manner that investors can have access thereto as required by the fund's contract. Information to be disclosed includes the fund's prospectus, fund contract, annual report, semi-annual report and quarterly report. The CSRC and its regional offices shall supervise and administer fund information disclosure.

### A2. 6. 3 Qualified Foreign Institutional Investors (QFIIs)

The CSRC's regulation on QFIIs is based on the *Measures for the Administration of Investment in Domestic Securities by QFII.* In December 2002, China began to implement the QFII scheme. According to relevant regulations, QFIIs may invest in A-shares, bonds and rights and warrants listed on China's domestic stock exchanges, securities investment funds and other financial instruments authorized by the CSRC. To obtain a QFII license, an applicant should fulfill the following conditions:

◆ Having a sound financial condition, good credit standing and a size of assets reaching the level required by the CSRC.

◆ Its employees possess relevant qualifications as legally required by the country or region where they are registered.

◆ Having sophisticated corporate governance and internal control systems; no major penalties are imposed on it by regulatory authorities of the country or region where it is registered during the past 3 years.

◆ Regulatory authorities of the country or region where the applicant is registered have signed a memorandum of understanding on regulatory cooperation with the CSRC and maintain effective cooperative relationships with the CSRC.

### A2. 6. 4 Qualified Domestic Institutional Investors (QDIIs)

Regulation on QDIIs is based on the *Provisional Measures for the Administration of Investment in Overseas Securities by QDII.* China commenced implementation of the QDII scheme on July 5th, 2007. QDIIs raise funds in China and use all or part of the proceeds to invest in overseas securities. Any securities operator such as a domestic fund management company and a securities company applying to the CSRC for QDII qualification shall satisfy the following conditions:

◆ **A sound financial condition and good credit standing.** The size of assets under its management and its operating history shall satisfy the CSRC requirements. For a fund management company, its net assets shall be no less than RMB 200 million; it has been operating securities investment fund management business for over 2 years; assets under management as of the end of the immediately preceding quarter shall be no less than RMB 20 billion or foreign currency equivalent. For a securities company, the risk control indicators must reach the required standards; net capital should be no less than RMB 800 million, and the ratio of net capital to net assets should be no less than 70%; the company has engaged in collective asset management for over 1 year; assets under management as of the end of the immediately preceding quarter are no less than RMB 2 billion or foreign currency equivalent.

◆ Employees shall have overseas investment management experience as required.

◆ Solid corporate governance, good internal control systems and lawful operations.

◆ No major penalties were imposed by regulators in the past 3 years and not major issues are under investigation by any judicial authorities or regulators.

## A2. 7 Supervision of Futures Market and Futures Industry

### A2. 7. 1 Futures Trading

Futures trading rules mainly involve the margin practice, mark-to-market system, price limits, position limit and large position reporting.

◆ **Margins**. Margins are funds paid by futures traders equal to a certain percentage of the value of a given futures contract and are used to guarantee the fulfillment of relevant futures contracts. Margins are paid by futures investors to futures companies and in turn by futures companies to futures exchanges. In a futures exchange which adopts a clearing member classification system, non-clearing members pay futures margins to clearing members. Futures trading can proceed only when margins are paid up to the pre-determined level. The futures margin system plays an important role in ensuring that the parties to a futures transaction will perform their respective obligations. The system mitigates the risk of breach of contract and safeguards smooth market operation.

◆ **Mark-to-market system**. Upon the close of a given trading day, the futures exchange shall clear all of any member's contracts' profit and loss, futures margins, fees and taxes, by crediting or debiting such member's settlement reserve account with the net amount of receivables or payables. Upon completion of settlement at the futures exchange, exchange members clear transactions with investors according to the same principles. The futures exchanges adopting a clearing member classification system clear transactions with clearing members only. The latter will in turn clear transactions with non-clearing members. If any member or investor fails to meet a margin call, the futures exchange or the member, where applicable, will restrict the member or investor from opening a position or force the offsetting of a position before market opens.

◆ **Price limits**. Futures contract trading price fluctuation is limited to a prescribed range. Quotes beyond the range are deemed to be ineffective. The system limits losses of futures exchanges and their members to a certain range, facilitating the implementation of the futures margin system.

◆ **Position limits**. To prevent market manipulation and concentration of market risk among a few investors, futures exchanges limit the size of positions which may be held by individual members and investors. Positions exceeding the limits cannot be established or will be forced to be offset. Position limits can be adjusted on a case-by-case basis. For instance, position limits can be determined according to the credit standing and margin amount of members and clients or according to the time span to contracts delivery. Positions held by a client are managed under a unique code, i. e. positions held under each specific code shall not exceed a certain limit. In the event that an investor operates several accounts at different member futures companies, such investor's positions are aggregated for the purpose of position calculation.

◆ **Large position reporting**. Under the system of large position reporting, a member or investor shall report its position to the futures exchange on which it is trading when its position reaches the preset limit. The report shall provide information such as account description, trading activities, funding sources and trading motivation. The large position reporting enables the futures exchange to effectively monitor the concentration of positions in the market, so as to prevent price manipulation and to control market risk.

◆ **Risk reserves**. The risk reserves provide financial protection and compensate for losses brought about by unforeseeable risks to maintain the normal operating of the futures market. Futures exchanges, futures companies, clearing members that are not futures companies shall withdraw, manage, and use their risk reserves in accordance with the provisions of the CSRC and the Ministry of Finance.

◆ **Clearing guarantee**. Futures exchanges that implement a two-tier clearing system have in place a clearing guarantee system which is composed of base clearing guarantee fund and variable clearing guarantee. Such guarantees are capitalized by funds owned and contributed by clearing members to the futures exchange. They are thus owned by the members and are used to respond to risk of default by clearing members. Clearing guarantee system, operating in the framework of the joint security system together with the margins, can enhance the futures exchange's ability to defend against risks.

◆ **Suitability system for stock index futures investors**. CSRC introduced the investor suitability system in the Chinese stock index futures market, drawing upon international experience and taking into account the particulars of the emerging and transforming capital market of China. The key rationale behind the system is as follows: appropriate procedures and requirements are to be applied at the stage of account opening for the purpose of assessing the investor's knowledge on stock index futures, his/her level of risk acceptance and tolerance relating to stock index futures, educating investors on investment risks at the upstream of the investment process in order to avoid making investments blindly, protecting the investor's lawful rights and interests and eventually safeguarding the soundness of the stock index futures market. The suitability system is characterized by the requirement of conformity by the investors with clear-cut standards for the determination of the suitability of the investor, especially an individual investor. Futures companies are required to establish a customer management and service system, focusing on knowledge about clients and class-based management, to assess the suitability of an investor on the basis of his/her age, educational background, investment experi-ence, financial conditions and credit records in an overall manner. The relevant regulatory requi-rements have been clarified to facilitate the impleme-ntation of the suitability system.

◆ **Secure custody of futures margin**. In order to improve management over investor's margin maintained by futures companies, in 2004, the CSRC issued the *Procedures for Closed-off Management and Operating of Margins Paid to Futures Brokers*, requiring that the full amounts of investors' margins received by a futures company be deposited with a commercial bank engaging in futures transaction clearing and settlement and shall not be misappropriated. A futures company must set up separate accounts to clearly segregate self-owned funds from the investors' margins, and the margins could only be transferred between designated accounts. After introduction of closed-off management of margins, futures companies' management of margins have been improved, but problems concerning security of margins paid by the clients are not yet fully solved. Therefore, the CSRC decided to develop an effective regulation on futures margins by means of external oversight. In 2006, the CSRC established and delegated to China Futures Margin Monitoring Center Company Co., Ltd. (CFMMC) the monitoring of margins received by futures companies and the verification of data submitted by futures companies, exchanges and banks. The CFMMC will give early warnings to futures companies if it discovers any shortfall in margins or self-owned funds of a futures company, negative balance of an investor's margin for two consecutive trading days, inconsistent record of transactions or positions or discontinuity of investors' funds, and will report the same to the concerned regional office. The latter will then undertake an inspection in a prompt manner to eliminate the rampant risks. At the same time, investors may access to their bills by logging in CFMMC's website so that problems could be identified. The investors' interests will be thus protected. Good results have been achieved since the introduction of the margins security monitoring.

## A2. 7. 2 Regulation on Futures Companies

### A2. 7. 2. 1 Business Licensure

To operate in China, a futures company must obtain a license issued by the CSRC in accordance with the *Regulations on the Administration of Futures Trading* and other related regulations. Licenses are issued according to the type of commodity or financial futures to be traded by the futures company. A futures company can apply for licenses to operate domestic and overseas futures business as well as for futures investment brokerage and consulting activities. Futures companies are not allowed to engage in business irrelevant to futures business, unless otherwise specified by laws or regulations or CSRC rules. Futures companies are prohibited from engaging, directly or in a disguised form, in any futures dealing for its own account.

### A2. 7. 2. 2 Corporate Governance

Based on the basic requirements of the *Company Law* and taking into account the business characteristics of futures companies and risk features of futures business, the *Regulations on the Administration of Futures Trading*, the *Measures for the Administration of Futures Companies* and the *Provisions for the Administration of Chief Risk Officers of Futures Companies (Trial)* have been issued, laying out holistic and systematic provisions for corporate governance of futures companies.

Futures companies shall develop and improve their corporate governance under the principles of clear duties, reinforced checks and balances mechanism as well as strengthened risk management. Specific requirements include the following:

◆ A futures company shall establish a board of directors, a board of supervisors or appoint supervisors, put in place an appropriate organizational structure, ensure reinforced control over key posts and activities and maintain clear separation of front-office, middle-office and back-office operations.

◆ A futures company shall be strictly independent from its controlling shareholders in terms of business, personnel, assets, finance and premises, and shall have independent operation and accounting.

◆ A futures company shall centralize the work of settlement, risk management, funds allocation and transfer, financial management and accounting for all operating branches.

◆ A futures company shall appoint a Chief Risk Officer to oversee its compliance with relevant rules and regulations and monitor risk management. The Chief Risk Officer must report any alleged violations, offences or acts implying a high level of risk (including alleged embezzlement or misappropriation of client's margins) immediately to the concerning CSRC regional office and the company's board of directors.

◆ Any futures company qualified for clearing business under the clearing member classification system as well as any independent futures company must have independent directors in their board of directors.

**A2. 7. 2. 3 Protection of Client Assets**

In order to protect investors' assets, Chapter 5 of the *Regulations on the Administration of Futures Trading* sets out the following 4 major provisions: First, investors possess and maintain the legal ownership of any fund deposited to a futures margin account. Any entity or individual is prohibited from appropriating futures margins and margins may be transferred by futures companies only when required pursuant to law; futures margins are to be managed independently from the assets of the futures company, and funds deposited in a futures margin account may not be illegally sequestered, frozen, transferred or otherwise disposed of by enforcement; should a futures company go bankrupt or be liquidated, client margin funds remain separate from the properties to be disposed of for purpose of bankruptcy or liquidation. Second, the obligation of futures companies to properly file for record and disclose futures margin accounts is defined; depositing client margin funds in any account other than those designated is strictly prohibited; and futures companies should report the security status of futures margin funds for monitoring in a timely manner. Third, a real name system is implemented for clients engaged in futures trading; clients must file its margin account for record and must transfer margin funds by electronic means. Fourth, a futures company shall use self-owned funds to pay in its contribution to the clearing guarantee fund and minimum settlement reserves; moreover, a futures company is obliged to make up for the shortfall of margins as a result of any client's default and seek reimbursement from the client subsequently.

In order to protect the investors' margins and set up a system to prevent misappropriation by futures companies, the CSRC, as per the principle of safety and efficiency, established the system of safe custody and management of the futures margins, under which the CFMMC shall use a technology system to match the margin data provided by the three parties involved, namely futures exchanges, clearing banks and futures companies, and shall provide clients with direct access to the margin data.

A Futures Investor Safeguard Fund has been established in China. According to the *Interim Measures for the Administration of Futures Investor Safeguard Fund*, the Fund is designed to compensate losses of investors in situations where margins shortfall occurs due to inadequate risk control or serious violations committed by futures companies.

#### A2.7.2.4 Risk-based Regulatory Indicators

Futures companies must ensure on-going compliance with requirements on risk-based regulatory indicators as futures brokerage activities tend to be exposed to risk outbreak. In accordance with the *Interim Measures for the Administration of Risk-based Regulatory Indicators for Futures Companies* released by the CSRC on April 19th, 2007, futures companies are required to constantly comply with the following requirements on risk indicators:

- Net capital shall be not less than RMB 15 million.
- Net capital shall be not less than 6% of the client's total equity.
- Average net capital per operating branch (total net capital divided by the number of operating branches) shall be not less than RMB 3 million.
- Ratio of net capital to net assets shall be not less than 40%.
- Ratio of current assets to current liabilities shall be not less than 100%.
- Ratio of debts to net assets shall be not more than 150%.
- Possessing a clearing reserve of an amount which is not lower than the required minimum level.

Futures companies which delegate intermediary services to other brokers shall maintain a net capital of no less than RMB 30 million. Those which engage in transaction clearing service shall maintain a net capital of no less than RMB 45 million. Net capital of a futures company engaged in overall general clearing business shall meet the following criteria: 1) not less than RMB 90 million; 2) not less than 6% of the sum of all of its clients' interests and the interests of the non-clearing members on behalf of whom it acts as the clearing agent or the interests of the clients of its non-clearing members.

## A2. 8 Supervision of Accounting and Financial Information Disclosure

### A2. 8. 1 Convergence of the Chinese Accounting Standards for Enterprises with the International Accounting Standards

The Ministry of Finance promulgated the new *Chinese Accounting Standards for Enterprises* (CAS) in February 2006. The CAS is comprised of one basic standard, 38 specific standards as well as related application guidance, interpretation bulletins, explanations and opinions issued by the panel of experts on implementation issues. The revised CAS has achieved substantial convergence with the International Accounting Standards. Further to the joint communiqué on convergence of accounting standards signed by and between the China Accounting Standards Committee and the International Accounting Standards Board (IASB) in 2006, China Accounting Standards Committee signed with the Hong Kong Society of Accountants in December 2007 a joint communiqué on equivalence of accounting standards between Hong Kong and mainland China. In April 2010, the Ministry of Finance of PRC issued the *Roadmap on the Ongoing and Comprehensive Convergence of CAS with International Financial Reporting Standards*. These actions embody the substantial progress China has made in its accounting standards equivalence. The equivalence of accounting standards between China and other countries is also under way. Upon completion of the equivalence of the Chinese accounting standards with those adopted by the jurisdictions where the Chinese companies are listed will enable acceptance of Chinese companies' financial statements prepared pursuant to Chinese accounting standards by overseas capital markets, and thus effectively promote cross-border economic activities and facilitate international regulatory cooperation.

In terms of regulation on the implementation of the accounting standards, the CSRC established a comprehensive and dynamic regulation system incorporating three levels of entities-relevant CSRC operational and functional divisions, the CSRC regional offices and stock exchanges-to strengthen the supervision on the implementation of accounting standards in a holistic manner. Since the introduction of the new accounting standards, the CSRC has been constantly encouraging listed companies to improve their internal control and strengthen self-discipline. The CSRC has harmonized accounting regulatory criteria by issuing regulatory letters and distributing *Questions and Answers on Regulation on Listed Companies' Enforcement of Accounting Standards.* The CSRC continues to maintain close communication and coordination with the accounting standard-setting bodies to ensure effective implementation of accounting standards and a better quality of accounting information disclosed to capital market.

### A2. 8. 2 Standards for Financial Information Disclosure by Listed Companies

Listed companies shall disclose relevant financial information in its regular reports in accordance with corresponding requirements for accounting information disclosure formulated by the CSRC. Under the current disclosure system, financial information disclosure standards consist of general provisions for financial reporting, calculation and disclosure of return on equity and earnings per share, non-standard unqualified audit opinions and treatment of concerning matters, as well as correction and disclosure of accounting information. In addition, clarifications are made to non-recurring items, executives' incentive fund, compensation for accumulated deficit, accounting estimate differences, etc. by way of explanatory announcements.

### A2. 8. 3 System for Corporate Internal Control

In order to standardize the operation and management of listed companies, enhance the truthfulness, reliability and quality of financial information disclosure, on May 22nd, 2008, the Ministry of Finance, the CSRC, National Audit Office, the CBRC and the CIRC (hereinafter referred to as the "Five Authorities") jointly issued the *Basic Rules on Corporate Internal Control* ("*Basic Rules*"), which includes general principles for establishing and improving internal control as well as general requirements on internal environment, risk assessment, control activities, information and communications and internal supervision necessary for a complete framework of internal control system.

Further to the publication of the *Basic Rules on Corporate Internal Control* in 2008, on April 26, 2010, the Five Authorities published supporting guidelines on corporate internal control ("*Supporting Guidelines*"), including 18 sets of guidelines on application, 1 set of guidelines on assessment and 1 set of audit guidelines. These guidelines provide enterprises with practical guidance on the building of a corporate internal control system. The *Supporting Guidelines* will first apply to companies which are dual listed in China and overseas as from January 1st, 2011, and the application shall be extended to companies listed on the main board of Shanghai Stock Exchange or Shenzhen Stock Exchange commencing from January 1st, 2012, then to companies listed on small and medium-sized enterprise board and growth enterprise board at later times. According to the abovementioned rules on corporate internal control, enterprises subject to such rules shall establish and improve their internal control system under the framework of the *Basic Rules*. The board of directors or similar organ within the enterprise shall disclose a self-evaluation report on the establishment and operation of its internal control system. External auditor shall deliver his/her attestation opinions on effectiveness of internal controls relating to financial reporting.

### A2. 8. 4 Chief Accountant Joint Meeting System

The CSRC set up the Chief Accountant Joint Meeting System in 2007. The meeting was convened by the CSRC Chief Accountant and attended by representatives from 12 divisions of CSRC, including the Division of Public Offering and Division of Listing, as well as from Shanghai and Shenzhen Stock Exchanges. The meeting provides a platform to facilitate communication and coordination among securities supervisory bodies and improve the quality of financial information disclosure in the capital market.

### A2. 8. 5 Panel of Accounting Experts of the Securities Regulatory System

In 2005, panels of accounting experts (hereafter referred as the accounting panels) were set up respectively at the CSRC regional offices, securities exchanges and futures exchanges as well as China Securities Depository and Clearing Company Limited (SD&C). In 2008, the framework of the accounting panels was fine-tuned. The CSRC Division of Accounting takes charge of setting accounting standards for the securities regulatory system and providing relevant technical guidance and coordination. An accounting panel is of a nature of a non-administrative organ committed to professional accounting regulation on the securities market. Its main tasks are as follows: communicating critical issues and problems detected in the day-to-day oversight, setting unified standards for the handling of related issues; organizing regular securities accounting expert conferences to announce critical issues and problems in the implementation of accounting standards and systems in search of corresponding solutions; organizing professional accounting training within the securities regulatory system to enhance the expertise of securities regulators. Since their founding, the accounting panels have been contributing to unification of professional accounting regulatory standards, coordination of regulatory systems and improvement on professional quality of regulators. All of these contributions are conducive to stronger accounting regulation, better quality of accounting information provided by listed companies as well as a more stable and healthier development of the capital market.

## A2. 9 Supervision of Auditing and Assets Evaluation

### A2. 9. 1 Convergence of Chinese Auditing Standards with International Auditing Standards

By the end of 2005, China Auditing Standards

Committee signed a joint statement with the International Auditing and Assurance Standards Board (hereinafter referred to as IAASB) in which endeavors done and significant progress achieved by China in facilitating the convergence of national and international standards are commended. In early 2006, the Ministry of Finance promulgated the *Fundamental Standards of Attestation Business of Certified Public Accountants* in China. The document incorporates the fundamental rules and core processes of international auditing standards, and conforms to the international standards in important aspects such as objectives and principles of auditing, risk evaluation and response, auditing proof access and analysis, auditing conclusion forming and reporting, and CPAs' professional obligations. By the end of 2007, China Auditing Standards Committee issued, with the Hong Kong Institute of Certified Public Accountants, a joint statement that the auditing standards of the Chinese mainland and Hong Kong are equally effective. On November 3rd, 2009, the International Federation of Accountants (IFAC) stated in its *International Standards on Auditing (ISA) Adoption Chart* that China has basically adopted the ISAs and the necessary adjustments made thereto are consistent with the policies published by IAASB.

Further the completion of the Principle of Clarity program in connection with the ISAs, the Chinese Institute of Certified Public Accountants (CICPA) officially released the Amended Chinese Auditing Standards in November 2010, thus ensuring substantial convergence of the Chinese standards with the clarified ISAs. The new standards will apply to all accounting firms as from January 1st, 2012.

### A2. 9. 2 Regulation on Auditing and Appraisal Agencies

In 2009, the CSRC revised the *Regulatory Accountability System in Connection with Securities and Futures Business of Accounting Firms and Asset Appraisal Firms* (hereinafter referred to as the jurisdiction-based regulatory accountability system). The revision further improves the unique model of auditing oversight, i. e. the jurisdiction-based regulatory accountability system.

Within the framework of the jurisdiction-based regulatory accountability system, the CSRC Department of Accounting is responsible for organizing teams of inspectors for regular and special purpose inspections and on-going monitoring of accounting firms and asset appraisal firms qualified to conduct securities and futures business (hereinafter referred to as the "auditing firms" and the "appraisal firms"). In connection with internal management, business quality control system and quality of professional practices, the regular inspection focuses on the following key subject matters: 1) lawfulness and effectiveness of internal management; 2) integrity and effectiveness of business quality control systems; and 3) engagement quality in specific projects. Specific inspection may be conducted in response to specific needs concerning the above-mentioned issues. As of the end of 2010, the Department of Accounting has fulfilled on-site inspections of all the accounting firms engaging in securities and future business.

The CSRC agencies are responsible for inspection of the quality engagement in specific projects with a focus on whether auditing firms and appraisal firms have implemented necessary auditing (appraisal) processes, obtained adequate and appropriate evidence of auditing (appraisal), and formed proper auditing opinions (appraisal conclusion) in accordance with the *Code of Practice on China's Certified Public Accountants* and the *Code of Asset Appraisal.* Inspection may be extended to associated entities qualified for conducting securities and futures business, and, where necessary, to internal management and business quality control system of auditing firms and appraisal firms.

The CSRC Department of Accounting carries out regular inspection once every three years on all auditing firms (appraisal firms) while overseeing them on a daily basis. The CSRC regional offices undertake inspections on auditing firms (appraisal firms) within their respective jurisdictions on an annual basis so that regulation is conducted in an on-going and comprehensive manner with no loopholes left.

In November 2010, the CSRC delegated the duties of inspecting auditing firms and appraisal firms to Shanghai and Shenzhen Securities Supervision Offices. At the early stage of such inspection work, the Securities Supervision Offices are primarily responsible for on-site inspection of auditing firms and appraisal firms, pilot projects on cross-border regulatory cooperation and case analyses as instructed by the Department of Accounting.

### A2.9.3 Regulatory Information System

The CSRC built an information system dedicated to regulation on auditing firms and appraisal firms in order to enhance the transparency of regulation and maintain constant and real-time information flows from auditing firms and appraisal firms. Information gathered under this system can be divided into two categories-information on staff and business of auditing firms and appraisal firms; and information on inspection carried out by regulatory authorities, regulatory measures, administrative penalties and market bans taken against auditing firms and appraisal firms.

### A2.9.4 Cross-border Regulatory Cooperation

On December 7th, 2010, the CSRC and the Review and Recommendation Committee for Mainland Accounting Firms Engaging in Audit of H-share Companies under the Ministry of Finance held a meeting in Shenzhen together with Hong Kong Financial Services and Treasury Bureau, Hong Kong Securities and Futures Commission, the Stock Exchange of Hong Kong Ltd., Hong Kong Financial Reporting Council and Hong Kong Institute of Certified Public Accountants. It was agreed on the meeting that mainland companies to be listed in Hong Kong or Hong

Kong companies to be listed in mainland may choose to prepare their financial statements according to local accounting standards and have them audited by local accounting firms in accordance with local auditing standards. As a consequence, the mainland's large-scale accounting firms are allowed to adopt mainland auditing standards in the audit of mainland companies listed in Hong Kong (H-share companies) as from the fiscal year ending on December 15th, 2010 or later; the "dual-auditing" approach applied to H-share companies will be abolished. This event is a milestone toward intensified exchange and cooperation between mainland and Hong Kong accounting professionals.

On the basis of mutual respect of each other's sovereignty and legal systems, equality and mutual trust, the CSRC and the Ministry of Finance and other relevant authorities have been actively conducting cross-border regulatory cooperation negotiations with the US Public Company Accounting Oversight Board (PCAOB) and the accounting regulation authorities of the European Union and other countries with a view to enhancing cooperation on regulation. On January 19th, 2011, the European Union recognized the equivalence of the auditing regulatory model adopted by ten countries, including China, with the EU model.

## A2. 10 Enforcement System

In 2010, the Investigation Bureau (Chief Investigation Office), Investigation Brigade and CSRC regional offices continued to work together in enforcement actions. The Administrative Sanction Committee is solely responsible for trials. They effectively assure the healthy operation of the capital market. Enforcement procedures are depicted in Figure 2.

### A2. 10. 1 Case Investigation

The power to file and investigate a case lies with the investigation departments of the CSRC. The Chief Investigation Officer is responsible for centralized coordination and guidance of enforcement actions across the CSRC. The Investigation Bureau (Chief Investigation Office) is in charge of developing rules and regulations for the enforcement of securities and futures statutes; organizing non-official investigations; filing or withdrawing cases; investigating and processing major cases; coordinating, directing and monitoring the investigation into cases and related work; reviewing investigation reports; centralizing communications on developments of cases; coordinating the handling of cross-border actions; fighting against money laundering in the industry; processing compulsory procedures such as border control, attachment and freezing; organizing and coordinating implementation of administrative sanctions; arranging enforcement training, performance evaluation and rewards; as well as producing statistics related to cases filed. The Investigation Brigade takes charge of major cross-region actions and emergency, sensitive and complex cases; investigation, internal hearing and transfer of cases; research relating to

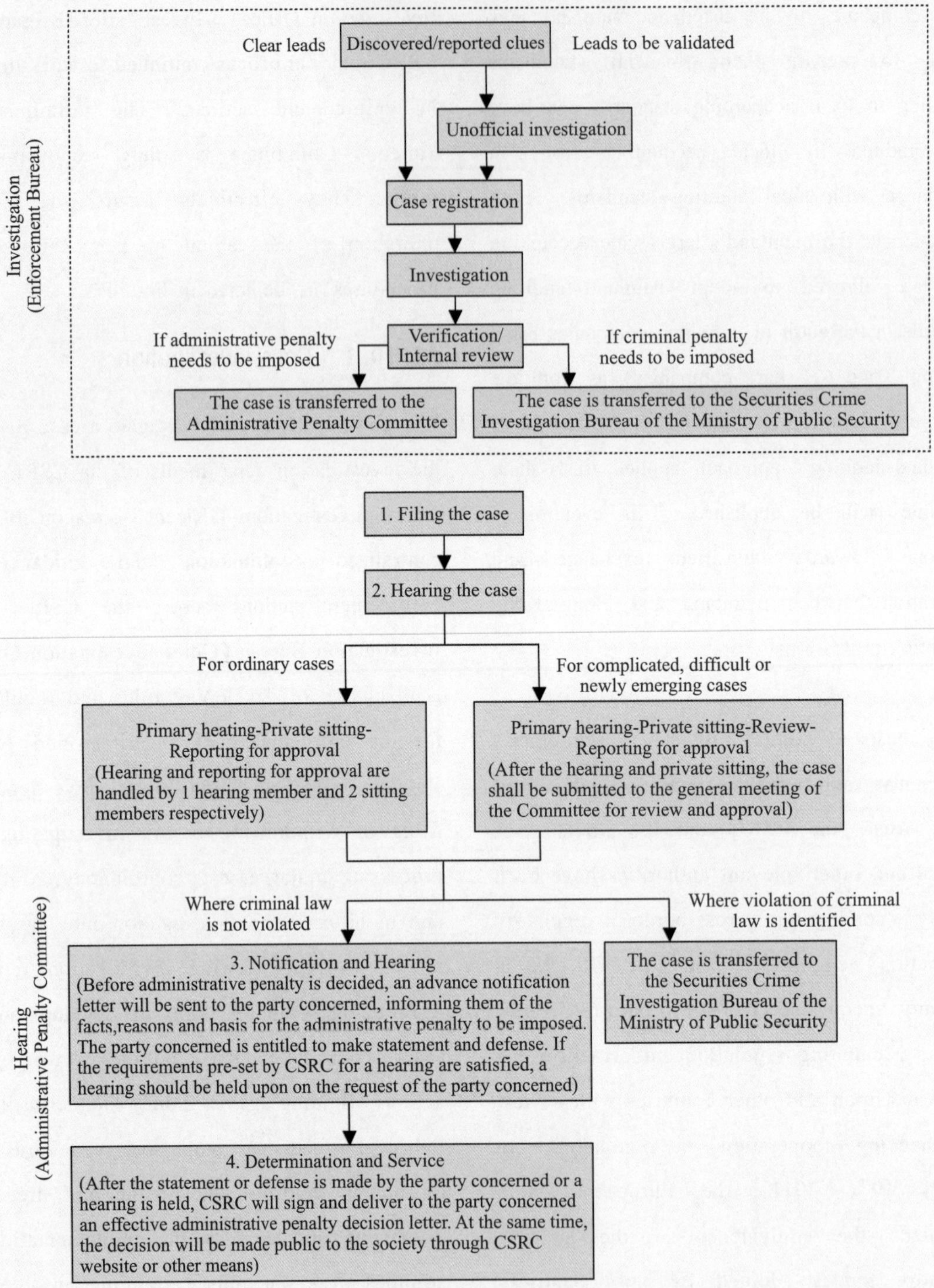


Figure A2 Procedures of Securities Enforcement

cases under processing; and training of officials of the Brigade. The CSRC regional offices are responsible for filing cases and survey on violations and malconducts by market participants within their respective jurisdiction, processing cases assigned by the Investigation Bureau, collaborating in investigation and anti-money laundering actions, and implementing the enforcement of administrative penalties.

### A2. 10. 2 Trial

The CSRC Administrative Sanction Committee is responsible for trying cases referred to it on securities violations and offences and supervising, and for guiding those administrative sanctions which are imposed by CSRC regional offices under a pilot program. Major duties of the Committee include drafting rules and implementation provisions for trying and hearing cases involving administrative sanction; trying, hearing and proposing penalty suggestions in respect of administrative sanction cases; investigation-related research, supervision and guidance on administrative sanctions across the CSRC; enforcement coordination for major administrative sanctions; and carrying out international exchange and cooperation concerning administrative sanction. The Committee Office is in charge of day-to-day operation of the Committee.

According to the *Notice on Distributing the Provisions on Administrative Sanctions Imposed by CSRC Agencies under a Pilot Program*, a pilot program was initiated with CSRC regional offices in Shanghai, Guangdong and Shenzhen on October 26$^{th}$, 2010. These offices will try and hear actions filed with them and impose administrative sanctions under their jurisdiction, except for complex cases and actions to be referred to courts for judicial trial or cases which may otherwise affect the interests of the parties.

# Appendix 3 Introduction to Self-regulatory Organizations

## A3. 1 Shanghai Stock Exchange

Shanghai Stock Exchange (hereafter referred to asthe "SSE") was founded on November 26th, 1990. As of the end of 2010, the SSE had a total of 894 listed companies, 1, 500 listed stocks with RMB 17, 900, 724 million of aggregate market capitalization, RMB 30, 431, 201 million of turnover, and RMB 553, 214 million of total capital raised by stock listing. Currently, the SSE has 106 securities firm members and 7 domestic and overseas special members.

The SSE comprises 23 functional departments, including General Office, Department of Personnel (Organization), CPC & Disciplinary Inspection Office, Trading Administration Department, Department of Offering and Listing, Company Management Department, Membership Department, Bonds & Funds Department, International Development Department, Product Development Department, Market Surveillance Department, Legal Affairs Department, Investor Education Department, System Operation Department, Technical Development Department, Technical Planning and Service Department, Information Center, Research Center, Beijing Center, Financial Department, Auditing Department, Administrative Service Center (Security Department) and Infrastructure Working Group, and 2 subsidiaries, i. e. Shanghai Securities Telecommunication Co., Ltd. and SSE Info Net Co., Ltd.

Securities listed on the SSE are traded through an electronic bidding system, which, relying on the mainframe computer, functions by public auction and automatic order matching according to the principle of "price priority and time priority". The daily processing capacity of this trading system is as follows: 180 million orders and 180 million transactions for A-Shares, 4 million orders and 11 million transactions for B-Shares, 85, 000 orders per second for continuous bidding. The SSE's trading system also handles quotes and orders placed upon agreement for block trade and fixed income products.

## A3. 2 Shenzhen Stock Exchange

Founded on December 1st, 1990, Shenzhen

Stock Exchange ( hereafter referred to as the "SZSE") is committed to building a multi-layer capital market system. Currently the SZSE operates the Main Board, the SME Board, the Growth Enterprise Board as well as a stock transfer agent system.

As of the end of 2010, the SZSE had a total of 1,590 listed securities with a market capitalization totaling RMB 13 trillion, 1,169 listed companies with an aggregate market capitalization of RMB 8.6 trillion. The total market capitalization for the 473 companies on Main Board, 531 companies on SME Board and 153 companies on Growth Enterprise Board are RMB 4.2 trillion, RMB 3.5 trillion and RMB 700 billion for each. 126 listed companies are under the stock transfer agent system.

The SZSE spares no efforts in boosting product innovation. In addition to the existing 1,211 stocks, it has developed 93 funds ( including 35 CEFs, 55 LOFs and 4 ETFs), 286 bonds ( including 74 corporate bonds, 207 treasury bonds and 5 convertible bonds) and 2 ABSs.

## A3.3 China Financial Futures Exchange

Upon the approval of the State Council and the CSRC, China Financial Futures Exchange (CFFEX) was incorporated on September 8th, 2006 jointly by Shanghai Futures Exchange, Zhengzhou Commodity Exchange, Dalian Commodity Exchange, Shanghai Stock Exchange and Shenzhen Stock Exchange.

China's first financial futures product——the Shanghai-Shenzhen 300 Index Futures——was listed for trading on the CFFEX on April 16th, 2010. As of the end of 2010, the CFFEX had 133 members, including 15 general clearing members, 61 transaction-based clearing members and 57 trading members. In 2010, the trading volume of Shanghai-Shenzhen 300 Index Futures in the CFFEX reached 45,870,000 contracts and an amount of RMB 41 trillion.

## A3.4 Shanghai Futures Exchange

Shanghai Futures Exchange (SHFE) was founded in December 1999, previously known as Shanghai Metal Exchange, Shanghai Cereals and Oils Exchange and Shanghai Commodity Exchange. Currently the SHFE has 8 underlying commodities for the futures contracts traded thereupon: gold, copper, aluminum, zinc, steel rebar, steel wire rod, fuel oil and natural rubber.

Currently the SHFE had 209 members ( including 164 futures brokers, accounting for 78.5% of its membership) and over 40 designated delivery warehouses. The SHFE operates nearly 600 remote trading terminals across the country. In 2010, the SHFE's trading volume amounted to 1.24 billion lots, while its turnover reached RMB 123.5 trillion, up 43% and 67.4%

respectively compared to the previous year.

## A3.5 Dalian Commodity Exchange

Dalian Commodity Exchange (DCE) was founded on February 28th, 1993. Since its establishment, thanks to its sound operation and steady development, the DCE has become one of the major futures trading centers in China. Currently, the DCE lists 8 futures products, including corn, soybean No. 1, soybean No. 2, soybean meal, soybean oil, RBD palm oil, LLDPE and PVC.

As of the end of 2010, the DCE had 188 member, 117 designated delivery warehouses and 1, 201, 400 investor accounts. In 2010, the DCE's trading volume reached 806 million lots (bilateral), down 3.27% compared to the previous year, and its turnover amounted to RMB 41.71 trillion (bilateral), up 10.79% compared to the previous year.

## A3.6 Zhengzhou Commodity Exchange

Zhengzhou Commodity Exchange (ZCE), the first pilot futures market created upon approval by the State Council and one of the tree commodity futures exchanges in China, was established on October 12th, 1990. The 7 underlying commodities for the futures contracts traded on the ZCE include hard wheat, strong gluten wheat, cotton, sugar, pure terephthalic acid (PTA), rapeseed oil, and early indica rice.

As of the end of 2010, the ZCE had 215 members, 116 designated delivery warehouses and 1, 210, 000 investor accounts. In 2010, the annual trading volume at the ZCE reached 990 million futures contracts, and its trading value amounted to RMB 61.7 trillion, representing a year-on-year growth of 118% and 223% respectively.

## A3.7 Securities Association of China

Securities Association of China (SAC) was founded on August 28th, 1991, as a national self-regulatory organization for securities industry and a non-profit corporation. The SAC operates under the guidance and supervision of the CSRC and the Ministry of Civil Affairs of China.

The highest authority of the SAC is the general meeting of members. The board of directors is its executive body. The chairman of the SAC is responsible for its activities. The board of directors is composed of member directors and non-member directors. The standing committee of the board, which consists of the chairperson, vice chairpersons and secretary-general, takes charge of the daily operation of the board of directors.

The main duties ofthe SAC are: 1) to assist

securities regulatory bodies in educating members on securities laws and regulations and organizing implementation of the laws and regulations by members; 2) to safeguard members' lawful interests pursuant to law and communicate members' suggestions and demands to securities regulatory bodies; 3) to collect and sort out securities information and provide information service to its members; 4) to develop rules to be complied with by its members, organize business trainings for the members' staff and organize business communications among members; 5) to mediate disputes between members or between members and their clients; 6) to coordinate members' research efforts on subject matters relating to development and operation of the securities industry; 7) to monitor and inspect members' behaviors and impose sanctions on violations of laws or regulations or SAC's charter; 8) other duties authorized by the securities regulatory authority under the State Council and other administration duties relating to self-discipline, service, communication and orientation.

As of the end of 2010, the SAC had 337 members in total, including 106 securities companies, 62 fund management companies, 95 securities investment consulting firms, 3 financial asset management companies, 5 credit rating agencies, 5 fund evaluating agencies and 61 special members, 2 stock exchanges, 1 securities depository and clearing company, 22 fund custodian banks and 36 local securities associations).

## A3.8 China Futures Association

China Futures Association (CFA) was founded on December 29th, 2000 as a national self-regulatory organization for the futures industry and a non-profit corporation in accordance with the *Regulations on Registration and Administration of Associations* and the *Regulations on Management of Futures Trading*. The CFA is subject to the guidance and supervision of the CSRC and the Ministry of Civil Affairs of China.

The highest authority of the CFA is the general meeting of members. The board of directors is the standing executive body when the general meeting is not in session and shall be accountable to the general meeting. There are five committees, namely committees of discipline, complaint, information technology, research and development and futures analysts under the board of directors. The CFA has one chairman, a few full-time deputy chairmen, several part-time deputy chairmen and one secretary-general. The chairman of the CFA is responsible for its activities. The CFA has seven departments, namely the General Office, Member Service Department, Training Department, R&D Department, Compliance and Investigation Department, Examination and Certification Department, and Information Technology Department.

The mission of the CFA is: to conduct self-regulation over the futures industry under the centralized supervision and administration of Chinese government; to bridge between the government and the futures industry by providing services to members and by protecting the lawful rights and interests of the members; to promote transparency, fairness and equitability of the futures market; to maintain fair competition order in the futures industry and protect the interests of investors; and to push forward the orderly, healthy and steady development of China's futures market.

As of the end of 2010, the CFA consisted of 200 members, including 4 special members (futures exchanges), 33 local futures associations as liaison members and 163 futures company members.

## A3.9 China Securities Depository and Clearing Corporation Limited

China Securities Depository and Clearing Corporation Limited (hereafter referred to as SD&C) was founded on March 30th, 2001. The mission of this nonprofit corporation is to maintain the securities depository, clearing and settlement system. Such system is the main constituent of the securities market facilities as well as the core element of the back-office designed to support and ensure the stable operation of the securities market. Pursuant to the relevant provisions of the *Securities Law* and the *Administrative Measures for Securities Depository and Clearing*, the SD&C performs its duties in the establishment and management of securities accounts, centralized securities registration and custody in accordance with the law, and provides various clearing services on a participant-by-participant basis, including multilateral netting settlement and gross settlement.

As of the end of 2010, the SD&C managed approximately 154, 540, 300 investor accounts and 2, 776 registered securities for custody with a market capitalization totaling RMB 26. 54 trillion, while the daily average number of transfers processed by the SD& C amounted to 25, 396, 100 transactions, and the average amount of money settled per day totaled RMB 1, 469. 7 billion.

## A3.10 China Securities Investor Protection Fund Corporation Limited

The *Measures of Administration of the Securities Investor Protection Fund* (hereinafter referred to as the "*Measures of Administration*") were promulgated in June 2005 jointly by the CSRC, the Ministry of Finance and People's Bank of China upon the approval of the State Council. In this approval, authorization was granted for the establishment of the wholly State-owned China

Securities Investor Protection Fund Corporation Limited (hereinafter referred to as "SIPF") and the articles of association thereof were approved thereby. On August 30th, 2005, the SIPF was registered with the State Administration for Industry and Commerce. The State Council contributed RMB 6.3 billion to SIPF's registered capital, which was paid up in one installment by Ministry of Finance. The SIPF is under the CSRC's administration.

The main duties of the SIPF include: raising fund for, managing and operating the Securities Investor Protection Fund; monitoring the risks in connection with securities companies and participating in the disposition of such risks; assuming repayment to creditors of securities companies pursuant to the State's relevant policies and regulations, in the event that securities companies' business licenses are cancelled, that they are closed down or go bankrupt, or that the CSRC imposes mandatory regulatory measures such as administrative take-over, trusteeship, etc. thereupon; arranging or participating in liquidation of securities companies the business licenses of which are cancelled, which are closed down or go bankrupt; managing and disposing of assets transferred to it as re-payment to safeguard the rights and interests of the Fund; giving regulation and disposal proposals to the CSRC when detecting significant risks in the operation or management of securities companies which are likely to damage the interests of investors as well as the safety of the securities market; collaborating with the relevant authorities in setting up a corrective mechanism to curb potential operating risks of securities companies.

To promptly detect significant risks which are likely to damage the interests of investors as well as the safety of the securities market, the SIPF not only engages in proper disposition of risks in connection with securities companies, but also commits to the building of securities client fund monitoring system and electronic information disclosure system in order to strengthen surveillance over risks in securities market. At the same time, the SIPF has established a multi-level, comprehensive investor service system equipped with functions of investor education, investor investigation, investor protection evaluation and investor calls.

## A3.11 China Futures Margin Monitoring Center Co., Ltd.

China Futures Margin Monitoring Center Co., Ltd. (hereafter referred to as "CFMMC") was established upon the CSRC resolution and the State Council authorization. It was incorporated jointly by Shanghai Futures Exchange, Zhengzhou Commodity Exchange and Dalian Commodity Exchange as a non-profit legal person, and was registered with the State Administration for Industry and Commerce on March 16th, 2006. The CFMMC's headquarters was opened in Shanghai in January 2009. The competent authority of the CFMMC is the CSRC. The CFMMC is designed to be a monitoring platform for futures market which facilitates the regulation and operating of futures market as authorized by the CSRC. The main functions of the CFMMC are as follows:

◆ Developing a sound monitoring and early warning mechanism for futures margins in order to timely detect relevant safety risks and report the same to regulatory authorities.

◆ Providing futures investors with transaction clearing and settlement information and other services.

◆ Holding in custody the Futures Investor Safeguard Fund and participating in the disposition of risks in connection with futures companies.

◆ Ensuring the construction of the surveillance and monitoring system of the futures market, and conducting surveillance and monitoring over and research and analysis relating to the futures market operation.

◆ Managing the account opening for all investors across the futures market.

◆ Providing regulatory authorities and futures exchanges with information service; and

◆ Other functions as stipulated by the CSRC.

# Tables

## Table1 Key Statistics of China's Securities Market (1999 –2010)

| Metrics \ Year | 1999 | 2000 | 2001 | 2002 | 2003 | 2004 | 2005 | 2006 | 2007 | 2008 | 2009 | 2010 |
|---|---|---|---|---|---|---|---|---|---|---|---|---|
| No. of companies listed in China (A and B share) | 949 | 1088 | 1160 | 1224 | 1287 | 1377 | 1381 | 1434 | 1550 | 1625 | 1718 | 2063 |
| No. of foreign – invested listed companies listed in China (B share) | 108 | 114 | 112 | 111 | 111 | 110 | 109 | 109 | 109 | 109 | 108 | 108 |
| No. of overseas listed companies | 46 | 52 | 60 | 75 | 93 | 111 | 122 | 143 | 148 | 153 | 159 | 165 |
| Total of outstanding shares (100 million shares) | 3088. 95 | 3791. 71 | 5218. 01 | 5875. 45 | 6428. 46 | 7149. 43 | 7629. 51 | 14926. 35 | 22416. 85 | 24522. 85 | 26162. 85 | 33184. 35 |
| Including: free float (100 mln) | 1079. 65 | 1354. 26 | 1813. 17 | 2036. 90 | 2269. 92 | 2577. 18 | 2914. 77 | 3444. 50 | 10331. 52 | 12578. 91 | 19759. 53 | 25642. 03 |
| Total Mkt. cap. (RMB 100 mln) | 26471. 17 | 48090. 94 | 43522. 20 | 38329. 12 | 42457. 72 | 37055. 57 | 32430. 28 | 89403. 89 | 327140. 89 | 121366. 44 | 243939. 12 | 265422. 59 |
| Including: free float Mkt. Cap. (RMB 100 mln) | 8213. 97 | 16087. 52 | 14463. 17 | 12484. 55 | 13178. 52 | 11688. 64 | 10630. 53 | 25003. 64 | 93064. 35 | 45213. 9 | 151258. 65 | 193110. 41 |
| Turnover for stock (RMB 100 mln) | 31319. 60 | 60826. 65 | 38305. 18 | 27990. 46 | 32115. 27 | 42333. 95 | 31663. 16 | 90468. 92 | 460556. 22 | 267112. 64 | 535986. 74 | 545633. 54 |
| Shanghai Stock Composite Index (closing price) | 1366. 58 | 2073. 48 | 1645. 97 | 1357. 65 | 1497. 04 | 1266. 50 | 1161. 06 | 2675. 47 | 5261. 56 | 1820. 81 | 3277. 14 | 2808. 08 |
| Shenzhen Stock Composite Index (closing price) | 402. 18 | 635. 73 | 475. 94 | 388. 76 | 378. 62 | 315. 81 | 278. 74 | 550. 59 | 1447. 02 | 553. 30 | 1201. 34 | 1290. 87 |
| No. of securities accounts (10000) | 4810. 63 | 6154. 53 | 6965. 90 | 7202. 16 | 7344. 41 | 7215. 74 | 7336. 07 | 7849. 27 | 13887. 02 | 15198. 01 | 17149. 67 | 18858. 28 |
| Turnover for bonds (RMB 100 mln) | 18284. 12 | 19119. 16 | 20417. 76 | 33249. 53 | 62136. 36 | 50323. 50 | 28367. 85 | 18279. 32 | 20667. 21 | 28884. 94 | 40635. 06 | 76011. 5 |
| No. of securities investment funds | 16 | 34 | 51 | 71 | 95 | 161 | 218 | 307 | 346 | 439 | 557 | 704 |
| Securities investment funds size (100 mln units) | 505. 00 | 560. 00 | 811. 26 | 1330. 36 | 1632. 76 | 3308. 79 | 4714. 92 | 6220. 69 | 22339. 84 | 25741. 25 | 24535. 89 | 25200. 75 |
| Turnover for securities investment funds (RMB 100 mln) | 1623. 12 | 2465. 79 | 2561. 88 | 1166. 58 | 682. 65 | 728. 58 | 773. 13 | 1879. 05 | 8620. 10 | 5831. 06 | 10249. 58 | 8996. 43 |
| Total futures trading volume (10000 lots) | 7363. 91 | 5461. 07 | 12046. 35 | 13943. 37 | 27992. 43 | 30569. 76 | 32287. 41 | 44947. 41 | 72800 | 136396 | 215743 | 313368. 83 |
| Turnover for futures (RMB 100 mln) | 22343. 01 | 16082. 29 | 30144. 98 | 39490. 28 | 108396. 59 | 146935. 32 | 134462. 71 | 210046. 32 | 410000. 00 | 719173. 35 | 1305107. 20 | 3080592. 41 |

Notes: 1. Source: CSRC and various stock exchanges and futures exchanges in China.

2. Data relating to stock listed above include both A share and B share.

## Table 2 List of Foreign – Invested Securities Companies

| No. | Name | Foreign Partners |
|---|---|---|
| 1 | China International Capital Corporation Ltd. | Morgan Stanley International |
| 2 | BOCI International (China) Limited | BOC International Holdings. |
| 3 | Everbright Securities Co., Ltd. | China Everbright Ltd. |
| 4 | Fortune CLSA Securities Limited | CLSA ECM Ltd. |
| 5 | Daiwa SMBC – SSC Securities Co., Ltd. | Daiwa Securities |
| 6 | Goldman Sachs Gao Hua Securities Company Limited | Goldman Sachs |
| 7 | UBS Securities Co., Ltd. | UBS AG |
| 8 | Credit Suisse Founder Securities Limited | Credit Suisse |
| 9 | Zhong De Securities Co., Ltd | Deutsche Bank |
| 10 | Hua Ying Securities Co., Ltd. | The Royal Bank of Scotland Group PLC |
| 11 | Morgan Stanley Huaxin Securities Company Limited | Morgan Stanley Asia Limited |
| 12 | JP Morgan First Capital Securities Co., Ltd | J. P. Morgan Broking (Hong Kong) Limited |

Note: Upon CSRC's approval, BNP Paribas, as the foreign shareholder of Changjiang BNP Paribas Peregrine Securities Co., Ltd., assigned its entire 33% stake to Changjiang Securities on 8 Dec. 2006. Changjiang BNP Paribas Peregrine Securities Co., Ltd. has thus become a wholly – owned subsidiary of Changjiang Securities Co., Ltd.

## Table 3 List of Foreign – Invested Fund Management Companies

| No. | Name | Foreign Partners |
|---|---|---|
| 1 | China Merchants Fund Management Co., Ltd. | ING Group |
| 2 | Fortune SGAM Fund Management Co., Ltd. | SG Asset Management Co. |
| 3 | Guotai Junan Allianz Fund Management Co., Ltd. | Allianz AG |
| 4 | Fortis Haitong Investment Management Co., Ltd. | Fortis Investment Management |
| 5 | Invesco Great Wall Fund Management Co., Ltd. | Invesco Asset Management |
| 6 | Fullgoal Fund Management Co., Ltd. | BMO Financial Group |
| 7 | ABN AMRO TEDA Fund Management Co., Ltd. | ABN – AMRO Asset Management (Asia) Limited |
| 8 | Everbright Pramerica Fund Management Co., Ltd. | Pramerical Investment Management |
| 9 | SYWG BNP Paribas Asset Management Co., Ltd. | BNP Paribas Asset Management |
| 10 | China International Fund Management Co., Ltd. | J. P. Morgan Asset Management (U. K.) Ltd. |
| 11 | Bank of China Investment Management Co., Ltd. | BlackRock, Inc. |
| 12 | Franklin Templeton Sealand Fund Management Co., Ltd. | Franklin Templeton Investments |
| 13 | AIG – Huatai Fund Management Co., Ltd. | AIG Global Investment Corp. |
| 14 | UBS SDIC Fund Management Co., Ltd. | UBS |
| 15 | Harvest Fund Management Co., Ltd. | Deutsche Assets Management |
| 16 | ICBC Credit Suisse Asset Management Co., Ltd. | Credit Suisse |
| 17 | Bank of Communications Schroder Fund Management Co., Ltd. | Schroder Investment Management Ltd. |
| 18 | CITIC – Prudential Fund Management Co., Ltd. | Prudential Group |
| 19 | CCB Principal Asset Management Co., Ltd. | Principal Financial Services, Inc. |
| 20 | HSBC Jintrust Fund Management Co., Ltd. | HSBC Global Asset Management |

Continued

| No. | Name | Foreign Partners |
|---|---|---|
| 21 | First State CINDA Fund Management Co. , Ltd. | Colonial First State Group Ltd. |
| 22 | LORD ABBETT CHINA Fund Management Co. , Ltd. | Lord Abbett & Co. LLC |
| 23 | Lombarda China Fund Management Co. , Ltd. | Unione di Banche Italiane S. c. p. a. |
| 24 | KBC – GOLDSTATE Fund Management Co. , Ltd. | KBC Asset Management Group |
| 25 | Changsheng Fund Management Co. , Ltd. | DBS Asset Management |
| 26 | Penghua Fund Management Co. , Ltd. | Eurizon Capital SGR S. p. A. |
| 27 | Rongtong Fund Management Co. , Ltd. | Nikko Asset Management Co. , Ltd. |
| 28 | AXA SPDB Investment Managers Co. , Ltd. | AXA Investment Managers |
| 29 | AEGON – INDUSTRIAL Fund Management Co. , Ltd. | AEGON International N. V. |
| 30 | ABC – CA Fund Management Co. , Ltd. | Credit Agricole Asset Management |
| 31 | Morgan Stanley Huaxin Fund Management Co. , Ltd. | Morgan Stanley International Holdings Inc. |
| 32 | Minsheng Royal Fund Management Co. , Ltd. | Royal Bank of Canada |
| 33 | Zhonghai Fund Management Co. , Ltd. | Lacompagnie Financiere Edmond De Rothschild Banque |
| 34 | Guotai Asset Management Co. , Ltd. | Assicurazioni Generali S. p. A. |
| 35 | BNY Mellon Western Fund Management Co. , Ltd. | BNY Mellon Corporation |
| 36 | Golden Eagle Assets Management Co. , Ltd | BEA Union Investment Management Limited |
| 37 | Ping An UOB FMC | UOB Asset Management Ltd |

## Table 4 List of Foreign – Invested Futures Companies

| | Domestic Futures Companies | Foreign Partners |
|---|---|---|
| 1 | Galaxy Futures Brokerage Co. , Ltd. | RBS Asia Futures Limited |
| 2 | CITIC Newedge Futures Brokerage Co. , Ltd. | Newedge Broker Hong Kong Ltd. |
| 3 | J. P. Morgan Futures Co. , Ltd. | J. P. Morgan Broking (Hong Kong) Limited |

## Table 5 List of QFIIs

| No. | Name of QFII | Approval Date | Registration Place |
|---|---|---|---|
| 1 | UBS AG | 23 May 2003 | Switzerland |
| 2 | Nomura Securities Co. , Ltd. | 23 May 2003 | Japan |
| 3 | Citigroup Global Markets Ltd. | 5 Jun 2003 | United Kingdom |
| 4 | Morgan Stanley & Co. International Ltd. | 5 Jun 2003 | United Kingdom |
| 5 | Goldman, Sachs & Co. | 4 Jul 2003 | United States |
| 6 | Deutsche Bank AG | 4 Aug 2003 | Germany |
| 7 | Hong Kong and Shanghai Banking Corp. Ltd. | 4 Aug 2003 | Hong Kong |
| 8 | ING Bank N. V. | 10 Sep 2003 | Netherlands |
| 9 | JP Morgan Chase Bank | 30 Sep 2003 | United States |
| 10 | Credit Suisse (Hong Kong) Ltd. | 24 Oct 2003 | Hong Kong |

Continued

| No. | Name of QFII | Approval Date | Registration Place |
|---|---|---|---|
| 11 | Nikko Asset Management Co. , Ltd. | 11 Dec 2003 | Japan |
| 12 | Standard Chartered Bank (Hong Kong) Ltd. | 11 Dec 2003 | Hong Kong |
| 13 | Hang Seng Bank Limited | 10 May 2004 | Hong Kong |
| 14 | Daiwa Securities SMBC Co. , Ltd. | 6 May 2004 | Japan |
| 15 | Merrill Lynch International | 30 Apr 2004 | United Kingdom |
| 16 | Lehman Brothers International (Europe) | 6 Jul 2004 | United Kingdom |
| 17 | Bill & Melinda Gates Foundation | 19 Jul 2004 | United States |
| 18 | INVESCO Asset Management Ltd. | 4 Aug 2004 | United Kingdom |
| 19 | ABN AMRO Bank N. V. | 2 Sep 2004 | Netherlands |
| 20 | Société Générale | 2 Sep 2004 | France |
| 21 | Barclays Bank PLC | 15 Sep 2004 | United Kingdom |
| 22 | Dresdner Bank Aktiengesellschaft | 27 Sep 2004 | Germany |
| 23 | Fortis Bank SA/NV | 29 Sep 2004 | Belgium |
| 24 | BNP Paribas | 29 Sep 2004 | France |
| 25 | Power Corporation of Canada | 15 Oct 2004 | Canada |
| 26 | CALYON S. A. | 15 Oct 2004 | France |
| 27 | Goldman Sachs Asset Management International | 9 May 2005 | United Kingdom |
| 28 | Government of Singapore Investment Corporation | 25 Oct 2005 | Singapore |
| 29 | Martin Currie Investment Management Ltd. | 25 Oct 2005 | United Kingdom |
| 30 | AIG Global Investment Corp. | 14 Nov 2005 | United States |
| 31 | Temasek Fulllerton Alpha Pte Ltd. | 15 Nov 2005 | Singapore |
| 32 | JF Asset Management Ltd. | 28 Dec 2005 | Hong Kong |
| 33 | The Dai – ichi Mutual Life Insurance Company | 28 Dec 2005 | Japan |
| 34 | DBS Bank Ltd. | 13 Feb 2006 | Singapore |
| 35 | AMP Capital Investors Ltd. | 10 Apr 2006 | Australia |
| 36 | The Bank of Nova Scotia | 10 Apr 2006 | Canada |
| 37 | KBC Financial Products UK Ltd. | 10 Apr 2006 | United Kingdom |
| 38 | Lacompagnie Financiere Edmond De Rothschild Banque | 10 Apr 2006 | France |
| 39 | Yale University | 14 Apr 2006 | United States |
| 40 | Prudential Asset Management (Hong Kong) Ltd. | 7 Jul 2006 | Hong Kong |
| 41 | Morgan Stanley Investment Management Inc. | 7 Jul 2006 | United States |
| 42 | Stanford University | 5 Aug 2006 | United States |
| 43 | GE Asset Management Incorporated | 5 Aug 2006 | United States |
| 44 | United Overseas Bank Ltd. | 5 Aug 2006 | Singapore |
| 45 | Schroder Investment Management Ltd. | 29 Aug 2006 | United Kingdom |
| 46 | HSBC Global Asset Management (Hong Kong) Ltd. | 5 Sep 2006 | Hong Kong |
| 47 | Shinko Securities Co. , Ltd. | 5 Sep 2006 | Japan |
| 48 | UBS Global Asset Management (Singapore) Ltd. | 25 Sep 2006 | Singapore |

Continued

| No. | Name of QFII | Approval Date | Registration Place |
|---|---|---|---|
| 49 | Sumitomo Mitsui Asset Management Co. , Ltd. | 25 Sep 2006 | Japan |
| 50 | Norges Bank | 24 Oct 2006 | Norway |
| 51 | Pictet Asset Management Limited | 25 Oct 2006 | United Kingdom |
| 52 | The Trustees of Columbia University in the City of New York | 12 Mar 2008 | United States |
| 53 | Prudential Asset Management Co. , Ltd. | 5 Apr 2008 | Korea |
| 54 | Rebeco Institutional Asset Management B. V. | 5 May 2008 | Netherlands |
| 55 | State Street Global Advisors Asia Ltd. | 16 May 2008 | Hong Kong |
| 56 | Platinum Investment Company Limited | 2 Jun 2008 | Australia |
| 57 | KBC Asset Management N. V. | 2 Jun 2008 | Belgium |
| 58 | Mirae Asset Global Investments Co. , Ltd. | 25 Jul 2008 | Korea |
| 59 | ACE INA International Holdings Ltd. | 5 Aug 2008 | United States |
| 60 | Caisse de dépÔt et placement du Québec | 22 Aug 2008 | Canada |
| 61 | President and Fellows of Harvard College | 22 Aug 2008 | United States |
| 62 | Samsung Investment Trust Management Co. , Ltd. | 25 Aug 2008 | Korea |
| 63 | Alliance Bernstein Limited | 28 Aug 2008 | United Kingdom |
| 64 | Oversea – Chinese Banking Corporation Limited | 28 Aug 2008 | Singapore |
| 65 | First State Investment Management (UK) Limited | 11 Sep 2008 | United Kingdom |
| 66 | DAIWA Asset Management Co. | 11 Sep 2008 | Japan |
| 67 | Shell Asset Management Company B. V | 12 Sep 2008 | Netherlands |
| 68 | T. Rowe Price International, Inc. | 12 Sep 2008 | United States |
| 69 | Société Générale Asset Management SA | 14 Oct 2008 | France |
| 70 | Credit Suisse | 14 Oct 2008 | Switzerland |
| 71 | UOB Asset Management Ltd | 28 Nov 2008 | Singapore |
| 72 | ABU Dhabi Investment Authority | 3 Dec 2008 | United Arab Emirates |
| 73 | Allianz Global Investors Luxembourg S. A. | 16 Dec 2008 | Luxembourg |
| 74 | Capital International, Inc. | 18 Dec 2008 | United States |
| 75 | Mitsubishi UFJ Securities Co. , Ltd. | 29 Dec 2008 | Japan |
| 76 | Hanwha Investment Trust Management Co. , Ltd. | 5 Feb 2009 | Korea |
| 77 | Emerging Markets Management, L. L. C. | 10 Feb 2009 | United States |
| 78 | DWS Investment S. A. | 24 Feb 2009 | Luxembourg |
| 79 | The Korea Development Bank | 23 Apr 2009 | Korea |
| 80 | Woori Bank Co. , Ltd. | 4 May 2009 | Korea |
| 81 | Bank Negara Malaysia | 19 May 2009 | Malaysia |
| 82 | Lloyd George Management (Hong Kong) Limited | 27 May 2009 | Hong Kong |
| 83 | Templeton Investment Counsel, LLC | 5 Jun 2009 | United States |
| 84 | BEA Union Investment Management Limited | Jun 18 2009 | Hong Kong |
| 85 | The Sumitomo Trust & Banking Co. , Ltd. | 26 Jun 2009 | Japan |
| 86 | Korea Investment Trust Management Co. , Ltd. | 21 Jul 2009 | Korea |

Continued

| No. | Name of QFII | Approval Date | Registration Place |
|---|---|---|---|
| 87 | Baring Asset Management Limited | 6 Aug 2009 | United Kingdom |
| 88 | Ashmore Investment Management Limited | 14 Sep 2009 | United Kingdom |
| 89 | BNY Mellon Asset Management International Limited | 6 Nov 2009 | United Kingdom |
| 90 | Manulife Asset Management (Hong Kong) Limited | 20 Nov 2009 | Hong Kong |
| 91 | Nomura Asset Management Co., Ltd | 23 Nov 2009 | Japan |
| 92 | Tongyang Investment Trust Management Co., Ltd. | 11 Dec 2009 | Korea |
| 93 | Royal Bank of Canada | 23 Dec 2009 | Canada |
| 94 | Aviva Investors Global Services Limited | 28 Dec 2009 | United Kingdom |
| 95 | Ivy Investment Management Company | 8 Feb 2010 | United States |
| 96 | DIAM Co., Ltd | 20 Apr 2010 | Japan |
| 97 | OFI Asset Management | 21 May 2010 | France |
| 98 | Aberdeen Asset Management Asia Limited | 6 Jul 2010 | Singapore |
| 99 | KB Asset Management Co., Ltd | 9 Aug 2010 | Korea |
| 100 | Fidelity Investment Management (Hong Kong) Limited | 1 Sep 2010 | Hong Kong |
| 101 | Legg Mason Investment (Europe) Limited | 8 Oct 2010 | United Kingdom |
| 102 | Hong Kong Monetary Authority | 27 Oct 2010 | Hong Kong |
| 103 | Fubon Securities Investment Trust Co., Ltd. | 29 Oct 2010 | Taiwan |
| 104 | Capital Securities Investment Trust Co., Ltd. | 29 Oct 2010 | Taiwan |
| 105 | BMO Investment Inc. | 6 Dce 2010 | Canada |
| 106 | Bank Julius Bear & Co., Ltd | 14 Dec 2010 | Switzerland |
| 107 | KTB Asset Management Co., Ltd | 28 Dec 2010 | Korea |

## Table 6 List of QFIIs Custodian Banks

| No. | List of QFII Custodian Banks |
|---|---|
| 1 | HSBC Bank (China) Company Limited |
| 2 | CitiBank (China) Co., Ltd. |
| 3 | Standard Chartered Bank (China) Limited |
| 4 | Industrial & Commercial Bank of China |
| 5 | Bank of China |
| 6 | Agricultural Bank of China |
| 7 | Bank of Communications |
| 8 | China Construction Bank |
| 9 | China Everbright Bank |
| 10 | China Merchants Bank |
| 11 | Deutsche Bank AG |
| 12 | DBS Bank Ltd. |
| 13 | China CITIC Bank |
| 14 | Shanghai Pudong Development Bank |
| 15 | China Minsheng Banking Corp. Ltd. |

## Table 7 List of Overseas Security Institutions with Representative Offices in China

| No. | Name | Jurisdiction |
|---|---|---|
| 1 | The Nomura Securities Co. Ltd. Shanghai Representative Office | Shanghai |
| 2 | BNP Paribas Peregrine Limited Shanghai Representative Office | Shanghai |
| 3 | Merrill Lynch Int'l Inc. Shanghai Representative Office | Shanghai |
| 4 | CLSA Ltd. Shanghai Rep. Office | Shanghai |
| 5 | Sun Hung Kai Investment Services Ltd. Shanghai Representative Office | Shanghai |
| 6 | Morgan Stanley Dean Witter Asia Ltd. Shanghai Representative Office | Shanghai |
| 7 | Goldman Sachs (China) L. L. C. Shanghai Representative Office | Shanghai |
| 8 | Barclays Capital Securities Limited Shanghai Representative Office | Shanghai |
| 9 | RBS Asia Limited., Shanghai Representative Office | Shanghai |
| 10 | Woori Investment & Securities Co., Ltd Shanghai Rep. Office | Shanghai |
| 11 | RBS Asia Ltd. Shanghai Representative Office | Shanghai |
| 12 | CSC Int'l Holding Ltd. Shanghai Representative Office | Shanghai |
| 13 | Yuanta Core Pacific Securities (Hong Kong) Company Ltd. Shanghai Representative Office | Shanghai |
| 14 | Hyundai Securities Co. Ltd. Shanghai Representative Office | Shanghai |
| 15 | Masterlink Securities (HK) Ltd. Shanghai Representative Office | Shanghai |
| 16 | JS Cresvale Securities Int'l Ltd. Shanghai Representative Office | Shanghai |
| 17 | Sinopac Securities (Asia) Ltd. Shanghai Representative Office | Shanghai |
| 18 | DBS Vickers (Hong Kong) Limited Shanghai Representative Office | Shanghai |
| 19 | Taiwan Int'l Securities (B. V. I) Corp. Shanghai Representative Office | Shanghai |
| 20 | DBS Asia Capital Ltd Shanghai Representative Office | Shanghai |
| 21 | Mega Capital (Asia) Ltd. Shanghai Representative Office | Shanghai |
| 22 | Citigroup Global Markets Asia Ltd. Shanghai Representative Office | Shanghai |
| 23 | KGI Asia Ltd. Shanghai Representative Office | Shanghai |
| 24 | N M Rothschild China Holding AG Shanghai Representative Office | Shanghai |
| 25 | Taifook Securities Company Limited Shanghai Representative Office | Shanghai |
| 26 | President Securities (Hong Kong) Ltd. Shanghai Representative Office | Shanghai |
| 27 | Samsung Securities Co. Ltd. Shanghai Representative Office | Shanghai |
| 28 | Grand Cathay Securities (Hong Kong) Ltd. Shanghai Representative Office | Shanghai |
| 29 | The Hongkong and Shanghai Banking Corporation (Securities Business) Shanghai Representative Office | Shanghai |
| 30 | Hanwha Securities Co., Ltd. Shanghai Representative Office | Shanghai |
| 31 | Naito Securities Co., Ltd. Shanghai Representative Office | Shanghai |
| 32 | J. P. Morgan Securities (Asia Pacific) Ltd. Shanghai Representative Office | Shanghai |
| 33 | Asian Capital (Corporate Finance) Ltd. Shanghai Representative Office | Shanghai |
| 34 | SG Securities (HK) Ltd. Shanghai Representative Office | Shanghai |

Continued

| No. | Name | Jurisdiction |
|---|---|---|
| 35 | Polaris Securities (HK) Ltd. Shanghai Representative Office | Shanghai |
| 36 | Credit Swiss (Hong Kong) Ltd. Shanghai Representative Office | Shanghai |
| 37 | Mizuho Securities Co., Ltd. Shanghai Representative Office | Shanghai |
| 38 | Deutsche Bank AG (Securities Business) Shanghai Representative Office | Shanghai |
| 39 | Fubon Securities Co., Ltd Shanghai Representative Office | Shanghai |
| 40 | Standard Chartered Securities (HK) Ltd. Shanghai Representative Office | Shanghai |
| 41 | Jefferies & Company, Inc. Shanghai Representative Office | Shanghai |
| 42 | Piper Jarrray & Co. Shanghai Representative Office | Shanghai |
| 43 | Okasan Securities Co., Ltd. Shanghai Representative Office | Shanghai |
| 44 | William Blair & Company Shanghai Representative Office | Shanghai |
| 45 | ROTH Capital Partners, LLC Shanghai Representative Office | Shanghai |
| 46 | Macquarie Securities (Australia) Limited Shanghai Representative Office | Shanghai |
| 47 | Chief Securities Ltd. Shanghai Representative Office | Shanghai |
| 48 | Toyo Securities Co., Ltd. Shanghai Representative Office | Shanghai |
| 49 | Dashin Securities Co., Ltd. Shanghai Representative Office | Shanghai |
| 50 | Evolution Watterson Securities Limited Shanghai Representative Office | Shanghai |
| 51 | Goodmorning Shinhan Securities Co., Ltd. Shanghai Representative Office | Shanghai |
| 52 | Aizawa Securities Co., Ltd. Shanghai Representative Office | Shanghai |
| 53 | SK Securities Co., Ltd. Shanghai Representative Office | Shanghai |
| 54 | CIMB – GK Securities(HK) Limited Shanghai Representative Office | Shanghai |
| 55 | Interactive Brokers LLC Shanghai Representative Office | Shanghai |
| 56 | Hua Nan Securities Co., Ltd. Shanghai Representative Office | Shanghai |
| 57 | Vining – Sparks IBG, L. P. Shanghai Representative Office | Shanghai |
| 58 | MF Global Singapore Pte. Limited (Securities Business) Shanghai Representative Office | Shanghai |
| 59 | Daewoo Securities Co., Ltd. Shanghai Representative Office | Shanghai |
| 60 | ABN AMRO Asset Management (Asia) Ltd. Shanghai Representative Office | Shanghai |
| 61 | Daiwa Asset Management (H. K.) Limited Shanghai Representative Office | Shanghai |
| 62 | Sumitomo Mitsui Asset Management Company Limited Shanghai Representative Office | Shanghai |
| 63 | Martin Currie Investment Management Ltd. Shanghai Representative Office | Shanghai |
| 64 | Schroder Investment Management Limited Shanghai Representative Office | Shanghai |
| 65 | Aviva Investors Global Services Limited Shanghai Representative Office | Shanghai |
| 66 | Robeco Institutional Asset Management B. V. Shanghai Representative Office | Shanghai |
| 67 | Mirae Asset Global Investments Co., Ltd. Shanghai Representative Office | Shanghai |
| 68 | Tokio Marine Asset Management International Pte. Ltd. Shanghai Representative Office | Shanghai |

Continued

| No. | Name | Jurisdiction |
|---|---|---|
| 69 | Aberdeen Asset Management Asia Limited Shanghai Representative Office | Shanghai |
| 70 | KTB Asset Management Co. , Ltd. Shanghai Representative Office | Shanghai |
| 71 | Daiwa SB Investments Ltd. Shanghai Representative Office | Shanghai |
| 72 | State Street Global Advisors Asia Ltd. Shanghai Representative Office | Shanghai |
| 73 | Allianz Global Investors Luxembourg S. A. Shanghai Representative Office | Shanghai |
| 74 | BSI SA Shanghai Representative Office | Shanghai |
| 75 | Lion Global Investors Limited Shanghai Representative Office | Shanghai |
| 76 | FIL Investment Management (Hong Kong) Limited Shanghai Representative Office | Shanghai |
| 77 | BNP Paribas Investment Partners Asia Limited Shanghai Representative Office | Shanghai |
| 78 | Korea Investment Trust Management Co. , Ltd. Shanghai Representative Office | Shanghai |
| 79 | Hi Asset Management Co. , Ltd. Shanghai Representative Office | Shanghai |
| 80 | The Nomura Securities Co. Ltd. Beijing Representative Office | Beijing |
| 81 | Daiwa Securities Capital Markets Co. , Ltd. Beijing Representative Office | Beijing |
| 82 | Mitsubishi UFJ Securities Co. , Ltd. Beijing Representative Office | Beijing |
| 83 | Credit Swiss (Hong Kong) Ltd. Beijing Representative Office | Beijing |
| 84 | Goldman Sachs (China) L. L. C. Beijing Representative Office | Beijing |
| 85 | Merrill Lynch Int'l Inc. Beijing Representative Office | Beijing |
| 86 | Citigroup Global Markets China Ltd. Beijing Representative Office | Beijing |
| 87 | Morgan Stanley Dean Witter Asia Ltd. Beijing Representative Office | Beijing |
| 88 | RBS Asia Ltd. Beijing Representative Office | Beijing |
| 89 | Polaris Securities (HK) Ltd. Beijing Representative Office | Beijing |
| 90 | CLSA Ltd. Beijing Representative Office | Beijing |
| 91 | RBS Asia Ltd. Beijing Representative Office | Beijing |
| 92 | BNP Paribas Peregrine Limited Beijing Representative Office | Beijing |
| 93 | Kingsway Financial Services Group Ltd. Beijing Representative Office | Beijing |
| 94 | Standard Chartered Securities (HK) Ltd. Beijing Representative Office | Beijing |
| 95 | N M Rothschild China Holding AG Beijing Representative Office | Beijing |
| 96 | Taiwan Int'l Securities (B. V. I) Corp. Beijing Representative Office | Beijing |
| 97 | Core Pacific - Yamaichi International (H. K. ) Limited Beijing Representative Office | Beijing |
| 98 | The Hongkong and Shanghai Banking Corporation (Securities Business) Beijing Representative Office | Beijing |
| 99 | Mega Capital (Asia) Ltd. Beijing Representative Office | Beijing |
| 100 | Guoco Capital Limited Beijing Representative Office | Beijing |
| 101 | Somerley Limited Beijing Representative Office | Beijing |
| 102 | J. P. Morgan Securities (Asia Pacific) Ltd. , Beijing Representative Office | Beijing |

Continued

| No. | Name | Jurisdiction |
|---|---|---|
| 103 | Yuanta Securities Co. , Ltd. Beijing Representative Office | Beijing |
| 104 | Deutsche Bank AG (Securities Business) Beijing Representative Office | Beijing |
| 105 | Mizuho Securities Co. , Ltd. Beijing Representative Office | Beijing |
| 106 | DBS Asia Capital Ltd. Beijing Representative Office | Beijing |
| 107 | First Shanghai Investments Ltd. Beijing Representative Office | Beijing |
| 108 | BOC International Holdings Limited Beijing Representative Office | Beijing |
| 109 | BMO Nesbitt Burns Inc. Beijing Representative Office | Beijing |
| 110 | Natexis Banques Populairs Beijing Representative Office | Beijing |
| 111 | The Chuo Mitsui Trust and Banking Company, Limited (Securities Business) Beijing Representative Office | Beijing |
| 112 | Mirae Asset Securities Co. , Ltd. Beijing Representative Office | Beijing |
| 113 | RBC Investment Services (Asia) Limited (Securities Business) Beijing Representative Office | Beijing |
| 114 | BOCOM International Holdings Company Limited(Securities Business) Beijing Representative Office | Beijing |
| 115 | Woori Investment & Securities Co. , Ltd. Beijing Representative Office | Beijing |
| 116 | City Credit Investment Bank Limited (Securities Business) Beijing Representative Office | Beijing |
| 117 | Daewoo Securities Co. , Ltd. Beijing Representative Office | Beijing |
| 118 | HMC Investment Securities Co. , Ltd. Beijing Representative Office | Beijing |
| 119 | Brown Brother Harriman(Hong Kong) Ltd. Beijing Representative Office | Beijing |
| 120 | CIBC World Market Inc. (Securities Business) Beijing Representative Office | Beijing |
| 121 | Pacific Crest Securities LLC Beijing Representative Office | Beijing |
| 122 | Monex, Inc. Beijing Representative Office | Beijing |
| 123 | Fubon Securities Co. , Ltd. Beijing Representative Office | Beijing |
| 124 | Schroders plc Beijing Representative Office | Beijing |
| 125 | AGF Management Limited Beijing Representative Office | Beijing |
| 126 | Vanguard Group Inc. Beijing Representative Office | Beijing |
| 127 | Templeton Investment Counsel, LLC Beijing Representative Office | Beijing |
| 128 | Principal Global Investors LLC. Beijing Representative Office | Beijing |
| 129 | Standard Life Investments Limited Beijing Representative Office | Beijing |
| 130 | BNP Paribas Asset Management Beijing Representative Office | Beijing |
| 131 | BNY Mellon Asset Management International Limited Beijing Representative Office | Beijing |
| 132 | CALYON S. A. Fund Management Co. , Ltd. Beijing Representative Office | Beijing |
| 133 | INVESCO Asset Management Ltd. Beijing Representative Office | Beijing |
| 134 | UBS Global Asset Management (Hong Kong) Ltd. Beijing Representative Office | Beijing |
| 135 | J. P. Morgan Fleming Asset Management Co. , Ltd. Beijing Representative Office | Beijing |
| 136 | Wellington Management Company, LLP. Beijing Representative Office | Beijing |

Continued

| No. | Name | Jurisdiction |
|---|---|---|
| 137 | Fullerton Fund Management Company Ltd. Beijing Representative Office | Beijing |
| 138 | ING Investment Management Asia Pacific (HK) Ltd. Beijing Representative Office | Beijing |
| A139 | FIL Investment Management (Hong Kong) Limited Beijing Representative Office | Beijing |
| 140 | BlackRock Asset Management North Asia Limited Beijing Representative Office | Beijing |
| 141 | Natixis Global Asset Management Beijing Representative Office | Beijing |
| 142 | Sun Hung Kai Investment Services Ltd. Shenzhen Representative Office | Shenzhen |
| 143 | RBS Asia Ltd Shenzhen Representative Office | Shenzhen |
| 144 | CLSA Ltd. Shenzhen Representative Office | Shenzhen |
| 145 | Mega Capital (Asia) Ltd. Shenzhen Representative Office | Shenzhen |
| 146 | KGI Asia Ltd. Shenzhen Representative Office | Shenzhen |
| 147 | Masterlink Securities (HK) Ltd. Shenzhen Representative Office | Shenzhen |
| 148 | Taiwan Int'l Securities (B. V. I) Corp. Beijing Representative Office | Shenzhen |
| 149 | Chief Securities Ltd. Shenzhen Representative Office | Shenzhen |
| 150 | Fulbright Securities Limited Shenzhen Representative Office | Shenzhen |
| 151 | Polaris Securities (Hong Kong) Limited Shenzhen Representative Office | Shenzhen |
| 152 | Hang Seng Investment Management Limited Shenzhen Representative Office | Shenzhen |
| 153 | Polaris Securities (Hong Kong) Limited Guangzhou Representative Office | Guangdong |
| 154 | Sun Hung Kai Investment Services Ltd. Guangzhou Representative Office | Guangdong |
| 155 | President Securties Corp Xiamen Representative Office | Xiamen |
| 156 | Fubon Securities Co., Ltd. Xiamen Representative Office | Xiamen |
| 157 | Masterlink Securities (HK) Ltd. Xiamen Representative Office | Xiamen |
| 158 | Sun Hung Kai Investment Services Ltd. Nanjing Representative Office | Jiangsu |
| 159 | Quam Securities Company Ltd Shenyang Representative Office | Liaoning |
| 160 | Taiwan Int'l Securities (B. V. I) Corp. Chengdu Representative Office | Sichuan |
| 161 | Get Nice Securities Limited Ningbo Representative Office | Ningbo |

## Table 8 List of Overseas Exchanges with Representative Offices in China

| No. | Name of Overseas Exchanges | No. | Name of Overseas Exchanges |
|---|---|---|---|
| 1 | Hong Kong Stock Exchange | 5 | Korea Exchange |
| 2 | New York Stock Exchange | 6 | Singapore Exchange Ltd. |
| 3 | NASDAQ | 7 | London Stock Exchange |
| 4 | Tokyo Stock Exchange | 8 | Deutsche Börse Group |

## Table 9 List of Domestic Securities Companies with Branches in Hong Kong

| No. | Name | No. | Name |
|---|---|---|---|
| 1 | GF Securities Co . , Ltd. | 10 | Ping An Securities Limited |
| 2 | Guotai Junan Securities Co. , Ltd. | 11 | Guosen Securities Co. , Ltd. |
| 3 | GuoYuan Securities Co. , Ltd. | 12 | Guodu Securities Co. , Ltd. |
| 4 | Haitong Securities Co. , Ltd. | 13 | Essence Securities Co. , Ltd. |
| 5 | Huatai Securities Co. , Ltd. | 14 | Orient Securities Co. , Ltd. |
| 6 | China Merchants Securities Co. , Ltd. | 15 | China Jianyin Investment Securities |
| 7 | China International Capital Corp. Ltd. | 16 | Changjiang Securities Co. , Ltd. |
| 8 | CITIC Securities Co. , Ltd. | 17 | Everbright Securities Co. , Ltd. |
| 9 | Shenyin Wanguo Securities Co. , Ltd. | 18 | China Galaxy Securities Co. , Ltd. |

## Table 10 List of Domestic Fund Management Companies with Branches in Hong Kong

| No. | Name | No. | Name |
|---|---|---|---|
| 1 | China Southern Fund Management Co. , Ltd. | 7 | Bosera Asset Management Co. , Ltd. |
| 2 | E Fund Management Co. , Ltd. | 8 | Haifutong Fund Management Co. , Ltd. |
| 3 | Harvest Fund Management Co. , Ltd. | 9 | Hua An Fund Management Co. , Ltd. |
| 4 | China Asset Management Co. , Ltd. | 10 | Guangfa Fund Management Co. , Ltd. |
| 5 | China Universal Asset Management Co. , Ltd. | 11 | China International Fund Management Co. , Ltd. |
| 6 | Dacheng Fund Management Co. , Ltd. | 12 | UBS SDIC Fund Management Co. , Ltd. |

## Table 11 List of Domestic Futures Companies with Branches in Hong Kong

| No. | Name | NO. | Name |
|---|---|---|---|
| 1 | Green Futures Co. , Ltd. | 4 | China International Futures Co. , Ltd. |
| 2 | Yongan Futures Co. , Ltd. | 5 | Jinrui Futures Co. , Ltd. |
| 3 | GF Futures Co. , Ltd. | 6 | Nanhua Futures Trading Co. , Ltd. |

## Table 12 List of Bilateral MOUs on Regulatory Cooperation between CSRC and its Counterparts

| No. | Date | Foreign Regulators | MOU Titles | Place |
|---|---|---|---|---|
| 1 | 19 Jun 1993 | Hong Kong Securities and Futures Commission | Memorandum of Regulatory Cooperation | Beijing |
| 2 | 28 Apr 1994 | U. S. Securities and Exchange Commission | MOU Regarding Cooperation, Consultation and the Provision of Technical Assistance | Beijing |
| 3 | 4 Jul 1995 | Hong Kong Securities and Futures Commission | Memorandum of Regulatory Cooperation Concerning Futures | Beijing |
| 4 | 30 Nov 1995 | Monetary Authority of Singapore | MOU on Cooperation and Exchange of Information on Regulation of Securities and Futures Activities | Singapore |

Continued

| No. | Date | Foreign Regulators | MOU Titles | Place |
|---|---|---|---|---|
| 5 | 23 May 1996 | Australian Securities Commission | MOU Regarding Securities and Futures Regulatory Cooperation | Canberra |
| 6 | 7 Oct 1996 | UK HM Treasury, Securities and Investments Board | MOU Regarding Securities and Futures Regulatory Cooperation | Beijing |
| 7 | 18 Mar 1997 | Ministry of Finance, Japan | Memorandum of Understanding | Tokyo |
| 8 | 18 Apr 1997 | Securities Commission of Malaysia | MOU Regarding Securities and Futures Regulatory Cooperation | Beijing |
| 9 | 13 Nov 1997 | Comissao de Valores Mobiliarios, Brazil | Memorandum of Understanding | Beijing |
| 10 | 22 Dec 1997 | Securities and Stock Market State Commission, Ukraine | MOU Regarding Securities Regulatory Cooperation | Beijing |
| 11 | 4 Mar 1998 | Commission des opérations debourse, France | MOU Regarding Securities and Futures Regulatory Cooperation | Beijing |
| 12 | 18 May 1998 | Commissariat aux Bourses, Luxemburg | MOU Regarding Securities and Futures Regulatory Cooperation | Beijing |
| 13 | 8 Oct 1998 | Bundesaufsichtsamt fürden Wertpapiemandel, Germany | MOU Regarding Securities Regulatory Cooperation | Frankfurt |
| 14 | 3 Nov 1999 | Commissione Nazionale per Ie Societa e la Borsa, Italy | MOU Regarding Securities and Futures Regulatory Cooperation | Rome |
| 15 | 22 Jun 2000 | Capital Market Authority of Egypt | MOU Regarding Securities Regulatory Cooperation | By courier |
| 16 | 19 Jun 2001 | Financial Supervisory Commission, Korea | Arrangement Regarding Securities and Futures Regulatory Cooperation | Beijing |
| 17 | 18 Jan 2002 | U. S. Commodity Futures Trading Commission | Futures regulatory cooperation MOU | Washington D. C. |
| 18 | 27 Jun 2002 | Romania National Securities Commission | MOU Regarding Securities and Futures Regulatory Cooperation | Beijing |
| 19 | 29 Oct 2002 | Financial Services Board , South Africa | MOU Regarding Securities and Futures Regulatory Cooperation | Pretoria |
| 20 | 1 Nov 2002 | Netherlands Authority for the Financial Markets | MOU Regarding Securities and Futures Regulatory Cooperation | By courier |
| 21 | 26 Nov 2002 | Belgium Banking and Finance Com mission | MOU Regarding Securities and Futures Regulatory Cooperation | Beijing |
| 22 | 21 Mar 2003 | The Participating Members of Canadian Securities Administrators | MOU Regarding Securities and Futures Regulatory Cooperation | By courier |
| 23 | 22 May 2003 | Swiss Federal Banking Commission | MOU Regarding Securities and Futures Regulatory Cooperation | By courier |
| 24 | 9 Dec 2003 | Indonesian Capital Market Supervisory Agency (BAPEPAM) | MOU In Relation to Mutual Assistance and Exchange of Information | Jakarta |

Continued

| No. | Date | Foreign Regulators | MOU Titles | Place |
|---|---|---|---|---|
| 25 | 20 Feb 2004 | New Zealand Securities Commission | MOU Regarding Securities and Futures Regulatory Cooperation | Wellington |
| 26 | 14 Oct 2004 | Indonesian Commodity Futures Trading | Futures regulatory cooperation MOU | Beijing |
| 27 | 26 Oct 2004 | Portugal Securities Market Commission (CMVM) | MOU Regarding Securities and Futures Regulatory Cooperation | Montreal |
| 28 | 14 Jun 2005 | Nigeria Securities and Exchange Commission | MOU Regarding Securities and Futures Regulatory Cooperation | Beijing |
| 29 | 27 Jun 2005 | State Securities Commission of Vietnam | MOU Regarding Securities and Futures Regulatory Cooperation | Beijing |
| 30 | 15 Sep 2006 | Securities & Exchange Board of India | MOU Regarding Securities and Futures Regulatory Cooperation | Beijing |
| 31 | 20 Sep 2006 | Comisión Nacional de Valores of Argentina (CNV) | MOU Regarding Securities and Futures Regulatory Cooperation | Shanghai |
| 32 | 20 Sep 2006 | Jordan Securities Commission | MOU Regarding Securities and Futures Regulatory Cooperation | Shanghai |
| 33 | 26 Sep 2006 | Financial Supervisory Authority of Norway ( Kredittilsynet ) | MOU Regarding Securities and Futures Regulatory Cooperation | Oslo |
| 34 | 10 Nov 2006 | Capital Markets Board of Turkey(SPK) | MOU Regarding Securities and Futures Regulatory Cooperation | Istanbul |
| 35 | 21 Nov 2006 | Forward Markets Commission of India | MOU Regarding Commodity Futures Regulatory Cooperation | New Delhi |
| 36 | 6 Dce 2006 | Emirate Securities and Commodities Authority | MOU Regarding Securities and Futures Regulatory Cooperation | By courier |
| 37 | 12 Apr 2007 | Securities Exchange Commission, Thailand | MOU Regarding Securities and Futures Regulatory Cooperation | Bombay |
| 38 | 15 Jan 2008 | Financial Market Authority (FMA), Liechtenstein | MOU Regarding Securities and Futures Regulatory Cooperation | Beijing |
| 39 | 24 Jan 2008 | Financial Regulatory Commission of Mongolia | MOU Regarding Securities Regulatory Cooperation | Beijing |
| 40 | 8 Aug 2008 | Russian Federal Financial Markets Service (FFMS) | MOU Regarding Securities and Futures Regulatory Cooperation | Beijing |
| 41 | 27 Sep 2008 | Dubai Financial Services Authority | MOU Regarding Securities and Futures Regulatory Cooperation | Dubai |
| 42 | 23 Oct 2008 | Irish Financial Services Regulatory Authority (IFSRA) | MOU Regarding Securities and Futures Regulatory Cooperation | Beijing |
| 43 | 30 Oct 2008 | Austrian Financial Market Authority (FMA) | MOU Regarding Securities and Futures Regulatory Cooperation | By courier |

Continued

| No. | Date | Foreign Regulators | MOU Titles | Place |
|---|---|---|---|---|
| 44 | 6 Oct 2009 | Spanish National Securities Market Commission | MOU Regarding Securities and Futures Regulatory Cooperation | Basel |
| 45 | 16 Nov 2009 | Financial Supervisory Commission of Chinese Taipei | MOU Regarding Cross-Strait Regulatory Cooperation on Securities and Futures | By courier |
| 46 | 26 Jan 2010 | Malta Financial Services | MOU Regarding Securities and Futures Regulatory Cooperation | Valletta |
| 47 | 5 May 2010 | Kuwait Stock Exchange Committee | MOU Regarding Securities and Futures Regulatory Cooperation | Kuwait City |
| 48 | 17 Dec 2010 | Securities and Exchange Commission of Pakistan | MOU Regarding Securities and Futures Regulatory Cooperation | Islamabad |

# Contacts

### China Securities Regulatory Commission

Main Line: +86 - 10 - 88061000

Chairman hotline: +86 - 10 - 66210182

Complaints hotline: +86 - 10 - 88060124

Fax: +86 - 10 - 66210119

Email: csrcbgt@ csrc. gov. cn

Website: www. csrc. gov. cn

Address: Tower A, Focus Place, No. 19 Jin Rong Street, Xicheng District, Beijing 100033, China

### China Securities Depository and Clearing Co., Ltd.

Tel: +86 - 10 - 58598888

Fax: +86 - 10 - 62210938

Email: zbshi@ chinaclear. com. cn

Website: www. chinaclear. com. cn

Address: 22 - 23/F, Investment Plaza No. 27 Jin Rong Street, Xicheng District, Beijing 100140, China

### Securities Association of China

Tel: +86 - 10 - 66575897

Fax: +86 - 10 - 66575991

Email: ird@ sac. net. cn

Website: www. sac. net. cn

Address: 2/F, Tower B, Focus Place, No. 19 Jin Rong Street, Xicheng District, Beijing 100033, China

### China Futures Association

Tel: +86 - 10 - 88087239

Fax: +86 - 10 - 88087060

Email: cfa@ cfachina. org

Website: www. cfachina. org

Address: 8/F, Tower C, Tongtai Plaza, No. 33 Jin Rong Street, Xicheng District, Beijing 100140, China

### Shanghai Stock Exchange

Tel: +86 - 21 - 68808888

Fax: +86 - 21 - 68804868

Email: webmaster@ secure. sse. com. cn

Website: www. sse. com. cn

Address: Shanghai Stock Exchange Building, No. 528 South Pudong Road Shanghai, 200120, China

### Shenzhen Stock Exchange

Tel: +86 - 755 - 82083333

Fax: +86 - 755 - 82083947

Email: cis@ szse. cn

Website: www. szse. cn

Address: No. 5045 Shennan East Road, Shenzhen 518010, Guangdong Province, China

**China Financial Futures Exchange**

Tel: +86 - 21 - 50160666

Fax: +86 - 21 - 50160618

Email: rd@ cffex. com. cn

Website: www. cffex. com. cn

Address: 6/F LJZ Plaza, No. 1600 Century Avenue, Pudong, Shanghai 200122, China

**Dalian Commodity Exchange**

Tel: +86 - 411 - 84808888

Fax: +86 - 411 - 84808588

Email: dce@ dce. com. cn

Website: www. dce. com. cn

Address: No. 129 Huizhan Road, Dalian, Liaoning Province 116023, China

**Shanghai Futures Exchange**

Tel: +86 - 21 - 6840000

Fax: +86 - 21 - 68401198

Email: info@ shfe. com. cn

Website: www. shfe. com. cn

Address: No. 500 Pudian Road, Pudong, Shanghai 200122, China

**Zhengzhou Commodity Exchange**

Tel: +86 - 371 - 65610069

Fax: +86 - 371 - 65613068

Email: zhaorong@ czce. com. cn

Website: www. czce. com. cn

Address: No. 69 Weilai Road, Zhengzhou, Henan Province 450008, China

**China Securities Investor Protection Fund Corp. Ltd.**

Tel: +86 - 10 - 66580788

Fax: +86 - 10 - 66580616

Email: tzzbhw@ sipf. com. cn

Address: 22/F, Tower B, Xinsheng Plaza, No. 5 Jin Rong Street, Xicheng District, Beijing 100033, China

**China Futures Margin Monitoring Center Co., Ltd.**

Tel: +86 - 10 - 66555088

Fax: +86 - 10 - 66555038

Website: www. cfmmc. com

Address: 17/F, Tower B, Xinsheng Plaza, No. 5 Jin Rong Street, Xicheng Distrct, Beijing 100033, China

# Acknowledgement

We are indebted to the CSRC senior management for the attention and guidance we received as well as the input and generous support from departments and organizations, both within and outside the CSRC in the preparation of this report. We deeply appreciate the hard work of the various departments and all members of the editing group of this annual report who made its timely production possible as well as the valuable comments and suggestions proposed by the steering group. Our heartfelt gratitude also goes to China Financial & Economic Publishing House for their effort in editing, publishing and distributing the report.

As the compiler, translator and proofreader of this report, we are fully aware there may be errors or inaccuracies. If you have any queries, comments or suggestions regarding the contents, please send an email to the CSRC Department of International Affairs at intl@ csrc. gov. cn. We will respond as soon as possible.

For their contribution to the production of this report, it is our pleasure to thank:

Steering Group of CSRC Annual Report 2010

Group Leader TONG Daochi

| | | | |
|---|---|---|---|
| ZHAO Zhengping | LIU Chunxu | ZHANG Sining | XIE Geng |
| HUANG Hongyuan | YANG Hua | WANG Lin | SONG Anping |
| JI Xiangyu | LIU Hongtao | HUANG Wei | JIAO Jinhong |
| SUN Shuming | GAO Weibing | QU Qiuping | XIE Shikun |
| HAN Ping | HUAYifeng | LU Jiahong | |

Editing Group of CSRC Annual Report 2010

| | | | |
|---|---|---|---|
| DING Tao | MAO Jun | WANG Changhe | WANG Wensheng |
| TIAN Bin | LIU Shisheng | LIU Xiuyu | LIU Chunbo |
| SUN Nianrui | SUN Lei | YANG Zhiying | YANG Yixin |
| LI Yuhao | LI Ming | LI Kunkun | LI Xiaoqiang |
| LI Jia | WU Guofang | HE Qin | QIU Yu fang |
| ZHANG Da | ZHANG Yubin | LU Fang | CHEN Dongsheng |
| CHEN Huawen | LIN Lixia | FAN Yating | YUE Xinyu |
| ZHU Yu | ZHOU Xuan | PANG Kuixia | ZHENG Kai |
| XIANG Chunsheng | HU Xiaoqin | ZHAO Jing | JIANG Jie |
| ZHU Huan | GU Dingyuan | GAO Runheng | NI Gaiqin |
| JING Yan | | | |

Department of International Affairs, CSRC

June 2011